あなたの夢を現実化させる

成功の9ステップ

ジェームス・スキナー

幻冬舎文庫

日本の読者に対する著者の挨拶

この『成功の9ステップ』をあなたに紹介できることは、心から嬉しく思います。「違いをもたらす違い」とは何でしょうか。周りの世界を観察すれば、素晴らしい結果を出す人もいれば、かんばしくない結果しか得られない人もいます。どの分野においてもそうです。企業についても同じことが言えますし、健康、人間関係、資産形成、時間管理、感情のコントロールにおいてもそうです。

その結果の違いをもたらすものは、つまり「違いをもたらす違い」なのです。

私がこの「違いをもたらす違い」というものに集中し始めてから、衝撃的な経験をしたことは言うまでもありません。しかし、最も喜ばしいことに、このアプローチを数多くの友人、親戚、顧客にも紹介する機会に恵まれ、彼らの生活や事業においても、ごく短期間で劇的な改善が現れるのを目撃することができました。

そこで本書の執筆に至りました。私が日頃セミナーの中で教える「成功の9ステップ」は、今まで学んできた中で最もインパクトの大きい「違いをもたらす違い」の集大成なのであり、夢の人生を実現する上で必要不可欠なものと言えます。あなたも私と同じようにこの冒険を楽しみ、その違いを経験して頂ければ、これ以上の幸せはありません。

ジェームス・スキナー　東京の自宅にて

序文

かつて『7つの習慣』を日本に送り出したジェームス・スキナー氏が、その卓越した思想と原理・原則論で、実業家、起業家をはじめとする多くの読者に深い影響を与えたことは記憶に新しい。人生観や企業観を論じるに、パラダイムシフトを継続的に行なうことは今や常識とさえなっている。そのスキナー氏が独立し、ジェームス事務所を創立してから最初の著書となる『成功の9ステップ』がついに発行される運びとなった。

2003年、氏が主宰する「成功の9ステップセミナー」に参加した。CDを聴いていたので、内容は自分なりに理解していた。むしろ『7つの習慣』以前からの友人である氏が、セミナーを通じて「新しい考え方のレベル」の実現という命題にどう取り組んでいるのかに興味があった。

セミナーは予想をはるかに超えて素晴らしいものであった。まず氏と彼のスタッフが持つエネルギーのレベルに驚かされた。それが三五〇人の参加者に伝わり、主体性のあるエネルギーとなって、さらに増幅されていくのである。

八時の朝食から始まり、昼食、夕食をはさんで深夜二時過ぎまで続く。休憩はなく、給水や手洗いなどは参加者それぞれが自分のペースで自己管理を行なう。まるで過酷な特訓セミナーのように聞こえるが決してそうではない。本書で詳しく述べられている、実践と行動を伴ったコンテンツが緩急自在に組み込まれていて、瞬く間に時間が過ぎてしまう。はじめこそそのペースに圧倒されたものの、私も最後まで疲れを感じることすらなかった。

この経験は私に実に多くの気づきをもたらしてくれた。人生の目標設定、家庭のこと、仕事のこと、健康のこと、そして自分自身の可能性について、改めて深く考える機会となった。

スキナー氏は、先哲の知恵を深く学び、また世界中の賢人たちに会うべく、多くの時間と労力をかけている。リッツ・カールトンの創立者ホルスト・シュルツィもそのひとりだ。シュルツィの哲学とビジョンはスキナー氏の中で見事に昇華され、培養されている。そして氏が媒体となって今度はリッツ・カールトンに大きな影響を及ぼすこととなる。

本書『成功の9ステップ』はスキナー哲学の集大成といっても過言ではない。自らの成功体験、失敗体験から来る生きた知恵、さらには氏の中で磨き上げられた先賢の知恵、それらがすべてここに集約されている。

ここで忘れてはならないのは、氏の思想、行動のすべてに一貫して流れているテーマだ。それは深い人間愛であるということ。すべての人を温かく受け止め、成功と幸せをもたらすためにつねに全知全能を傾けている。それゆえに氏の提唱するところの、唯物論では決して見えてこない、心のありようが人生そのものを決めるという思想が素直に心に入ってくる。本書が、読者諸兄の目標とする成功、幸福の実現に大きな影響を与え、動機づけとなるであろうことは疑う余地がない。

前ザ・リッツ・カールトン・ホテル日本支社長

人とホスピタリティ研究所所長　高野　登

謝辞

本書は、数多くの方々のご支持、ご支援を頂きながら、製作したものです。

私が缶詰で原稿の見直しや書き直しを繰り返しているとき、事務所を守り、安心して作業に打ち込めるようにして下さったTeam Jamesの皆様、そして、このプロジェクトに対して限りない情熱とエネルギーを示し、最終校正に持っていくに当たって、日本語の表現に対する私の深いこだわりや自分では満足できない箇所を何度も書き直すというわがままなプロセスに、最後まで付き合って下さった伊藤えりか編集者、平田節子編集者及び幻冬舎の皆様に対して、心からのお礼を申し上げたいと思います。

また、今までの「成功の9ステップ」のセミナーに参加して下さった全国の皆様、そして、このセミナーを実施するプロセスを支えて下さったボランティア・スタッフ及び正規スタッフの皆様に対して、言葉では言い尽くせないほどの感謝を感じております。「成功の9ステップ」の概念や表現の仕方を磨き上げる機会を与えて下さっただけでなく、あなたたちの生き方そのものを見て「成功の9ステップ」の本当の意味を初めて学んだのだと思います。

最後に、私の良きマネジャーであり、親友であり、実の兄でもあるユージン・スキナーにも特別な感謝を述べたいと思います。あなたのサポートがなければ、今の私はありません。

愛と感謝を込めて、ジェームス・スキナー

『成功の9ステップ』及びジェームス・スキナーを称える人々

素晴らしい講師だ。知識は群を抜いている。ジェームスの講演は観客を驚かせるばかりである。

——スティーブン・R・コヴィー博士（『7つの習慣』著者、アメリカ）

成功の本質を見事にまとめている。『成功の9ステップ』を全日本人に読んでほしい。

——竹村　健一（評論家、日本）

ビジネスの思想家として、世界でも群を抜いた存在である！

——ロイス・クルーガー（経営コンサルタント、アメリカ）

人生の指針として、感動の原則を学びました。夢は必ず実現する、と確信しました。

——和田　一夫（元ヤオハン代表、ハウインターナショナル名誉会長、日本）

本書は今までの自己啓発本やセミナーだけでは、どうしても人生を変えられなかった人にとっては、大きな救いになることだろう。

——エドウィン・コパード（音楽プロデューサー、カナダ）

すごいコンサルタントだ。一回の指導だけで当社のために一億ドルの価値を生み出してくれた。

——**トマス・ヘイマン**（エンライオン通信社長、アメリカ）

刺激的！　大きな価値があった！　ジェームスが簡単なステップを通して、私はどうすればいいのかを説明してくれた。今までに経験したことがない素晴らしい概念である。

——**ステファン・ライット**（ライット社長、イギリス）

驚くべき本だ！　この『成功の9ステップ』は、何百万人の心に感銘を与えるだろう。

——**アンリック・ブラット**（インフィニティキャピタル社長、スイス）

社内の士気はかつてなく高まり、商圏において競合他社を凌駕《りょうが》する体質を築くに至っています。

——**今井　裕一**（日本リビング社長、日本）

事業計画が半年前倒しになった。

——**ジュールズ・アイッケン**（子供代弁者ネットワーク、ニュージーランド）

半端な人じゃない。本当に刺激になると同時に、自分の生き方を考えさせられる機会を得ました。この本は多くの方の指南書であり、目ざめに貢献する本だと思います。

——**日野　佳恵子**（女性30万人をネットワークするクチコミプロデューサー、日本）

ジェームスの指導で、私の自己制限する思いがなくなった。

——**スティーブン・マーシャル**（ベルビューミュチュアル社長、アメリカ）

当社にとっても、私個人にとっても、何百万ドルの価値があった。

——**ブライアン・ミックマスター**（リオンハート製造副社長、アメリカ）

ジェームスと出会えたことそのものが、私の人生の中で最も価値の高い出会いとなりました。

——**高橋　司朗**（自営業、日本）

個人は言うに及ばず、人を財産とし、人間尊重を掲げるすべての企業組織にとっても、成功のコツを見出す引き金になる。本書は加速された成長と革新への道しるべとなるだろう。

——**田口　義隆**（セイノーホールディングス社長、日本）

力強い一冊。自分で書きたかった！

――**レスター・マドック**（セラピスト、アメリカ）

一言で言えば、天才的！　必ず買って、そして読んでほしい。

――**ジョン・ランキンズ**（トップ・セールス、インドネシア）

私の人生に劇的変化をもたらしてくれた『成功の9ステップ』に心から感謝します。

――**朝倉　千恵子**（営業コンサルタント、日本）

これらのステップがあなたの人生を変え、より多くのお金、改善された健康、時間のコントロール、愛する人たちとより良い人間関係をあなたに与えてくれるに違いない。

――**リチャード・タン**（サクセス・リソーシズCEO、シンガポール）

これまで、病気については沢山教わってきたが、健康について学ぶ機会はなかった。9ステップの健康法を実践してみて、はじめて自分自身も健康を手に入れることができた。

――**高橋　有紀子**（医師、日本）

成功の9ステップ

目次

第一部　成功への道

第二部　四つの基礎

STEP1 心を決める（決断）

STEP2 成功者のパターンを学ぶ（学習）

STEP3 無限健康を手に入れる（健康）

STEP 4 自分の感情をコントロールする（感情）

第三部 成功のサイクル

STEP5 望む結果を明確にする（目的）

STEP6 時間を管理する（計画）

第五部　実行に移す

夢

私には夢がある！
――マーティン・ルーサー・キング牧師（人権運動指導者）

偽善も、自己愛も、現状に対する不満のすべてを捨てて、生活のひとつひとつの行動をそれが人生最後の機会だと思って行なうようにすれば、心の平和が得られるに違いない。

――マルクス・アウレリウス（ローマ皇帝）

彼は人生に多くを要求しなかった。人生は彼の要求に応えた。
――作者不明

第一部
成功への道
The Road to Success

さあ、始めよう！

あなたは成功するために生まれてきた。あなたはそういう人に違いないし、毎日、自分自身の成功を願って生活しているはずである。何が成功になるかは人によって違うだろう。あなたにとって「成功」とは何だろうか。たとえそれがどのようなものであれ、その成功は手に入れる価値があり、私はそのお手伝いをさせて頂きたいと思う。

こんにちは。私はジェームス。こうしてあなたとお会いできるのはとても嬉しい。いつか直接お会いして、あなたとお話ししたいが、実際にその日が来るまで、本書を通して会話しよう！

本書は成功についてのものである。ほしいものを手に入れる方法が書かれてあるし、そのプロセスを楽しむ方法も記されている。また、より多くのお金、豊かな人間関係、健康、エネルギー、ストレスからの解放、事業の成功、目標達成のことも書かれてある。

つまり、この本は生活のあらゆる場面において、結果を改善させる方法を示してくれるものであり、**「達成の科学」**と**「充実の芸術」**を説明してくれるものである。本書は自分の夢を実現する起爆剤を与えてくれるものであり、突き詰めて言うならば、あなたについての本なのである！

あなたは成功したいと思っている。より充実した人生を手に入れたいと思っている。単調な毎日を繰り返すだけでは、満たされはしない。あなたは、成功するため、目標を達成するため、自分の夢を実現するために生まれてきたと思っているはずである。そしてその方法を知りたいと思っている。そこで、ちょうどいい本に巡り会えたというわけだ。
あなたはこの本を購入した。そしてもっと大切なことに、あなたはそれを読んでいる。私はあなたに「おめでとう!」と言いたい。成功を望む人は多いが、実際に行動を起こす人は少ない。あなたはそのごく少数のうちのひとりなのである。これから先は、そのあなたのために書かれてある。本書はあなたがいつも夢に見てきた人生への地図なのであり、あなたにふさわしい人生への羅針盤なのである。

本書は一度読んで終わりにするような本ではない。これは一日に一回読むための本なのだ。私はあなたを動機づけて、インスピレーションを与え、限界に挑戦させ、そして、時にはケツに蹴《け》りを入れるためにここにいる。

私は世界中を回り、文字通りに何千人という人たちを指導する機会に恵まれた。そして、そのすべての経験を通して、私は何度も同じような話を聞かされた。

「もっと素晴らしい人生を手に入れたいと思っている。しかし、なかなか行動を起こすことはできない」

「私は成功の梯子《はしご》を登ってきた。しかし、いまだに充実感が得られない。人生って、これだけだろうか」

「時間が足りない。子供の世話で忙しいし、仕事の日常業務に追われているし、やらなければならないことが山ほどたまっている。本当に大切なことをする時間は、どうしても見つけることができない」

「うちの会社なんか絶対に変わらないよ。上司はこういう考え方に興味がないし、彼が変わるまで、何もできない」

「目標は持っているよ。書き出しているかって？　いいえ、頭の中に入っているだけだ」

「競争が激しいし、なかなか業績は改善しない。多くの企業が当社と同じようなサービスや商品を提供している中で、どうすれば競争優位に立つことができるだろうか」

「生活習慣を改めて、減量すべきだということはよく分かっている。しかし、ダイエットしても、いつもリバウンドして元の木阿弥《もくあみ》になってしまう」

「深刻な不況だ。このような環境の中で、どうしたら利益を生み出すことができるだろうか」
「子供が私の言うことをまったく聞こうとしないし、伴侶《はんりょ》との関係も冷え切ってしまっている。家族を大切に思っているが、どうしてもうまくその思いを彼らに伝えることができない」

あなたもこのような言葉を口にした覚えはないだろうか。多くの人はより充実した人生を求めているが、それを実現する方法は知らない。彼らは**古い行動パターン**と**古い思考パターン**の罠《わな》にはまり、行き詰まっているのである。

アインシュタインがこのような状態について次のように述べている。「私たちが直面する重要な問題は、それを作ったときと同じ考え方のレベルで解決することはできない」

スティーブン・R・コヴィー博士が自己啓発の金字塔とも言える著書『7つの習慣』の中で、「行動で作った問題を言葉で解決することはできない」と付け加えている。

今こそ自分の行動を変え、新しい考え方のレベルに到達するときだ。成功するときがやってきた。自分の夢を実現するときなのだ！

私は約束しておきたい。あなたがどんな夢を持っていても、本書を読み終えるまでには、その夢を実現するためのアイデア、戦略、ツール、実践法を習得できるということである。また、今まで漠然としか分からなかった夢も、明確に見えるに違いない。

よく言われる言葉に「どんな人の人生も**インスピレーション**になるか、**警告**になるか、どちらかである」というものがある。あなたの人生はどちらになるだろうか。その答は明白だろう。

今すぐに取り組み始めてほしい。まさに今、この瞬間、自分の夢を実現することを決意してもらいたい。もう二度と、ベストを尽くさない自分の姿で満足してはならないのである。

夢の実現を決意せよ！

あなたと私は非常に似通った人間だと思う。私も人生には難しい局面がたくさんあるということをよく理解している。私は決して豊かとはいえない家庭で育った。東京の下町で、手を伸ばせば四つの壁に指先が当たってしまうようなせせこましいアパートに、八年間もの間生活したことがある。そのときの私は、何かいいことが起こるのを待っていた。恋人との別れや壊れかけた人間関係で心を痛めたこともある。健康の喪失に悩んだこともあるし、父親がガンで亡くなっていく痛々しい姿も目にしてきた。

ちょうどその頃、私は**「成功技術」「違いをもたらす違い」「成功の9ステップ」**、つまり本書を通してあなたに紹介していくアイデアとアプローチを学び始めた。そして、それによって自分の生活のすべてを転換させることができたのである。

私は金銭的に裕福になり、十六キロもの減量に成功し、豊かな人間関係を築き、母が健康を取り戻すのを助け、世界で最も好きな場所である東京の中心街にたたずむ、二百七十度の景色が見渡せる、三十九階のマンションに引っ越した。

昔の趣味は、テレビを見ることや土曜日の朝に寝坊することだったのに対して、今ではヘリコプターを操縦し、スノーボードに乗り、スキューバダイビングを楽しんでいる。以前はカラオケを歌うだけでもからかわれたのが、今では自分で作詞・作曲した十五曲を含むアルバムをリリースするに至った。

ストレスを感じる割には、充実感が得られなかった技術資料の翻訳という仕事を辞め、世界中の経営者たちを指導したり、何千人もの人々を前にして講演したりするという、心からの情熱が燃やせる仕事に変わった。

生活の中の問題やチャレンジがすべてなくなると言っているのではない。問題やチャレンジこそが人生を面白くしてくれるのだ。ただ、その問題やチャレンジの質が変わるということである。

壊れてしまった人間関係をどう修復するかを悩むかわりに、理想のパートナーとの記念日を祝う場所について思い悩むようになるかも知れない。月末の請求書をどう支払えばいいのかを心配するかわりに、自分の財産をどのように投資し、どう管理していくのかを考えるはめになってしまうかも知れない。

私の親友アンソニー・ロビンズ（世界的に有名な成功コーチ）がこう言っている。

「お金が問題をすべて解決してくれるというわけではない。ただ、お金を持っていれば、バッチリ格好よくその問題に対処することができる！」

成功はプロセスであり、目的地ではない。真の幸福は到達地点から得られるものではなく、そこまでの行き方から得られるものである。あなたは今日から、人にとってのインスピレーションになるような生き方をすることができる。そして、その旅路の一歩一歩を楽しみ、有意義な人生を生き切っているという満足感を自分自身に与えることができるのだ。

ジェラルド・コーフィの人生は、世界中の人々にとって、インスピレーションを与えるものになった。彼のストーリーを知らない人のために紹介しよう。

コーフィさんはベトナム戦争で戦闘機のパイロットになり、戦地に赴《おもむ》いた。激戦の最中《さなか》、彼は撃墜され、北ベトナム軍の捕虜となり、ハノイ・ヒルトンと呼ばれた強制収容所の、コンクリートで出来た独房に監禁された。そして、そこで数年間の歳月を過ごすはめになった。それにもかかわらず、彼はそこにいた期間が、「自分の人生の中で、最も輝かしい日々だった」と言っている。

なんという素晴らしい態度だろう！　そのとき彼は、自分の内面を見つめ直し、自分はどのような人間なのか、自分はどれほどの強さを持っているのかを発見できたと説明している。

あなたの現状がどうあれ、それを自分の夢に向かって突き進むための原動力にすることができるし、そのプロセスを楽しむことができるはずである。

では、さっそく始めよう！

まず理解して頂きたいことは、あなたはすでに成功するために必要なものをすべて持っている、ということだ。**「私は成功に必要なものはすべて持っている」**と自分自身に言い聞かせてほしい。もっと確信を持って言ってほしい。もっと大きな声で、もっと速く言ってみてほしい。確信できるまで言い続けてほしい。朝起きたとき、そして夜寝る前に言ってみてほしい。なぜなら、それは真実だからだ。

マクドナルドの創立者レイ・クロックは次のように表現した。

「〝それ〟を信じ、〝それ〟を確信していれば、失敗のしようがない。〝それ〟は何であろうと関係ない。必ず〝それ〟を手に入れることができる」

彼は知っていたはずだ。五十二歳でマクドナルドを創設したとき、彼自身は、調理器具のセールスマンとして苦悩の日々を送っていたからである。

私は成功に必要なものはすべて、すでに持っている！

人生の金メダルを獲得しよう！

最初から明確にしておきたい。私は答をすべて持っているというわけではない。私はあなたと一緒に取り組むこの機会を謙虚な気持ちで受け止めている。

ウィル・ロジャースは「誰もが無知である。ただ無知な分野が違うだけだ」と言っているが、私も例外ではない。だからここで、あなたに対する私の心からの尊敬を表したい。そして、あなたが今までに成し遂げてきた成功に対しても、大きな賞賛を送って差し上げたいと思う。

ガンジーはこのように述べている。「真理はすべての人の心の中に宿る。そして、人は自分自身の心の中にその真理を探し出し、自分自身の理解するところに従わなければならない」結局のところ、あなたの人生において何が必要なのかは、あなた自身にしか分からないはずである。

私の役割は、あなたが持っていないものをあなたに与えることではない。あなたがすでに持っているものをさらに引き出せるようにお手伝いをすることである。

人生における大きな問いかけに対する答は、外から得られるものではなく、それは内側、つまりあなた自身の心の中から来るものでなければならない。そうでなければ、本当の意味で、それを自分のものにし、実行することにはならない。

ベンジャミン・フランクリンはその自伝の中で、自分自身の価値観を明確にし、その価値観を基にして類《たぐ》いまれな成功と貢献を成し遂げたプロセスについて物語っている。

あるとき、フランクリンが自分の人生を成功に導くために、極めて重要だと思った十二項目の価値観をノートに書き出した。その中に勤勉、倹約、決意などがあった。

そのリストをクエーカー教徒の友人に見せると、その友人は「謙虚さが抜けているよ」と咎《とが》めた。そこで、フランクリンは謙虚さを自分のリストに加えてみた。

しかし、老年になったフランクリンは、自分の人生を振り返ったとき、「私はこの謙虚さという美徳を実際に体得できたという自信はない」と語っている。

夢を実現するためには、それはあなた自身の夢でなければならない。自分の内面から来るものでなければならない。そして、あなたはそれを実行に移さなければならないのである。

私の役割は、簡単に言ってしまえば、あなたの**コーチ**になることである。優れたスポーツ選手には必ずコーチがついている。選手が最高のレベルでプレーをするには、コーチが必要だ。

あるとき山下泰裕氏（足を負傷したままロサンゼルス・オリンピックに出場し、柔道の金メダルを獲得した国民的英雄）が私のセミナーに参加してきた。そのとき、正直言って、私は少し驚いた。しかし、しばらく考えてから、ふっと気がついた。

「彼は、最も優れたコーチを探し出し、その指導を受けてきたからこそ、ここまでやってこれた。そのプロセスを続けているだけだ」

優れたコーチをつけることなくオリンピックの金メダルを狙う人はいないだろう。しかし、優れたコーチを持とうとすることもなく、充実した人生を手に入れようとする人はなんと多いことだろう。スポーツのメダルとあなたの人生、どちらが大切だろうか。

許して頂ければ、私はあなたのコーチを務めさせて頂きたいと思う。それこそが私の役目なのであり、私が最も得意とするところなのである。

さて、今や、あなたは本書を読み、それを活用するという**トレーニング**を始めようとしている。そして、そのトレーニングにより、あなたは**人生の金メダル**を獲得し、自分の夢の頂点に立つに違いない。

私には夢がある

1963年8月28日、マーティン・ルーサー・キング牧師はワシントンDCのリンカーン記念館の階段に立ち、**「私には夢がある!」**という至って単純な発言で世界を震撼《しんかん》させた。

「私には夢がある」この言葉は今まで語られた言葉の中で、最も強烈なものである。この言葉が人々の心の琴線を鳴らし、行動を起こさせた。この言葉が法律を変えさせ、政府を動かし、人種差別の壁を壊し、偏見の鎖を断ち切ったのである。

「私には夢がある」今この言葉を自分自身で言ってみてほしい。あなたの夢は何だろうか。教えてもらいたい。もう一度言ってみてほしい。あなたの本当の夢は何だろうか。

私には夢がある！

今、自分の夢をイメージしてみてください。その夢は何だろうか。それについて考えたとき、どういう気持ちになるだろうか。その夢を実現したとき、自分に向かって何と言うのだろうか。身体の中で何を感じるのだろうか。ありありと感じてもらいたい。感じれば感じるほど、夢はそれだけ実現しやすくなるからである。私には夢がある！

「夢を生きる」という言葉を初めて意識したときのことを今でも鮮明に覚えている。その衝撃を全身で感じた。それまでの私は、夢というものは、今現在ここで経験するものではなく、将来いつの日か手に入れるものだと考えていたからである。しかし、夢は今生きるものだと気がついたその瞬間、私は自分の生活のコントロールを取り戻し、望んでいる人生を実現

キング牧師が自分の夢を語る。

するに必要な行動を必ず起こすと決意した。

夢を生きることは利己的になるという意味ではない。それは**より高いレベルで貢献する**ことである。私の夢のかなり多くの部分は、ほかの人を助けることに直結している。だからこそ、私は大好きなワイキキのビーチに寝そべるのではなく、今このようにしてパソコンに向かって原稿を打ち込んでいるのだ。

あなたは私の夢の一部である。人生の最大の喜びは、ほかの人が成功できるように助け、周りの人々を心から愛することから生まれるからである。あなたも私と同じ気持ちを持っていることだろう。自分の夢を生きることに喜びを感じてほしい。あなたはそのために生まれてきたのだから。あなたはそのためにこの世にいるのだから。

二週間前、私は自宅のリビングルームに数十名の経営者たちを集めた。彼らが、私の仕事がどれだけ自分の会社や人生に影響を与えたかを話してくれたとき、感激で胸がいっぱいになった。

ある経営者は、この本で紹介する健康法を実践して、一ヵ月間で十一キロもの減量に成功したことを発表した。ある女性は、あなたも本書で学ぶ意思決定のプロセスによって、充実感が得られなかった会社を手放し、子供と一緒にいる時間をもっと確保できる新しいビジネスを開業することができた。ガソリンスタンドのチェーン店を経営するオーナーは、ここで紹介するコミュニケーションのスキルによって売上金額を十億円も伸ばし、日本を代表するガス会社と一緒に合弁事業を立ち上げることができたと語ってくれた。

三週間前のセミナーでは、ある女性が『成功の9ステップ』で紹介される感情をコントロールするための戦略によって、初めて自信が持てたことを教えてくれた。

また、最近、心理療法で十年間もの歳月にわたり薬を投与され続けてきたという男性を指導する機会があった。数週間後、彼から一通の電子メールが届いた。この『成功の9ステップ』に含まれるアイデンティティ作りの考え方が彼にとってまさに「違いをもたらす違い」となり、人生観が打って変わり、もはや薬に頼らなくても済むようになっていたという。

私はまさに自分の夢を生きているのである！

自分の夢を発見しよう！

さあ、今すぐ自分の夢を生き始めよう。あなたの夢は何だろうか。人生の中で**「何を」**したいと思っているだろうか。今まで先送りしてきた大切なプロジェクトや目標は何だろうか。それは何のことか、あなたには分かっているはずである。

今、その夢をここに書き出してみてください。できるだけ具体的に書いてみてほしい。簡潔に書いてもらいたい。その夢を達成している自分の姿を鮮明にイメージできるだろうか。

ジョン・F・ケネディ大統領は次のように述べた。

「私は、次の十年間が経《た》たないうちに、この国が月に人間を着陸させ、無事に生還させるという目標の達成を決意すべきだと信じている」

具体的である。短い。イメージが湧《わ》いてくる。効果的である。この言葉が国家を動かした。この言葉がニール・アームストロングを月に着陸させたのである。

私の夢は……

夢の実現は動機づけから

夢を実現するための次のステップは、その夢を実現したい理由を明確にすることである。多くの人は目標を持っているが、その目標を達成したいという理由については考えたことがない。この人たちは、なぜやる気が出てこないのか、最後まで理解できないままだろう。

ビクター・フランクルは『夜と霧』という書籍の中で、次のように述べている。

「もしあなたが十分に大きな『なぜ』を持っていれば、『どのように』というプロセスはどんなに難しいものであっても耐えることができる」

もしあなたが**「なぜ」**という質問に答えていて、その理由があなたにとって十分に大きなものになっていれば、あなたはそれを実現するための方法を必ず探し出す。

フランクルがナチスドイツの強制収容所に監禁されていたとき、ひとりの友人が彼のところにやって来て、「自殺しようと思っている」と相談した。そこで、フランクルがその友人に向かって「なぜしないのか」と問いかけた。つまり、「あなたの『なぜ』は何なのか」ということだ。その友人はしばらく考え込み、「私が先に死んだら妻が悲しむから……」と答えた。彼は見事に戦争を生き抜いたのである。

もし来月、あなたの担当している売上を5%伸ばせなかった場合、あなたが殺されるとしたら、売上を達成する方法を見つけるだろうか。家族全員の命がかかっているとしたら、どうだろうか。もし5%の業績向上に対して、一億円のボーナスが約束されていたら、どうだろうか。

達成すべき理由が十分に大きくなれば、どこかの時点で、あなたの脳は「よし、やろう！」と叫び出し、行動を起こし始める。ここで分かってほしい。大切なのは、その夢を実現させる動機が十分であるかどうかだ。十分な理由さえあれば、行動は自然についてくるに違いない。

数日前、私は自宅でメル・ギブソン主演の『パトリオット』という映画を観ていた。この映画は、アメリカの独立戦争で戦う兵士たちの物語である。

ある黒人の奴隷がアメリカの軍に加わり、イギリス側の軍と戦う契約を結んだ。そして、十二カ月の兵役を終えれば、自由が得られるということが約束された。戦うには十分な理由だろう。

一年とちょっと経ったところで、その黒人が所属していた市民部隊が、はるかに強いイギリス側の正規部隊と対戦することになった。そこで、一緒に戦っている白人のひとりが、今や自由の身になったこの男に向かって次の言葉を発した。「一年経ちましたよ……」すると、彼が答えた。「今は自分の意思で戦っている」彼は戦うためのさらに大きな理由を発見していたのである。

喜ばしいことに、夢を追い求めるための理由は、自由に選べる。好きなだけ選ぶことができる。自分の感情と気持ちを湧き立たせる理由にすることができる。夢を実現したときに経験する快感を思い浮かべることもできるし、現状に甘んじ続けることの苦痛を想像することもできる。

自分の脳が「よし、やろう！」と思うようになるまで、理由を打ち出し続けることだ。自分の夢を必ず実現させるための決断をする秘訣はここにある。

私が夢を必ず実現させる理由は……

方法を明確にすれば、成功は間違いなし

東京湾に隣接するお台場のホテル日航東京のボールルームに、百五十人のビジネスマンたちが成功の原則と技術を勉強するために集まっていた。

その席で私は、「もっとお金がほしいと思う人は、手を挙げてください」と切り出した。すると、たくさんの手が挙がった。

それから茶色いスーツを着用した中高年のサラリーマンに尋ねてみた。

「そのお金は、何に使いますか」

この質問は、言い換えれば、「あなたの夢は何ですか」「あなたの『なぜ』は何ですか」「実際にその重い腰を上げて、行動し始めるに足りる理由は何ですか」ということである。

彼はしばらく考え込んでから答えた。

「お金があったら世界旅行がしたいな。いろんな所に行ってみたいです」

「どこに行きたいのですか」

彼はまた少し思いを巡らせてから言った。

「アラスカかな……」

「アラスカに行くのにどのくらいのお金がかかりますか」

「十万円くらいでしょうか」

私は大声で笑ってしまった。彼は十万円以上のセミナーに参加していたのである。

あなたは今でも十分な資源を持っているのに、できない言い訳を作ったり、自分の夢を不必要に引き延ばしたりしてはいないだろうか。今日から自分の夢を実現し始めよう。今すぐ行動を起こすことだ。

自分の夢をもう一度確かめてほしい。それは「なぜ」自分にとって大切だろうか。それをどうしても達成しなければならない理由は何だろうか。

それが明確になっていれば、今度はその夢を**「どのように」**実現させるかを考えるときである。目標に一歩でも近づくために、今月できる具体的な行動は何だろうか。今の時点では、目標達成までの道順をすべて分かっていなくてもいい。何から始めればいいのかを明確にできれば、それで十分だろう。

フランスの神学者フィリップ・ベニエーの言葉を考えてみよう。

「偉大な力を身につける日まで出発を引き延ばすな。動かないことはあなたをさらに弱めるからである。明確に見えるようになるときまで、始めることを引き延ばすな。光に向かって歩まなければならないからである。この第一歩を踏み出す力があるか。必要性一目瞭然のこの小さな行ないを実行する勇気があるか。この第一歩を踏み出し、その行ないを実行せよ。その努力を達成することで、あなたの力は尽きることなく倍増されることに驚くことだろう。そして次に実行すべきことが明確に見えるようになるのである」

大切なことは、行動を起こす習慣を身につけることだ。夢を抱き、理由を明確にし、行動を起こす。今すぐに行動をする。夢に向かって突き進むこの行為こそが成功の本質である。繰り返し言うが、真の充実感は、到着することから得られるものではない。それは到着に至るまでのプロセスから得られるものである。夢を生きることの本当の意味は、その夢を追い求めることにより、なりたい自分になるということだ。

『ラ・マンチャの男』というミュージカルを見たことがあるだろうか。主役のラ・マンチャのドン・キホーテは、騎士になるべく旅に出かけ、間違ったことを正し、世界をあるがままに見るのではなく、世界のあるべき姿を見るようにした。その夢を追い求めることで、彼はより気高い人間になっていくのである。

このショーのクライマックスで、ラ・マンチャのドン・キホーテは、『見果てぬ夢』という感動的な歌を歌い上げる。

不可能な夢を夢見ること、

負かすことのできない敵と戦うこと、
耐えることのできない悲しみに耐えること、
勇敢な者さえも行く勇気が持てないところに走っていくこと……

みてほしい。

今月、いや今週、自分の夢に近づくためにあなたが取れる**具体的な行動**を、今すぐ書き出してみてほしい。

運動を始めなければならないだろうか。食生活を変える必要があるだろうか。スクールに通わなければならないだろうか。新しい仕事を見つけなければならないだろうか。ビジネスプランを書く必要があるだろうか。特許を取り扱う弁理士事務所と連絡を取らなければならないだろうか。何かの本を読まなければならないだろうか。旅行代理店に電話をかけなければならないだろうか。パンフレットを取り寄せる必要があるだろうか。コーチを探さなければならないだろうか。誰かに相談しなければならないだろうか。新しい従業員を採用しなければならないだろうか。上司と話し合わなければならないことがあるだろうか。

自分の夢に少しでも近づく具体的な行動を三つか四つ、書き出してみてほしい。今こそ、勇敢な者さえも行く勇気が持てないところに走っていくときであるのだ。

自分の夢を実現するために私が行なうことは……

あなたは今すぐに何をするだろうか。勢いをつけるために、今日のうちに取れる大切な行動がひとつあるとすれば、それは何だろうか。

私が今日行なうことは……

さて、あなたは何を待っているだろうか。何も待つ必要はない。今すぐに行動せよ！　この本はあなたが帰って来るまで待っていてくれるだろう！

もう実行に移したのだろうか。もしまだなら、本を閉じて、今すぐに行動を起こしてほしい。私は本気で言っているのだ。

今すぐに行動せよ！

どうだっただろうか。うまくいっただろうか。自分の目標や夢に向かって行動を起こすことはなんと素晴らしい気持ちにさせてくれることだろう。私もまさに今、その素晴らしい気持ちを感じている。この本を書くことは長い間、私の夢のひとつだったからである。その夢のために行動を起こすことで自信、自尊心、やる気、達成感を得ている。これらの気持ちを感じるのは、本の完成を待つ必要はない。今すぐ、それを感じることができる。

お祝いをしよう。あなたは夢を実現する道を歩み始めた。あなたは**「何を」「なぜ」「どのように」**という最も大切な三つの質問に答えた。そして実際に行動を起こした。おめでとう！　自分自身を褒めてほしい。自分にご褒美を差し上げてもらいたい。そうすれば、ますます前進しようという動機づけを自分の脳に与えることになる。

私も、お祝いをするために、今晩、大好きなタイ料理を食べに行こうと計画している。この本を書くという夢に向かって行動を起こした。お祝いをするときだ。そして本書が出版されるその日までずっとこの達成とお祝いのプロセスを繰り返すだろう。

この成功のプロセスを早くから楽しむようになってほしい。その達成感を味わってもらいたい。だからこそ、これだけ早い段階から具体的な行動に挑戦してもらおうとしている。ひとつの行動

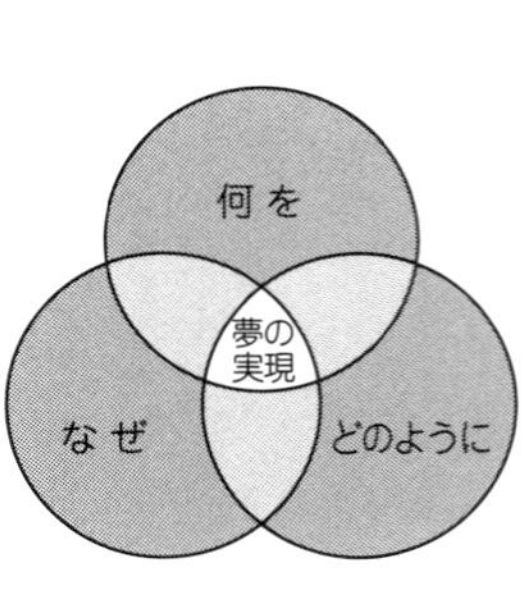

を起こせば、それだけ次の行動が簡単に取れるようになる。

これから、成功の心理学及びその技術と戦略を説明していくが、「何を」「なぜ」「どのように」が分かっていれば、何でも実現できるということを覚えておいてほしい。大きな声で言ってみよう。「『何を』『なぜ』『どのように』が分かっていれば、私は何でも実現できる」と。


「何を」「なぜ」「どのように」が分かっていれば、何でもできる！

人間が持つ共通の動機

人間の行動は、皆が思っているほど複雑なものではない。実際のところ、ヒトラーも、マザー・テレサも、オサマ・ビン・ラディンも、ジョージ・ブッシュも、ダライ・ラマも、中国の政府も、あなたも、私も、皆同じ理由と動機で行動している。

「いいかげんにしてくれよ、そんなはずはない」

あなたはきっとそう思っていることだろう。しかし、本当のことだ。誰もがまったく同じ動機で行動している。

やや心理学的な話になるが、フロイトは人間の心の第一の要素は**「イド」**だと説いた。このイドは即座の快感を求め、苦痛を避けようとする。

この作用を心理学では、**「快楽と痛みの原則」**と呼んでいる。

つまり、人間はつねに「快楽」を得ようとし、「痛み」を避けようとしているのである。

私たちの言語の中には、この痛みと快楽を指す言葉がたくさんある。孤独、飢え、不快、退屈、憂鬱《ゆううつ》などは痛みの別名である。そして、喜び、エクスタシー、自信、達成感などは快楽を言い換えたものである。しかし、最も基本的なレベルでは、すべてが同じだ。

つまり、人間のすべての行動は、「快楽」と「痛み」によって引き起こされているのだ。

「快楽」と「痛み」が私たちのあらゆる行動の動機なのだ。

より正確に言うならば、人間は、意識している、していないにかかわらず、快感が得られ、苦痛が避けられると思う行動を取るということだ。

例えば、タバコを吸う人は、喫煙が肺ガンと肺気腫《はいきしゅ》の原因になることを知っているからタバコを吸うのだろうか。それとも、炭素はいったん体内に入ってしまえば取り除けないことを知っているから吸うのだろうか。他人をイライラさせ、自分の子供の健康を損ねることを知っており、インポや奇形児の出産の原因になることを知っているからだろうか。器官を害し、免疫体系を破壊してしまう三百種類もの毒物が含まれていることを知っているからだろうか。あるいはまた、家や事務所のいたるところに不気味な黄色い汚れを残すことを望んでいるから吸うのだろうか。

とんでもない。タバコを吸う人は、心の中のどこかで禁煙は苦痛だと思っているか、喫煙が格好よくて、リラックスできるなどの快感を得させてくれるものだと思っているから吸うのである。それだけのことだ（余談になるが、ニコチンは刺激剤であり、精神安定剤ではないので、タバコにはリラックスの効果がない）。

タバコを吸わない人の動機も同じである。つまり、快楽を得て、痛みを避けるということだ。彼らは、今まで述べてきた理由からタバコを吸うことは苦痛だと考えている。と同時にタバコを吸わない健康的な生活には、大きな快感が伴うことを理解している。それだけのことである。

だから、人が何かをしていれば、その人は何らかの形で、その行動を取ることに快楽を連想しており、もしくは、その行動を取らないことに痛みを連想しているということが分かる。

子供の頃、母が、私と兄を元ヘロイン中毒者の講演に連れて行ってくれたことがある。その人は、路上生活をしていた頃の写真を見せて、その生活が生み出してしまう不潔な生き地獄を説明してくれた。中毒者たちは缶詰めのイワシのように、やせこけた身体を床の上に横たわらせて、自分の周りに大便を垂らし、意識朦朧《もうろう》としたままで苦痛に満ちた日々を送っていた。

その状況を十分に私たちに理解させてから、私たちを壇上に呼び、麻薬を打っているとき、静脈を外したために死体同然に硬直化してしまった彼の右腕に触らせてくれた。

当然ながら、その後、私も兄も麻薬に手を出すことはなかった。私たち二人とも、麻薬に関わるものすべてに多大な痛みを連想していたからである。そのときの経験のおかげで、私は今でも薬を処方してもらうことすら、なかなか好きにはなれない。

精神障害に悩む人でさえも、この同じ動機で行動している。多重人格者は統合されたひとつの人格として生活することが大きな苦痛だと感じているから、分裂を起こしている。* 正気の人たちと同じ生活に大きな痛みを連想すると、人は正気を失う。

私は友人の紹介でうつ病の女性をコーチングしたことがある。彼女に二、三、質問をすると、本当の問題が明らかになった。彼女は健康のときよりも、心理療法を受けているときの方が両親に大切にされていたのだった。彼女が本当に求めていたのは愛されることだったが、病気になることが愛される唯一の方法だと勘違いしてしまっていたのである。

同じ動機で、自分の命を絶ってしまう人さえいる。

２００１年９月11日、世界貿易センタービルと米国国防総省が攻撃された事件を思い出せば、「自分も死ぬと分かっていながら、なぜそんなひどいことができるのだろうか」と不思議に思う人は多いだろう。しかし、その答も簡単である。「快楽と痛みの原則」である。アルカイダのメンバーにとっては、アメリカを攻撃しないことは大きな苦痛であり、聖戦で死ぬことが死後の快楽に結びつくと思っていただけのことなのだ。

質の高い連想は、成功への近道

では、動機がまったく一緒なら、人間同士の差をもたらすものは何だろうか。なぜヒトラーのような人間が生まれる一方で、マザー・テレサのような人間も生まれるのだろうか。なぜある人の生き方が戒めになる一方で、ある人の生き方がインスピレーションを与えてくれるものになるのだろうか。なぜ成功や幸福に結びつく生き方をする人がいる一方で、静かなる絶望に生きてしまう人がいるのだろうか。なぜ夢を実現する人がいる一方で、幻の中をさまよいながら人生を送ってしまう人がいるのだろうか。

＊遺伝子や脳に対する直接の障害など、精神障害の原因はさまざまであるが、行動レベルになると、依然として快楽と痛みの原則が作用することにかわりはない。

この人生最大の問いかけに対する答は、**何に快楽を連想し、何に痛みを連想するか**にある。ヒトラーは他人をコントロールすることを快感に連想させた。マザー・テレサは他人に愛や同情を示すことを快感に結びつけた。ヒトラーはユダヤ人の存在に大きな痛みを連想したのに対して、マザー・テレサは他人が苦しむ姿を見ることを大きな痛みだと考えた。

生活の質は、連想の質で決まる。それだけのことだ。だから生活に変化を望むのであれば、連想を変えなければならない。新しい連想を持てば、新しい人生を手に入れることになる。より良い連想を持つことで、自分の夢を実現し始めることができる。

ここで考えなければならないことは、「どのような連想が自分の夢に貢献するだろうか。長期的に見て、どのような連想をすれば最善の結果が得られるだろうか」ということだ。

脳はどんなものとでも快楽や痛みを連想することができる。長期的に見て、タバコを吸うことを快感と連想することで、あなたが本当に望んでいる質の高い生活を手に入れることができるだろうか。それとも、喫煙を大きな苦痛だと考え、そのかんばしくない副作用を同時に免れる道を選ぶのだろうか。

ヒトラーの連想は国に滅亡の一途をたどらせた。マザー・テレサの連想は世界を感激させた。「何を楽しいと思うか」が問題なのではない。それは今現在のあなたの連想に過ぎない。本当の問題は、「長期的に見て、自分が望む生活を手に入れるために、何を快楽に連想し、何を痛みに連想しなければならないのか」である。これこそ、人生に必要な質問と言えるだろう。

成功するために、何を快楽に連想し、何を痛みに連想しなければならないだろうか。

成功への道は快楽である

セミナーで、私が参加者たちによく投げかけている挑発的なセリフがある。それは「あなたの今の考え方には問題がある」という一句だ。このようなことは誰も言われたくないから、聴衆の中に不愉快な顔や怒った顔が多く見られる。それから私は、「私の考え方にも問題がある。そして、それはあなたたちが抱えているのと同じ問題だ」と言う。すると、皆が安心する。誰も劣等感を抱きたくないからだ。続けて次のように説明している。

「問題は、今の考え方では、今得ている結果しか得られないということだ。結果を改善させたければ、考え方を変えなければならない」

これは明らかに真実なので、皆がすぐに理解してくれる。

私たちは、自分の考え方（快楽と痛みの連想）をつねに改善しなければならない。

快楽と痛みの連想を改善すると、人生を改善することになる！

今の自分はどうしてこうなのか

あなたが今持っている〝快楽と痛みに対する連想〟の本当の問題点は、そのほとんどが意識的に選ばれたものではないということだろう。それらはあなたの生活を支配しているが、あなたはおそらくそれらがどこからきたのか、まったく分からないでいるのだ。

ここで、頭をコンピュータにたとえてみることは一興である。このコンピュータにはたったひとつの目的しかない。それは快楽と痛みの原因を探し出し、**快楽を得て、痛みを避ける**ことだ。快楽と痛みに対してあらかじめ埋め込まれた連想（本能）に頼って生活しているほかの動物とは違い、人間には生まれつきインストールされた**連想というソフトウェア**がない。つまり、赤ん坊は、何が快感につながり、何が苦痛になるのかはまったく知らない。だから赤ん坊は何でもやらかすのだ。

ベッドの上を這《は》う赤ん坊を想像してみよう。赤ん坊がベッドから落ちる可能性はあるだろうか。大いにある。理由は簡単だ。落ちることに痛みを連想していないからだ。

だから、赤ん坊はベッドから落ちる。ガチャン！　赤ん坊はすぐに痛みを覚える。ここで**頭脳のOS（基本ソフト）**が作動する。強烈な痛みまたは快楽を感じたとき、脳がすぐにその原因を探し始めるようにプログラミングされている。

脳は痛みと快楽の原因を特定するようにプログラミングされている。

どのようにその原因を特定するかは、人間が生まれながらにして備えている唯一のプログラムだと言っても過言ではない。つまり、脳は快楽と痛みの原因を特定するために、いくつかの**ルール**を持っているということだ。

これらのルールを活用することで、人間は素早く学習することができる。しかし、これらのルールは**間違った連想**を生み出してしまうこともある。そしてその間違った連想は、無意識のうちに一生涯続く痛みをもたらしてしまうことがあるのだ。

脳が活用する第一のルールは**「タイミング」**である。

もし私があなたの顎《あご》を殴ったら、あなたは痛みを感じるはずだ。そこで質問したい。あなたは、先月あるいは去年起こった何かしらの出来事がその痛みの原因だと思うだろうか。もちろんそうは思わないだろう。あなたの脳は苦痛を感じる直前に起こったことを原因として探している。

第二のルールは**「場所」**である。

顎が痛いのは、テキサス州の牛の暴走が原因だと考えるだろうか。もちろんそうは思わない。脳は近くにあるものを探している。実際のところ、先月のテキサス州で起きた牛の暴走が原因なのかも知れない。私はその真相を知らない。しかし、あなたの脳も私の脳もそのように解釈するように配線されていない。

そこで赤ん坊は、周りを見渡し、テニスシューズを目にする。「ああー！」一瞬にして赤ん坊の頭の中に「テニスシューズ＝痛み」という新しい連想ができる。

これほど簡単なのである。それ以上のことはない。実をいうと、これほどに簡単でなければならない理由はある。これだけ速く学習していても、人間がひとりで生活できるようになるには何年もかかる。

それからあなたが赤ん坊を友達の家に連れていくとする。赤ん坊は友人宅のソファーの上を這っている。また落ちる可能性はあるだろうか。もちろん、ある。なぜだろうか。まだ落ちることに痛みが連想されていないからだ。だから人生は面白い。人間は間違った連想ができるからである。

そこで、赤ん坊はまた落ちる。すぐに痛みが走る。そして、脳はまたその原因を探し始める。今回はビジネスシューズが目に入る。そこで赤ん坊は**混乱**する。

「テニスシューズが痛みの原因だと思っていたのに……」

混乱することはいいことだ。混乱がすべての連想の改善に先立つからである。混乱は変化を意味しているのだ。

混乱が変化に先立つ！

そこで脳はその次の機能を働かせる。それは「般化現象《はんかげんしょう》」と呼ばれるものだ。般化現象により、脳は快楽や痛みを伴う経験の共通原因を探す。つまり、二つの快楽または痛みを伴う経験の共通要素は何だろうか。

赤ん坊の脳は、「ああ！ なるほど。原因はシューズに違いない」と考える。すると一瞬にして靴恐怖症になる。

あなたは笑ってしまうかも知れないが、実際のところ、人間はそれだけ単純な仕組みになっている。

翌日、あなたは赤ん坊を連れて買い物に出かけ、靴売り場を通る。すると何が起こるだろうか。赤ん坊は泣き出す。しかし、なぜ泣いているのか、あなたはさっぱり分からない。

次にあなたは帰宅して、赤ん坊を食卓の上にのせる。何が起こるだろうか。同じことの繰り返しである。そこであなたは、「この子、頭が悪いんじゃない？」そう言いたくなるだろう。しかし、そんなことはまったくない。赤ん坊はまだ高いところから落ちることを痛みと連想していないだけだ。

運が良ければ赤ん坊は三回目も落ちる。そうでなければ、「靴＝痛

み」という間違った連想で残りの一生涯を過ごすことになるのだ。

ガチャン！　赤ん坊が落ちる。また瞬時に痛みを覚える。赤ん坊の脳は働き始める。「痛い、痛い。原因は何だろうか」今回はシューズがどこにも見当たらない。そこで赤ん坊は混乱してしまい、再び般化現象を起こし始める。

「シューズが痛みの原因でないとすれば、何が共通の原因だろうか。それは落ちることだろうか」

その瞬間、赤ん坊の靴恐怖症が治る。そして今度は高所恐怖症になってしまうのだ。


私は自分の連想を作り上げた強烈な経験のひとつを今でも鮮明に覚えている。

五歳のときの話である。私はニューヨーク州ロングアイランドにあった自宅の地下室に降りて行った。父は熱心な無線のオペレーターで、無線室に大きな工具箱を置いていた。その中から私は、赤い取っ手のついた面白そうな工具を取り出した。後になってそれがワイヤーストリッパー(電線の絶縁体をはがすために使用されるはさみ状の工具)だということを知った。

「これは面白そうだ」そう思った私は、その刃を左の人差し指に巻きつけて、思いっきりハンドルを握り締めた。何が起こっただろうか。私は即刻に面白そうな工具と激痛を連想させてしまったのである。そして、その連想がそれから三十年近くも私の生活に支配力を及ぼすことになった。

数年前、私はスティーブン・R・コヴィー博士と一緒に東南アジアの各国を歴訪する機会に恵まれた。彼がインドネシアのジャカルタで、大勢の財界人に講演していたときのことである。博士は聴衆に向かって次のように言った。

「私たちは、子供の頃に受けるプログラミングに対してはまったく責任がない。しかし、大人として、そのプログラミングを修正する責任は１００％持っている」

面白いことに、人間はどんなものに対しても快楽または痛みを連想させることができる。例えば、東京の歌舞伎町には、お客様を縄で縛り上げて、鞭で打つために数万円の料金を徴収するＳＭクラブがたくさんある！　そこに行く人たちは見事に肉体的な痛みと快楽を連想しているのだ。

もしあなたが夢の人生を手に入れたいと思うなら、自分の連想体系をコントロールしなければならない。夢の実現や成功に役立つ活動のすべてを、快感と結びつけなければならない。そして逆に、究極の目的からあなたをそらしてしまうような活動のすべてを、苦痛と結びつけなければならないのである。

成功する人は夢が実現しやすくなる連想を自ら選ぶ。

今すぐ自分の連想を意識的に選び始めることにしよう。何を快楽に連想させ、何を苦痛に結びつければいいのだろうか。その決断が最終的にあなたの運命を決めるものになる。

ここで少しの間読書を休んで、自分の今の連想を見つめてほしい。あなたは何を快楽に連想し、何を痛みに連想しているだろうか。仕事、運動、喫煙、システム手帳の活用、お金、大金、独立開業、海外旅行、読書などについて、今どのような連想を持っているだろうか。快感だと思っているだろうか。それとも痛みだと思っているだろうか。その連想はあなたの成功を支えてくれるものになっているだろうか。自分の夢に近づくためのより良い連想に結びつくだろうか。

例えば、あなたは今「仕事をすること」を「大きな痛み」と連想しているとしたら、その考え方はあなたの経済的自立を支えてくれるものとは言えないだろう。また「ジャンクフードや加工食品」を食べることを「快感」と結びつけていれば、減量はかなり難しくなるだろう。

あなたは何を快楽に、何を痛みに連想しているだろうか。どのような連想に変えていきたいと思うのだろうか。

項目	現在のレベル	希望するレベル
(例) 仕事	痛み　8	快感　10
1.		
2.		

3.			
4.			
5.			

自己妨害を超えて

ここで、あなたは混乱し始めているかも知れない。思い出してほしい。混乱はいいことだ。新しいものを学ぼうとしているという意味だ。「もちろん、失敗を痛みだと思い、成功は快感だと思っている」頭の中でそう言っていることだろう。しかし、本当にそうなのだろうか。

私は今まで、自分の仕事を嫌っている数知れずのビジネスマンたちに出会ってきた。そして、いつも彼らに提案している。

「今の仕事を辞めて、もっと好きな仕事に就いたらどうでしょうか。今すぐ自分の夢を実現し始めたらどうでしょうか」

すると決まって次のような返事が返ってくる。

「辞めることはできませんよ。もし辞めたら、生活が不安定になるじゃない！」（安定の喪失が多くの人にとって究極の痛みである）。「すぐにほかの仕事が見つからなかったらどうしますか。妻に何を言われると思いますか」

言い換えれば、彼らは、好ましくない現状に感じている痛みよりも、夢を実現するために必要な行動を起こすことに、もっと大きな苦痛を連想している。次の仕事を見つけることや、自分の会社を持って、毎日の仕事を自分でコントロールすることに快楽を連想しているかも知れないが、不安という痛みの方がそれを上回っている。

毎日苦痛を感じながら生活している。しかし、脳が「このままではいけない。今すぐにこの状態を変えなければならない！」という**限界**にまだ至っていないのだ。そして、あなたはその限界に達するまで、行動を起こすことはない。

この状態にいる人はリスクに集中するあまり、得られる利益を忘れてしまっている。達成したい結果ではなく、それを達成するためにしなければならない仕事の多さ、作業のめんどくささに集中している。これはすべて**「焦点」**の問題である。今こそ、自分の焦点を変え、行動を起こすときだ。自分自身をごまかすのをやめよう！

私は六年前、健康面において、この限界に達した。生まれて初めて九十キロを超え、毎日だるい気持ちで生活していた。

そんなある日私は立ち上がり「このままではいけない！　二度とこのような不健康な状態を経験してはならない」と叫んだ。

私は栄養学と運動生理学に関する本を片っ端から読み始めた。そして、もっと重要なことに、私は行動を起こした。より健康的な食生活を始めた。運動は歯磨きと同じくらい当たり前な習慣になった。

その結果、私はわずか六カ月で十六キロも減量し、それまで感じたことがないほどのエネルギーを味わうことができた。

ガマンできない限界にぶち当たることは素晴らしいことなのだ！

同じひとつのものに対して快楽と痛みの双方を結びつけている人は、**「混合した連想」**と呼ばれる状態に悩まされている。この「混合した連想」は**「自己妨害」**の源である。

「混合した連想」はすべての自己妨害の源である！

例えば、ほとんどの人は「もっとお金がほしい」と思っていることだろう。しかし、同時に、「お金持ちは信頼できない」とか、「お金は諸悪の根源だ」とか、「お金で幸せは買えない」などと教えられている。つまり、お金に関して「混合した連想」あるいは「混合した気持ち」を持っているということだ。

その結果、貧困な状態から抜け出すための行動は起こすものの、真の経済的自由を手に入れる段階になったとき、必要な行動はしなくなる。理由は簡単だ。自分の経済状況を次のレベルに持っていくことに痛みを連想しているからである。

あるセミナーで、参加者のひとりが自分の直面していた苦境を皆の前で話してくれた。彼は、著しい成長を遂げ、株式公開を目前に控えている建設会社の社長だった。しかし、株式公開を決めたとたんに、彼の人生が壊れ始めた。私生活、結婚生活、職場の生活すべてにおいて問題が多発した。

その苦痛の大きさは彼の顔やボディーランゲージから一目瞭然だった。

数分間彼と会話したところ、問題が浮き彫りになった。彼は「混合した連想」をたくさん抱えていたのである。株式公開をすることで得られる経済的自由を強く望んでいた。しかし、それと同時に、公開によって直接会社を支配できなくなるということに対して、大きな痛みを連想していた。

その結果、自分の生活を手当たりしだいに「自己妨害」していたのである。

その問題の解決方法は「混合した連想」をなくすことだった。私は彼に、「会社を上場させて、その後社長の座を降りて、その職をプロのマネジャーに任せたらどうでしょうか」と提案した。「そうすればあなたは、次の事業を自由に始められるし、望んでいる経済的自由も、成長している企業を直接コントロールしているという実感も確保できる」

この方法は彼の会社にとってもプラスになる。というのは、彼の会社は彼が社長として管理できる限界に達していたからである。

彼の顔に安堵《あんど》が現れたのは誰の目にも明らかだった。

覚えているだろうか。脳はただ単に、痛みを避けて快楽を得ようとしている。ここで**一貫性**が必要だ。脳が自分の夢を実現することを完全に快楽と連想させ、その夢を阻むものすべてに苦痛を結びつけていれば、自動的に成功するようになる。脳は、夢を実現するための方法を必ず見つけることができるからである。

一貫性を持つようにしよう。あなたの夢はあなたの幸せの鍵である。

広告を打つなら、頭の中

難しくする必要はない。広告業界の人たちは、たったの十五秒か三十秒くらいで新しい連想は作れるということを知っている。

広告の中で、気分が良くなるようなシーンを見せたり、気持ちのいい音楽を聞かせたりして、視聴者に快楽を感じさせる。その瞬間に、売ろうとしている商品を見せる。このプロセスを三〜四回繰り返すだけで、望んでいる反応は確保できる（このプロセスは、**アンカーリング**という）。

次は商品を目にしただけで、あなたの気分は良くなり、購買意欲が高まってくるというわけだ。

大切なことは、毎日あなたの頭の中で行なわれる広告のプロセスを意識的にコントロールすることである。

例えば、懸命に働くことがもたらしてくれる経済的自由、成功、社内における尊敬、自尊心などを考え始める。仕事を避け続ける人はどうなるだろうか。会社から解雇され、借金の取立てに悩まされ、子供の養育費もなく、家族が苦しむ。勤勉に働くことが素晴らしいことのように思えてくるに違いない。

自分の連想をコントロールすることで、人生をコントロールできる。そして、自分の連想をコントロールしなければ、必ずほかの誰かがそれをコントロールしようとするだろう。

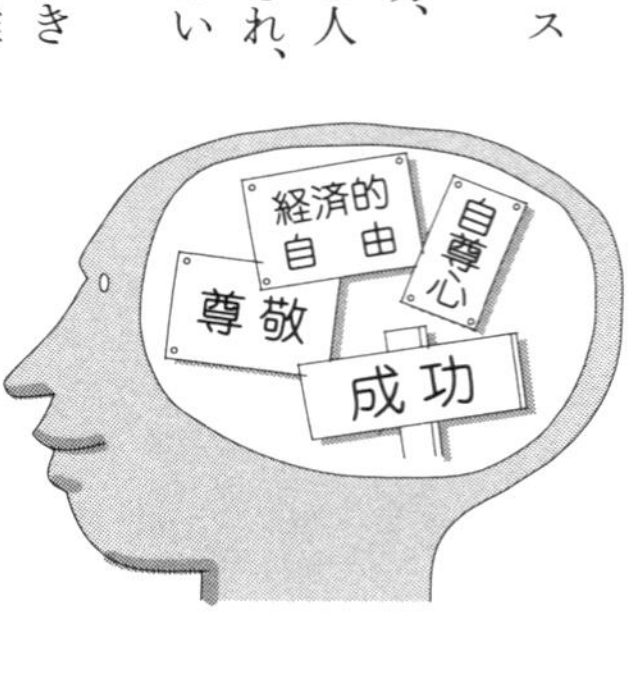

自分の連想をコントロールし、自分の人生をコントロールしよう！

「混合した連想」が役に立つこともある。

私の会社は最近、ある組織と合同で三カ月間にわたり、七百人の経営者に向けてセミナーを実施するという契約を結んだ。その計画を成功させるために、相手の組織が若い女性ひとりをフルタイムでこのプロジェクトの担当者に任命した。

想像はできると思うが、私と一緒に働く人の多くは極めて健康的な生活を送っている。そのため、私のチームメンバーの多くはベジタリアンになっている。しかし、この若い女性は、肉を食べずに生きていけることをどうしても理解できなかった。彼女は首尾一貫していた。「肉は美味しい。私は肉が大好きです。私は絶対に肉はやめられません」

長年にわたって抱いてきた信念や習慣に疑問を投げかけられたとき、人がどれだけ声を大にしてその新しい考え方に反発するかには、驚くべきものがある。

私は一貫性のある人が好きである。問題は、彼女が長い目で見たときに、自分の成功と幸せの足《た》しにならない信念と習慣に対して、一貫性を持ってしまっていたということだ。

ある日、昼食を一緒に食べていたところで、彼女は「肉が大好きです。絶対にやめられません」といういつもの口調を特に強く主張していた。そこで、私は彼女のパターンを中断させ、将来味わうことになるお互いの痛み（彼女の場合は健康問題、私の場合はいつも彼女のその話を聞かされなければならないという苦痛）を軽減させることにした。

「あなたがそれほど好きな肉の味がありますね。それが尿酸の味だということを知っていましたか。つまり、それは動物のおしっこの味なのですよ。ステーキはやわらかいですね。それは腐っているからです。結腸のばい菌が肉を破壊してやわらかくしているのですよ。だから食肉処理された直後の牛肉は売られないのです。牛が殺される前に泣くのを知っていましたか。自分が殺されることを悟っているのです。農薬のことはどうですか。最もきれいな肉でさえも、最も汚い野菜の数倍もの残留農薬を含んでいるのを知っていましたか。牛を太らせるために投与される成長ホルモンや抗生物質が肉の中に蓄積され、それを一緒に食べているというのは知っていますよね。美味しいね！　動物性タンパク質を大量に摂取することは心臓病、ガン、そのほかのあらゆる成人病と深く関係していることについてはどう思いますか」

新しい連想が生まれるのではないだろうか。

数日後、彼女から一通の電子メールが届いた。「食べる肉の量を減らし、より健康的な選択をしている自分の姿に驚いています」と書かれてあった。

彼女がそんな道を選ぶとは、誰も思わなかったことだろう。

気をまぎらわすだけでは成功できない

脳は基本的に、痛みを避けて、快楽を求めるように構成されているため、誰もが手っ取り早く苦痛や痛みから脱出する方法を確立している。私はそれを**「苦痛からの抜け道」**と呼んでいる。そして、自分の「苦痛からの抜け道」として選ぶものは、あなたの人生に多大な影響を与えることになる。

例えば、あなたが「退屈」とか、「寂しい」とか、「憂鬱」などの気持ちを感じているとしよう。

このいずれも痛みの別名である。そのとき、あなたはどうするだろうか。

ほとんどの人は「苦痛からの抜け道」として**「気をまぎらわす活動」**に走り始める。何かを食べたり、テレビをつけたり、タバコを吸ったり、友達とどうでもいいような会話に花を咲かせたりする。問題は、気をまぎらわすだけでは、自分の夢を実現できないということだ。

気をまぎらわすことだけでは、あなたの夢は実現されない！

夢を実現させるのは**集中力**である。ひとつ、二つの、本当に重要な仕事に集中することが偉大さへの道なのだ。つねに集中していることは、どんなことであっても成し遂げられる。

ほとんどの人が夢を実現できない理由は、意味のない気をまぎらわすだけの活動に自分の集中力を浪費しているからだ。彼らはどうでもいい事柄を自分の専門分野にしていると言えよう。新しいスキルの体得、外国語の勉強、微分学などを学ぶかわりに、漫画や、有名人がどこの誰とデートしたのかを報じる雑誌やテレビ番組を見て、気をまぎらわしている。

驚くことに日本で発行部数が最も多い週刊誌は、『週刊少年ジャンプ』である。しかも、その読者の大半は子供ではなく、大人である。アメリカの子供は月に平均二十一時間もテレビを見ており、二歳から五歳までの子供の25％は自分の部屋にテレビを持っている。また、アメリカの大人は一日平均四時間もテレビを見ている。

このような統計がどこまで正確なのかは、私には分からないが、多くの人が自分の夢とまったく関係ない活動に多大な時間を浪費していることは間違いないだろう。

大切なプロジェクトに取り組むより、机を整理したり、送られてきたDMに目を通したり、事務所内を歩き回ったり、インターネットを見たりして、気をまぎらわしている。

このような人たちは、夢を実現するための行動を避けるためなら何でもするように見える。

子供の頃に聞いた話である。いつも玄関に座り込み、子供たちが遊んでいるのを眺《なが》めながら、「人生は退屈だ」と不平不満をもらしている女性がいた。そんなある日、友人のひとりが彼女に「何かに興味を持ったらどうですか」と勧めたところ、彼女はこう答えた。

「何に？　興味が持てるようなものは私の生活にはないわ。毎日こうして玄関に座って、子供たちを見張っているだけだもの」

「なるほどね。その玄関は何でできているのかね」

「煉瓦《れんが》じゃないかしら」

「どんな種類の煉瓦ですか」

そこで、彼女は煉瓦というものに興味を持ち始めた。図書館に行き、煉瓦に関する文献を読みあさり、煉瓦というものを徹底的に調べた。そして、彼女は煉瓦に関する論文を書き、その友人の助けを借りて、それを出版した。

友人がまた彼女の家を訪れ、今度は、「玄関の周りには、ほかにどういうものがありますか」と尋ねた。

「アリ……」

それだけで十分だった。彼女はアリに興味を抱いた。彼女はこの興味深い、魅力的な生き物に関する文献を手に入るだけ片っ端から読んだ。彼女はアリの専門家になり、その分野の研究家たちが皆バイブルにしている参考書を書き上げるに至った。

誰しも「苦痛からの抜け道」を必要としている。そう、誰もだ。ここで秘訣があるとすれば、それは成功者がより質の高い「苦痛からの抜け道」を確保しているということである。

成功者は、気をまぎらわすだけの「苦痛からの抜け道」ではなく、自分の成功に貢献してくれる「苦痛からの抜け道」を構築している。一時的な痛みを消すために、長期的な成功に役立つ活動に打ち込むのだ。悪夢から抜け出す最も良い方法は、何らかの形で自分自身の夢を実現し始めることだろう。

気をまぎらわすことをやめて、生活を面白くしよう！

私のよく使う「苦痛からの抜け道」は、自分の健康に役立つ活動や人間関係作り、社会貢献、また創造的な活動になっている。

落ち込んでいれば、新鮮なジュースを作るなり、ジョギングをするなり、スポーツ・クラブに行くなりする。寂しいときは、母に電話をかけたり、甥《おい》と遊んだり、刺激的なデートの計画を立てたり、顧客を東京湾のディナークルーズに招待したりする。そうすれば仕事にも役立つし、いい思い出にもなる。

退屈になったときは、良書を読んだり、新しいセミナーの計画を立てたり、作曲したり、本の原稿を推敲《すいこう》したり、バラを見たり、次のバカンスの計画を立てたりする。

うつを感じるときは、ホームレスの人たちと昼食に行ったり、老人ホームを訪れたり、その他有益な奉仕活動に参加したりすることができる。

基本的にこうした活動はほとんどお金がかからない。こうした活動はいつでも、どこででもできる。しかも、これらは生活の質を高めてくれるものである。決して破壊的なものではない。自分にとっても他人にとっても有益であり、真の「苦痛からの抜け道」と言える。またそれは長期的にも痛みを避け、快楽をもたらしてくれるものであるのだ。

質の高い「苦痛からの抜け道」を選ぶようにしよう！

今すぐ、質の高い「苦痛からの抜け道」——退屈や孤独といった消極的な感情からすぐに抜け出すことができる方法――をリストアップしてみてほしい。「水を一杯飲む」とか、「熱い風呂に入る」というような簡単なものでもいいだろう。できるだけ多くの活動をリストアップしてみてもらいたい。選択肢が多ければ多いほど、自分のほしい結果を得られる確率が高まってくるからである。さあ、スタート！

私の、質が高い「苦痛からの抜け道」は……

成功には秘訣あり！

人生における「成功」とは、自分も他人も長期にわたり大きな快楽が得られて、多くの痛みが避けられる方法を探し出すことである。そしてそれは、短期的な痛みを我慢して、本当に望んでいる長期的な結果に集中する結果なのである。

何年も前のことになるが、ハーバード大学で『子供が自分の両親よりも経済的に裕福になるとき、その原因は何か』という題で調査が行なわれた。非常に多くの要素が検証されたが、統計的に高い相関関係を持つ要因はひとつしか浮かび上がってこなかった。それは、「何かの意思決定をするときに、どのくらいの期間を考慮に入れるか」ということだった。

つまり、**長期的な視野**に立ち、将来の報いを得るために、即座の満足を後回しにする道を選んでいる人は、経済的により豊かになるということだった。

人生において、長期的な成功を犠牲にしてまで即座の満足を得ようとする機会はたくさんある。企業が顧客をだましたり、劣悪なサービスを提供したりするときもそうだし、国が経済を成長させるために環境問題を引き起こしたりするときもそうである。個人が酒を飲んだり、タバコを吸ったり、麻薬に手を染めたりするときも即座の満足を得ようとしているし、現在の消費者文化においては、即座に商品を手に入れる欲望を満たすために大きな借金を背負うときも、結局は短期的な快楽を得るために、自分の長期的な幸せを台無しにしているのだ。しかし、いずれはそのツケが回ってくるに違いない。

ほとんどの人は、長期的な満足をもたらしてくれない無駄な長物にお金をつぎ込むが、あなたは自分のお金を投資する。ほとんどの人は、気をまぎらわす活動に自分の時間を浪費するが、あなたは時間を有効活用し、自分の役に立つスキルを身につける。他人が遊んでいるときに、あなたは顧客に仕える。なぜだろうか。それはあなたには夢があり、それを実現しなければならないからだ。

成功とは、今ほしいものを犠牲にして、本当にほしいものを手に入れることにほかならない！

大学時代、私の恩師のひとりが、ヘンリー・W・ロングフェローの次の詩を私に教えてくれた。

人間が高所に到達し、その位置を維持しているときは、突然の一時的な飛行によってそれを達成するのではない。むしろ、仲間たちが寝ている夜中、彼らはひたすら上へ向かって飛び続けているのである。

この言葉はそれ以来ずっと私にとって頑張り続ける励みになってくれている。

「成功の9ステップ」、究極の「違いをもたらす違い」

今すぐ、自分の夢を実現し始めることができる。

成功には9つのステップがある。そのいずれも楽しいものである。行なえば行なうほど簡単になる。効果がある。現実の生活に根づいたものである。それらは私自身の経験だけでなく、何千人もの人たちの経験によって実証されている。私生活においても、職場の生活においても効果を発揮してくれる。そしてそれらは、痛みから抜け出し、快楽へと向かう道なのである。

この**「成功の9ステップ」**は、成功者の共通要素であり、また、あらゆる分野における業績を支配する原則でもある。非常に貴重なものであり、そしてあなたが実行しようとするだけで、自分のものにできるのだ。

冒頭の挨拶《あいさつ》でも述べているが、私の仕事はすべて**「違いをもたらす違い」**の研究とその応用に集中している。

成功する企業とそうでない企業の「違いをもたらす違い」は何だろうか。試合に勝つチームと敗れていくチームの違いは何だろうか。健康な人とそうでない人、株式投資で成功する人とそうでない人、家族関係がうまくいく人とそうでない人の違いは、いったいどこにあるのだろうか。

この「違いをもたらす違い」に自分の焦点を合わせることにより、驚くべき成果を自分自身と顧客双方のために生み出すことができた。そして、この「違いをもたらす違い」を検証していく中で、ひとつの枠組みが浮かび上がってきた。それは**「成功の9ステップ」**であり、**「パワー」**と**「プロセス」**と**「テコ効果」**という三つの要素からなるものである。

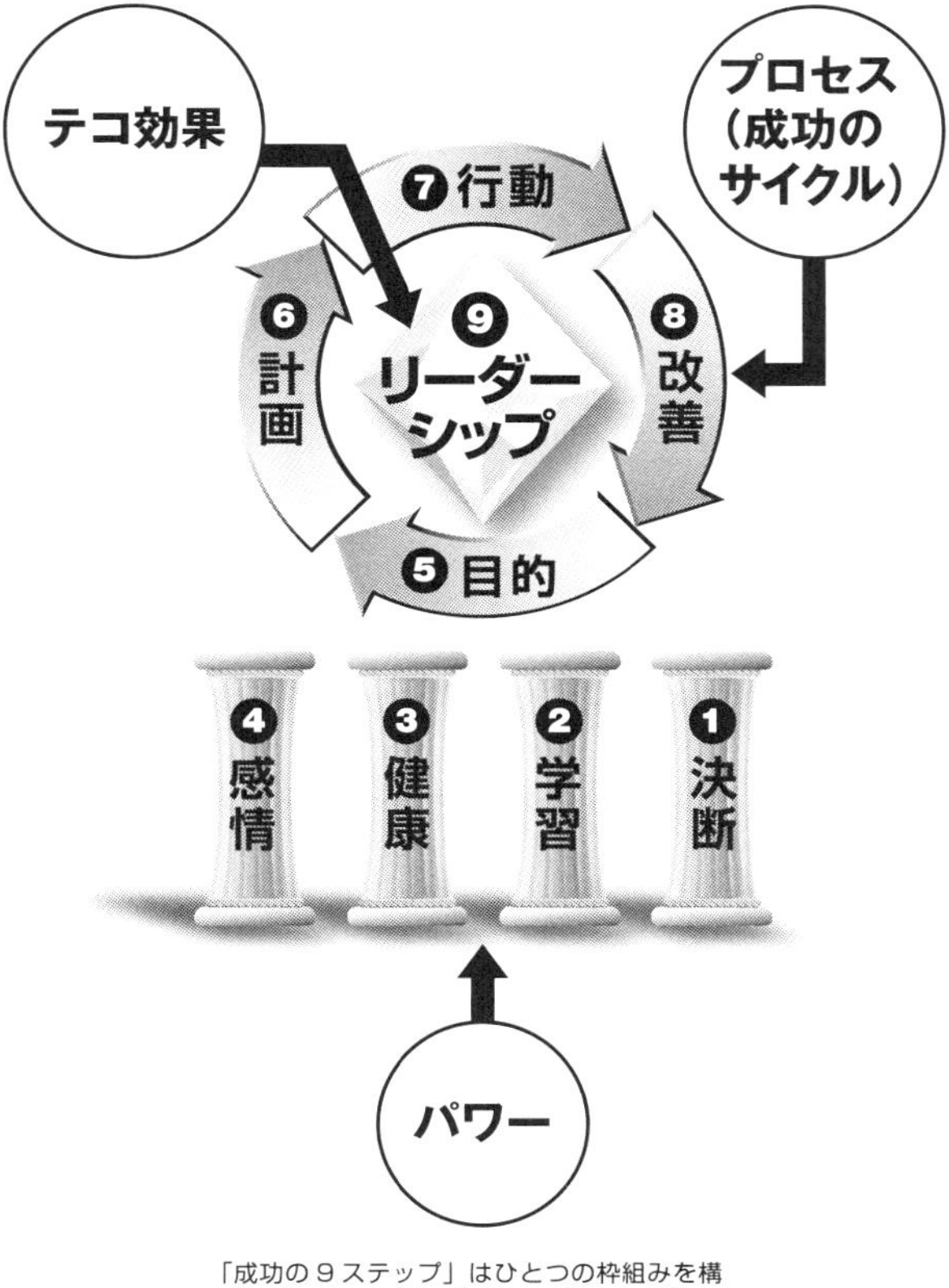

「成功の９ステップ」はひとつの枠組みを構成している。それは「成功への道」なのだ。

パワー

最初の四つのステップは、**「パーソナルパワー」**をもたらしてくれる**基礎**であり、自分の地位、立場、財力などと関係なく、物事を成し遂げる能力である。このパーソナルパワーとは、難しい状況に直面しても、力強い行動を取り続ける能力であり、成功者の何よりもの共通点と言えよう。

パーソナルパワーを大きく発揮している人は、そうでない人と何が違う？それは決断、学習、健康、感情のコントロールという四つの基礎を身につけていることにある。そして、それこそがこの「成功の９ステップ」の始まりであるのだ。

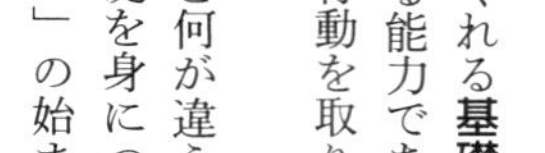

パーソナルパワーの「四つの基礎」

「パーソナルパワー」とは、難しい状況において、力強い行動をする能力であり、成功者の何よりもの共通点である。

プロセス

いざ大きな力を持つようになれば、次はそれを具体的な目標に向かせることが必要になる。

「成功の９ステップ」の次の四ステップは、**「成功のサイクル」**を構成するものであり、計画と行動のプロセスを与えてくれるものになる。つまり、自分の目的を明確にし、時間管理の技術を身につけて、思い切った行動を取り、自分のアプローチを改善しながら、夢の達成に向かうのだ。

「成功のサイクル」は計画と行動を結びつける上向きのスパイラルを作り出してくれる。

テコ効果

そして、最後のステップは**「リーダーシップ」**である。ほかの人を自分の夢に参加させ、テコの効果を活用しながら、より大きなことを成し遂げる。これにより、自分の労力の結果が倍増され、ひとりでは到底なし得ないような大きな仕事やプロジェクトを自分の人生の遺産として築き上げることができる。

「リーダーシップ」とはほかの人を自分の夢に参加させることである。

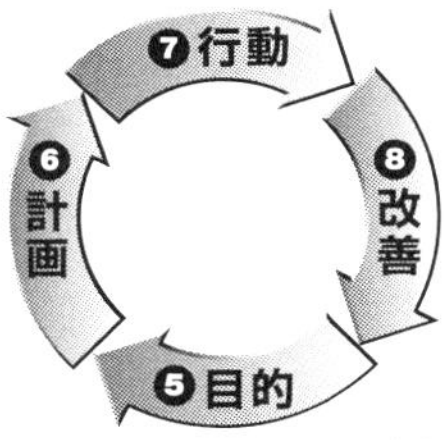

「成功のサイクル」は目標達成のプロセスを与えてくれる。

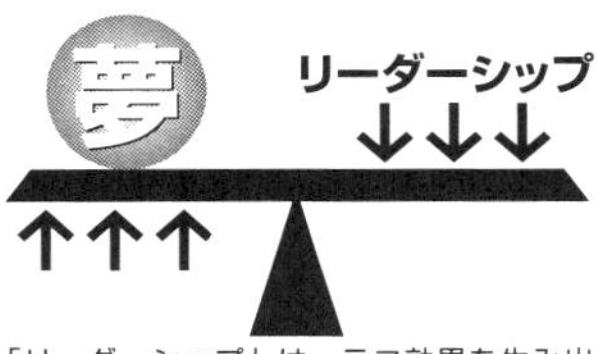

「リーダーシップ」は、テコ効果を生み出してくれる。

要約

要約すると、この「成功の9ステップ」、時代を超えた成功者の「違いをもたらす違い」とは、以下の通りである。

パーソナルパワーの四つの基礎
ステップ1：心を決める。（決断）
ステップ2：成功者のパターンを学ぶ。（学習）
ステップ3：無限健康を手に入れる。（健康）
ステップ4：自分の感情をコントロールする。（感情）

成功のサイクル
ステップ5：望む結果を明確にする。（目的）
ステップ6：時間を管理する。（計画）
ステップ7：思い切った行動を取る。（行動）
ステップ8：アプローチを改善させる。（改善）

リーダーシップのテコ効果
ステップ9：ほかの人を自分の夢に参加させる。（リーダーシップ）

成功を収める人というのは、この「パワー」と「プロセス」と「テコ効果」を使っている。世界どこでも、成功している人たちを研究してみてほしい。必ず同じことを発見するはずである。まさに『成功の9ステップ』は、そうした研究の成果であるのだ！

さあ、準備はできているだろうか。私の方は準備万端だ！

高校時代、新しい化学の授業に初めて出席したときのことである。教師は、フランズという老齢のドイツ人で、まさに学者だった。彼は銀縁のメガネごしに生徒を眺めて、次の言葉を発した。「このボートは博士号行きだ。降りたければ、海岸まで泳がなければならない」

立ち上がれ！　自分の基準を引き上げよう！　人生からもっと多くを要求しよう！　自分の夢を生き始めるのだ！　自分の人生を望み通りのものにする勇気を持ってほしい。自分自身のために。そして愛する人のために。

立ち上がれ！

それでは、この「成功への道」の各ステップを紹介し、人生において成功という快楽を得て、失敗という痛みを避ける方法を体得しよう。「成功の9ステップ」へようこそ！

この章で学んだこと

この章で学んだ重要なポイント、そしてそれをこれからどのように自分の生活に活かすのかを書き出してみてください。

第二部

四つの基礎

The Foundation of Personal Power

Step 1

心を決める（決断）

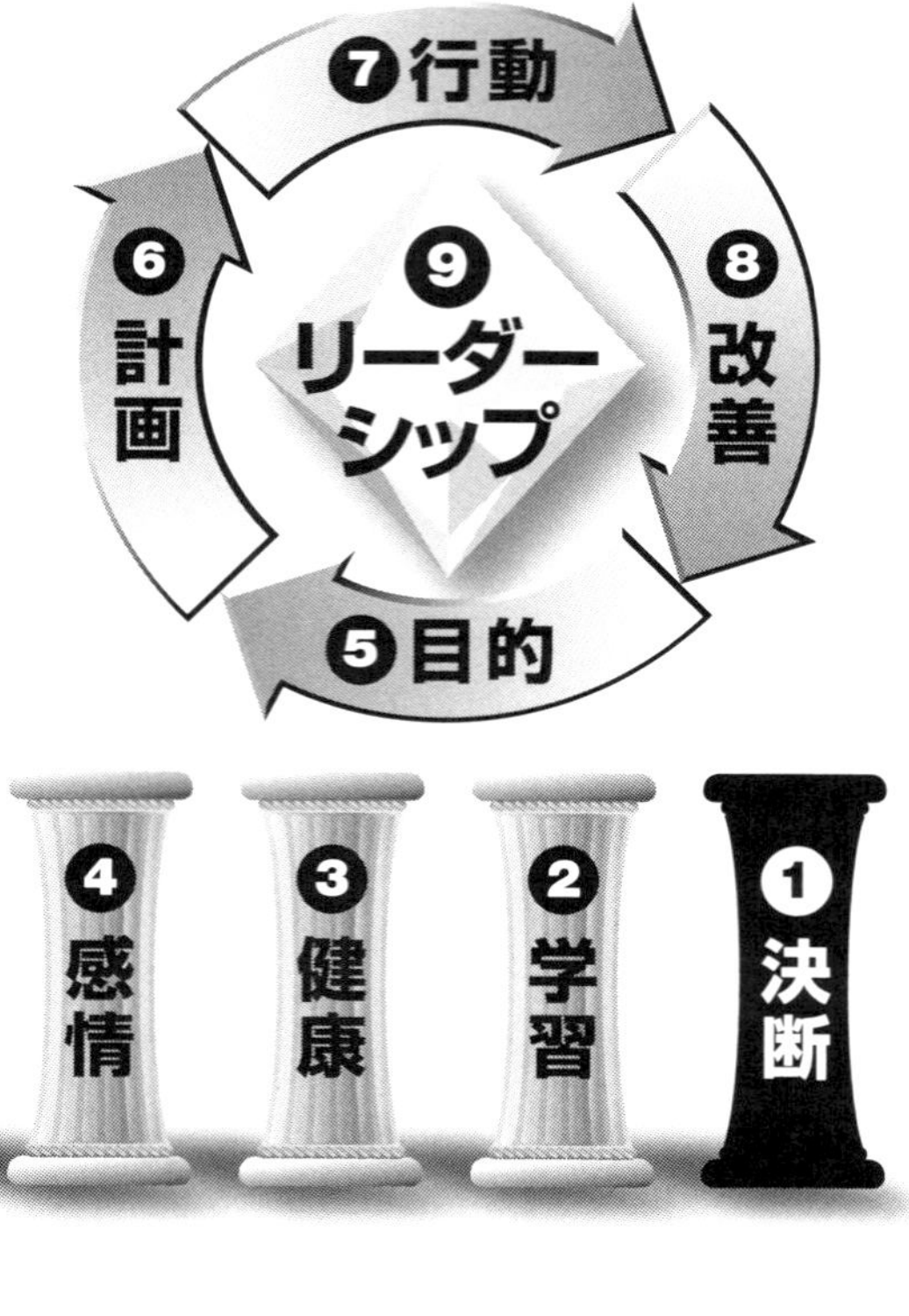

ジョナサンは困惑した。「自由であること、そして、少し練習しさえすれば飛べるということをほかの鳥に納得させることは、どうしてこれほどまでに難しいのだろうか」

『かもめのジョナサン』リチャード・バック

決断は、すべての変化の源である。それは、あなたが現在の姿になっている理由でもあるし、また、ある会社が栄え、ある会社が衰退していく原因でもある。結局のところ、決断はすべての成功とすべての失敗の要因なのである。決断は、リーダーシップの土台であり、そして何よりも素晴らしいことに、決断のすべてがあなたの掌中に委《ゆだ》ねられているというわけだ。

決断は願望とはまったく違うものである。その違いは、成功と失敗、行動と麻痺《まひ》、リーダーシップと服従との間の隔たりなのである。決断を下す瞬間に、世界のすべてが変わるのだ。たったひとつだけの決断が持つ、計り知れないインパクトについて考えてみることにしよう。

「アメリカ建国の父たちが、祖国の税制はもはや受け入れられないと決断したとき、それからの二百年間にわたる世界史を一変させた」

「ローザ・パークスがバスの座席を白人に譲らないと決断したとき、市民権運動が沸き起こり、何百万人もの黒人たちが差別から解放された」

「ヒトラーがユダヤ人を迫害すると決めたとき、結果的に六百万人もの無罪な人たちが虐殺されることになり、パレスチナ地方にイスラエルという国家が設立されることになった」

「ビル・ゲイツが大学を中退し、ソフトウェアを売るための会社を設立することを決断したとき、マイクロソフトが誕生した」

「ミハイル・ゴルバチョフがグラスノスチ（情報公開）の道を歩むことを決断したとき、ソビエト連邦が崩壊した」


人類の歴史は、決断の歴史である。

自分の人生を振り返ってみてほしい。今の自分を作り上げたのは、どういう決断だったのか。

私は十四歳のとき、「いつか日本に住もう」と心に決めた。そのたったひとつの決断がその後の二十五年間、私の人生のすべてを決定づけるものになった。進学する大学が決まり、専攻分野も限定され、就職先も決められ、出会う人たちすべてが決定づけられた。決断の力を過小評価してはならない。

決断は、計り知れない威力を発揮している。それは人生の方向性を変え、最終的にその人の運命そのものを決めてしまう一連の出来事を引き起こすものであるのだ。

今までの人生において、あなたの下した決断とそのインパクトについて考えてみて、以下のスペースにそれを記入してみてください。

決断	そのインパクト
1.	
2.	
3.	

ロバート・フロストは、その最も有名な詩の中に、たったひとつの決断が持つ、人生を変える偉大な力についてこう述べている。

森の中で道が二つに分岐した。

そこで、私はより人が通らない道を行くことにした。

そして、それが今の私を可能にしたのである。

あなたはどちらの道を行くだろうか。混乱の森を通り、絶望の村に至る平凡な生き方という道を選ぶだろうか。それとも、より人が通らない道――希望の山に登り、成功の街へと続く勇気と確信の道――を歩み、自分の夢をすべて手に入れることを選ぶのだろうか。

あなたの決断がそのすべてを可能にしてくれる。

成功への道を行こう！

夢の実現を決断せよ！

決断という言葉の語源は**「決めて、断ち切る」**ということである。面白いことに、英語でも同じである。英語の「Decision（決断）」という言葉は、ラテン語の「Incision（切り落とす）」に由来している。

つまり、成功するという決断は、失敗するというオプションを断ち切ることである。最も重要なことに時間を投資するという決断は、つまらないことに時間を浪費しないという決断でもある。

ある人は、『決意』と題した詩の中にこのことをうまくまとめている。

外に出かけ、そのために戦い
昼も夜もそのために働き
自分の時間と安らぎと睡眠をそのために犠牲にするほど
あるものを欲していれば、
その望みがあなたを動かし
それを追求することは疲れず
それと比較して、ほかのものはすべて安っぽく見えれば、
それがない人生は無駄で無意味なものに感じられて
あなたの考えること、企てること、望むことはすべて
それに関連していれば、
そのために喜んで汗をかき、心配を重ね、計画をし
そのために、神と人間に対する恐れをすべて投げ棄てることができれば、
自分の能力、筋力、知力
信仰、希望、自信をかけて
一点張りの気持ちで、そのことを追求すれば、
寒さも、貧困も、飢餓も、疲労も、病気も

肉体的な痛みも脳の疲れも
あなたの欲しているものからあなたを突き放さず
勤勉に、決意を持って、攻撃し、求め続ければ、
それは、手に入る！

決断は目標達成の偉大な鍵である。

あなたの人生には無限の可能性がある

量子力学によると、私たちは**無限の可能性の場**の中に生きているという。そして、生きている一瞬一瞬において、その可能性のどれかひとつを表しているに過ぎない。

最も深いレベルで理解すれば、私たちの思い（エネルギーと情報の発信）そのものが、どの可能性を現実のものとして経験するかを決めているのである。

無力感に襲われることがあったら、決断を下せば良い。その瞬間に、あなたは永遠にわたる自分の将来を形づけることになる。

私たちは無限の可能性の場に生きている。

あなたは今すぐにでも決断することができる！　事業を立ち上げる、あるいは新しいスキルを身につけるという決心をすることができる。減量または禁煙をして、健康を取り戻すという決断をすることもできる。家族とより多くの時間を過ごす、あるいは新しい趣味に打ち込む決断をすることもできる。ハワイやイタリアに移住するという決断をすることもできる。今、自分の夢を実現し始める決断をすることもできる。あなたは無限の可能性の場に立たされている。どう選択するかはあなた次第なのだ！

決断は人間が持つ最大の力——選択の自由——の表れである。この自由意志こそが私たちの人間性の本質と言える。

人間は、ほかの動物とは違い、本能をほとんど持たずに生まれてくる。そして、生きていくための基礎的なスキルを体得するだけでも、二十数年はかかる。しかし、そのプロセスにおいて、極めて特殊な能力を身につける。それは自分自身で選択する能力である！

あなたは自分の夢を選ぶことができる。行動を選ぶことができる。諦《あきら》めないということを選ぶことができる。夢を実現することを選ぶことができる。その選択は、あなたの掌中にある。

ロバート・シュラーの言葉を心に留めておこう！「成るなら、それは私が為すからだ！」

無力さを感じているなら、決断を下せば良い！

自分のコントロールの範囲をはるかに超えているような大きな問題に直面したときは、被害者意識に陥りやすいだろう。しかし、そういうときでも、自分独自の才能や能力を活かし、その問題の解決に少しでも貢献するように、決断することが大切なのだ。

1985年、アフリカにおける飢餓がまさに大惨事と呼べるほどのものに発展していた。そこで、タレント事務所とテレビ・プロダクション会社を経営するケン・クラーゲンは、どうすればその人たちを助けることができるかを相談するために、顧客のひとりライオネル・リッチーに一本の電話をかけた。

その結果、1月28日に、四十名近くのアーティストたちが南カリフォルニアのスタジオに集合し、ライオネル・リッチーとマイケル・ジャクソンがそのイベントのために作曲した『We Are The World』という曲のレコーディングを行なった。

その努力の結果、困っている人たちを苦しみから救い出すために何百万ドルもの資金が集まり、世界中の人々を感動させ、もっと貢献するように仕向けたのである。

私たちの得られる結果はここまで劇的ではないかも知れないが、原則は同じである――**アイデ**

アを打ち出し、決断を下し、行動を起こす。結果はその努力のすぐ後についてくるに違いない。

決断の質は自分の状態で決まる

夢の人生を手に入れることは、自分の**「状態」**（どのような感情をつねに抱いているか）をマスターすることの結果だと言える。

目標を達成するかどうかは、自分の状態で決まる。日常生活の出来事が、あなたにどういう影響を与えるかも、状態の問題である。リーダーシップ能力も、状態の問題である。

簡単に言ってしまえば、人生のすべてが、自分の「状態」の結果であるのだ。

仮に、あなたが今日、会社でリストラの対象になったとしよう。その出来事をどう解釈するだろうか。その出来事は、あなたの人生にどのような影響を及ぼすだろうか。その結果、あなたはどのような行動を起こすだろうか。答は、そのときのあなたの状態次第なのだ。

もしあなたが弱々しく、不安な気持ちを抱いていれば、人生の終わりのように思えてしまうかも知れない。諦めてしまい、横たわったまま、何もかも投げ出してしまうようになるかも知れない。建設的なことは何もしなくなるかも知れない。あるいは最悪の場合は、自分の命を絶つという選択に追い込まれてしまうのかも知れない。ちょっと待って！　ほかにどういう選択肢があるのかを聞いてみてほしい。

もしあなたがパワフルで自信満々な気持ちになっていれば、仕事を失うことは、より充実感が得られる仕事を見つける機会、あるいは新しい事業を興す機会だと捉えることだろう。また、二度とつまらない仕事に頼らなくても済むように、完全な経済的自立と自由を手に入れることを決断するかも知れない！

出来事は同じなのに、結果はまったく違う。

ほとんどの人の人生は、周りの状況や環境に振り回されている。自分の感情または状態が、身に起こる出来事の結果だと思い込んでしまっているからである。悪いことが起これば、気分が悪くなり、良いことが起これば、気分が良くなるという具合だ。

このように考えている人は、何か良いことが起きてくれるのを待ちながら生活し、それが起きてくれないときは、自分のことを**被害者**だと思い込む。この人たちの人生は浮き沈みを繰り返す**感情的なジェットコースター**の連続だ。そして、成功は運の問題だと決めつけて、自分の運の悪さを嘆く。

「あいつはラッキーだよね」「ダメな人は何をやってもダメ」「彼女は生まれつきの才能があったから。だから、成功できるのさ」などと言って、自分の成功していない様子を言い訳している。

しかし、**真の成功者**は自分の人生を偶然に任せることはしない。成功者は泥に転んでも、バラを持って立ち上がる。主体性を発揮する人は、どんな状況におかれても、それを自分の目的のために活かすようにしている。素っ裸にして、食べ物もないジャングルに置き去りにしてしまえば、二カ月後は、現地のすべてを取り仕切り、原住民がその人のために働いていることだろう！

何が違うのだろうか。「状態」が違うのである。成功者は、つねに効果的な決断ができる状態を維持するようにしているということだ。

状態をマスターすれば、人生をマスターすることになる！

私が行なっている**「経営者育成塾」**では、最近、非常に興味深い演習を行なった。参加者全員を私の東京の自宅に集合させ、彼らの財布、お金、鍵、名刺、携帯電話など、社会的なステータスを表すものすべてを没収した。

そして、演習の指示を与えた。五百キロも離れている大阪に行き、宿泊する場所を確保し、ちゃんとした食事も取り、ゼロから生活を築き直し、なおかつ社会に貢献するというものだった。生まれて初めて、この経営者たちがホームレスになったのである！

しかし、すべてが状態管理の問題だということを思い起こしてほしい。数時間後、その何人かが大阪に到着し、五つ星のホテルにチェックインを済ませ、フロントデスクに現金三万円を貸してくれるように説き伏せて、ルームサービスを注文し、七十キロも遠回りしてその目的地まで送ってくれた人とパーティーを開催していた！

誰にも止められない状態に自分自身を持っていけば、できないことは何もない。

誰にも止められない状態に自分自身を持っていけば、できないことはひとつもない。

刺激と反応の不思議な関係？

アイバン・パブロフの研究について、一度か二度は聞いたことがあるだろう。

パブロフはロシアの動物学者で、消化のプロセスにおける内分泌を調べていた。その研究の一環として、彼が犬と鐘と肉を使って、興味深い実験を行なった。

しばらく犬に餌《えさ》を与えないでおいて、飢えている状態を確認すると、鐘を鳴らし、犬に肉を見せる。そこで犬は肉を見て、唾液《だえき》を垂らし始める。鐘を鳴らし、犬に肉を見せて、犬が唾液を出す。鐘を鳴らし、肉を見せて、唾液を出す。鐘、肉、唾。鐘、肉、唾。鐘、肉、唾。

それからパブロフは非常に興味深いことを試みた。鐘を鳴らしてから、犬に肉を見せなかった。なのに犬は以前と変わらず唾液を垂らした。つまり、犬の反応を条件づけしたのだった。鐘を鳴らすだけで犬は唾液を垂らすようになっていたのである。

今あなたはこう思っているだろう。「それは私の周りの人たちとよく似ている！」

そこがポイント。この実験の結果を受けて、当時の心理学者たちは、人間の行動を説明するための**「刺激と反応のモデル」**を打ち出した。

このモデルによれば、人間は基本的に、受ける刺激すべてに対して、そのときまでの条件づけに基づき反応しているという。誰かが鐘を鳴らし、もしその鐘の音を食べ物に連想していれば、私たちも唾液を出すというわけだ。

もしこの理論が正しいとすれば、私たちは、同じ刺激に対して、いつも同じ反応を示すはずである。しかし、実際のところはどうだろうか。まったく違うのだ。

妻にプレゼントを買って帰ったら、ある日はキスをしてくれるかも知れない。しかし、次の日は、「操ろうとしている」とか、「やましいことがあるんじゃないの？」と言って、責められる。同じ刺激なのに、反応が異なる。今日は顧客があなたのセールストークに好意的な反応を示してくれても、来週はダメである。十代の息子は今日あなたの言うことを聞くが、明日はドアをバタンと閉めて、まったく取り合ってくれない。

「刺激と反応のモデル」の問題点は、「状態」を無視していることである。飢えた犬は唾液を出すかも知れないが、お腹がいっぱいになっている犬は鐘を無視するだろうし、かえって鐘を鳴らした人に噛《か》みつくかも知れない。

結果のサイクル：十年間の研究成果！

このことをより深く理解するために、**「結果のサイクル」**というより強力なモデルを紹介しておこう。

これは成功への道を正しく理解するために、とても役立つものである。と同時に自分の「状態」をすぐに変えるためのツールも与えてくれる。

「結果のサイクル」は、私が十年間の歳月をかけて「刺激と反応のモデル」を研究した末に打ち出した。

研究を重ねているうちに、「刺激と反応のモデル」に大きな問題があるということに気がついた。それは刺激や生活の出来事が真空空間の中で起こるものではないということだ。

それらはあなたに対して起こるものであり、そしてもっと大切なことに、今の「状態」のあなたに起こるということであるのだ。

あなたのその時々の状態によって、これらの出来事にどういう意味や解釈を与えるかが決まり、そしてその解釈によって、どう反応するか、どんな行動を取るかを決めることになる。

また、その決断は、どういう結果が得られるかを決めるものとなり、最終的には、あなたが将来経験する次の出来事そのものを決めてしまうものにもなる。

これはつまり「結果のサイクル」になる。そして、このサイクルに最も大きな影響を与えるも

結果のサイクル

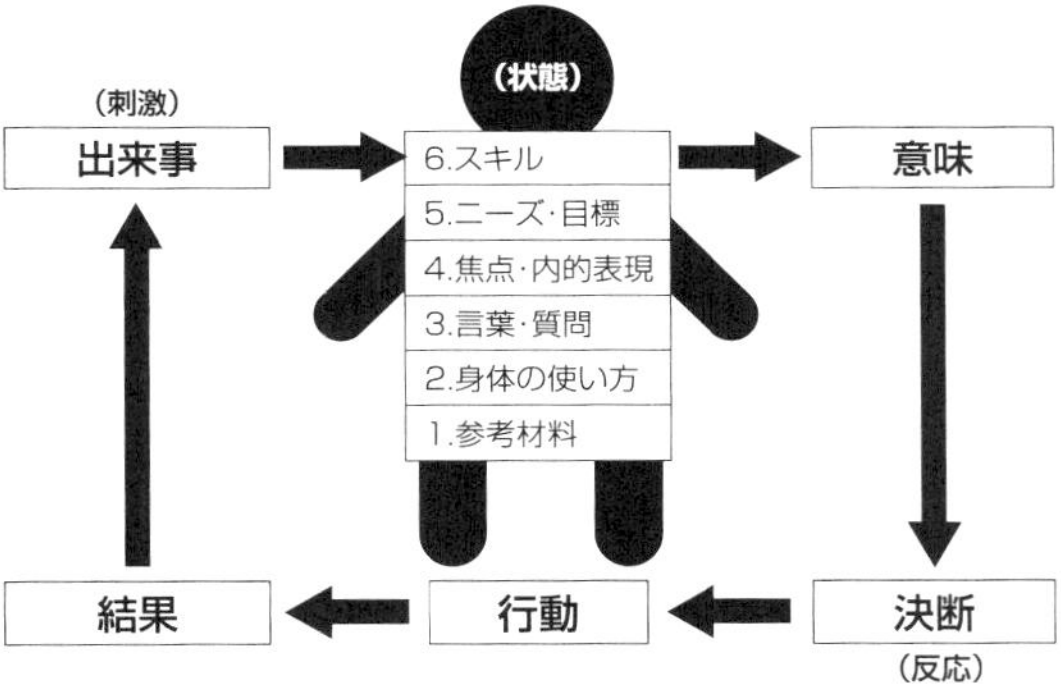

のは、あなたの「状態」なのだ。

これは個人にも、組織にも、会社にも、スポーツチームにも当てはまる。

『リプレイスメント』という映画に、コーチを演じているジーン・ハックマンが、選手たちに「何を恐れているのか」を尋ねるシーンがある。そこでクォーターバック役のキアヌ・リーブスが**「流砂」**だと答える。そして「流砂」とは、ほんの小さなミスが段々とより大きな意味を帯びてくる状態のことだと説明する。チームの状態はますます悪化し、やがてうまくプレーをすることすらできなくなる。

誰もが、スポーツや人間関係、ビジネスにおける「流砂」を経験したことがあるだろう。自分のそのときの「状態」によって、自分と周りの人たちの「状態」をさらに悪化させるような反応をしてしまう状況である。

このパターンを中断させ、自分の「状態」を変えるようにしなければ、どうなるだろうか。最終的に人間関係の崩壊、負け試合、契約破棄になるだろう。

自分の「状態」を構成するそれぞれの要素を理解することは、本書の大きな目的のひとつだ。

自分の状態を作り上げる六つの要素

1. **参考材料**（過去の経験と知識）
2. **身体の使い方**
3. 使っている**言葉**と習慣化している**質問**
4. **焦点と内的表現**
5. 集中している**ニーズ**と**目標**
6. 自分の持っている**スキル**

これらの要素のひとつひとつは、私たちの感情あるいは状態に大きな影響を与え、出来事に対する私たちの解釈を変える。後の章で、これらをひとつひとつより詳しく説明することになるが、ここでは、力強い行動を起こし、効果的な決断と意思決定ができるパワフルな状態を維持する方法について考えてみることにしよう。

その鍵は、すべての出来事に対して**「力を与えてくれる解釈」**を見つけることである。

私は二十歳の頃、ボランティア活動に参加していた。そのとき、ウィリアムというとても素敵なリーダーから指導を受ける機会があった。ウィリアムは、米国で大型農場を営み、かなり成功していた。

そんなある年、収穫作業に入るまさに前日に、台風が襲いかかり、作物が全滅した。この出来事から、どんな「力を与えてくれる解釈」が見出せるだろうか。

ウィリアムは畑の中に立ち、自分自身に次のように言い聞かせた。

「私は裸で生まれた。裸でこの世を去る。神が与え給《たま》いしが、また神が取り去り給《たも》うた。私が作物を育てる時期はこれで終わった。これからは、他人に作物を育てさせることに自分の焦点を移すべき時期なのだ」

ウィリアムは銀行からの借金を返すためにその農場を手放し、中南米から食料品を輸入する新しい会社を設立した。その会社は五年も経たないうちに大成功を収め、ウィリアムはもはや働く必要がなくなった。その後、彼は引退して、妻と一緒に全世界を飛び回り、ボランティア活動に専念しているのである。

あなたの会社の全従業員がこのような主体的な考え方を持つようになったら、どうだろうか。

運命を決定づけるものは、私たちの身に起こる出来事ではなく、その出来事に対する解釈であり、私たちが行なう選択である。

今、自分自身を最高の状態においてください。自信を持って、堂々と座るようにする。笑顔を浮かべてみてほしい。物事はすべて目的があって起こるということを悟ってほしい。最も偉大な成功は、最も困難な状況という土壌の中に、育まれるものだということを覚えておいてほしい。「何が」ほしいのか、「なぜ」それがほしいのか、「どのように」それをするのかということに自分の焦点を当て、それに打ち込んでみてほしい。それほど簡単なことなのだ。

どんな出来事に対しても自分に「力を与えてくれる解釈」を見出すようにせよ！

以前、私は難しい合併を行なっている会社の社長を務めたことがある。ある日、その会社のオーナーたちが私のところにやって来て、話し合いの結果、私が社長の座を退くことが会社の成長のためだという結論に至った。つまり、私は仕事を失おうとしていた。

このようなことが起きたとき、行動ができない状態に陥ることは何とたやすいことだろう。しかし、落ち込んでも何も始まらない。夢を実現し続けることだ。難題は新しい決断を下す機会に過ぎない。

私は、元の会社では実現できなかった夢をすべて実現するために、新しい会社を設立することに決めた。前の仕事で月に二十日間働いて稼いでいたお金を、一日で稼げる新しい商品を開発した。「成功の9ステップ」も打ち出し、この本を執筆した。

私は退陣という出来事をきっかけに、より大胆な行動を起こすようにした。決断をした。自分の夢を実現し続けたのである。

問題は新しい決断を下す機会に過ぎない。

次のそれぞれの出来事に対して、さらに自分に「力を与えてくれる解釈」を考えてみよう。

出来事	力を与えてくれる解釈
（例）会社から解雇された。	やっと、自分の会社が始められる。
震災が起きた。	
事故で半身不随になった。	
恋人にふられた。	
経済が深刻な不況になった。	

十代の子供が言うことを聞いてくれない。	
家族の一員が他界した。	
上司に怒られた。	
重病を抱えてしまった。	
年をとった。	
今あなたが直面しているチャレンジ。	

これらの状況のそれぞれは、「力を与えてくれる解釈」を選ぶ機会であり、人生を次のレベルに持っていくチャンスなのである。自分の夢の人生を送るということは、素晴らしいことだけが起こるということではなく、素晴らしい反応をすることである。

夢を実現することは、さまざまな出来事を自分の成長に活かすことである。物事はすべて、理由があって起こるということを悟ることである。そして何よりも、大変なときでも、効果的な決断ができるように、自分の「状態」を管理することであるのだ。

成功とは、素晴らしいことだけが起こるという意味ではなく、どういうことが起きても素晴らしい反応を選ぶことである！

状態管理で幸せな人生

状態管理は難しいことではない。「結果のサイクル」で説明している要素のいずれかひとつを少しでも変えるだけで、自分の状態に劇的な変化をもたらすことができる。

人生の中で行き詰まっていれば、**新しい言葉**を使ってみたり、今までと**違う質問**を自分自身に投げかけてみたりすればいい。今までと**違う身体の使い方**をしてみる。外に出て、**新しい参考材料**になる経験をする。**新しい目標**を設定してみる。**新しいスキル**を身につける。あるいは、**自分の焦点**を思いっ切り変えてみる。その状況の中から否定的なものではなく、肯定的なものを探すようにする。

一瞬にして自分の人生を変えることができる！

成功しない人はなぜ決断を遅らせるのか

数年前、「昇進するマネジャー」と「昇進しないマネジャー」の違いを調べる研究が行なわれた。その結果、前者は自ら進んで決断を下すのに対し、後者は決断を引き延ばし、具体的な行動を起こすのを恐れているということが分かった。

続いて、この二つのグループの決断内容にどういう差があるかについての研究が実施されたが、驚くことに決断の中身と質そのものにはまったく相違がないということが判明した。つまり、同じ状況におかれ、同じ情報が与えられれば、正しい選択をする確率がまったく一緒だった。

ほとんどの人は自分が何をしなければならないのかを知っていることだろう。問題は、実際にその決断を下し、それを実行に移すかどうかだ。

ブライアン・トレーシーは「間違った決断は、最後まで下されない決断に優る」と言っている。その理由は簡単だ。間違った決断であっても、行動を起こすことになる。結果が出る。決断が間違っていたかどうかを検証することができるし、より良い決断を下す機会が与えられることになる。

しかし、決断を下さなければ、何も起こらない。現状のままである。決断を下す勇気が持てない人は、いずれ失敗する運命にある。やろうとしなかったから、敗北も勝利も味わうことなく、終わってしまうのである。

数年前、私はある新入社員にこの概念を教えたことがあった。彼に次のように助言した。

「決断をしなさい。したいことを見つけて、行動せよ！」

彼は数日間考え込んでから、人事部に勤務しているある女性とデートがしたい、心の中にそう思った。彼女を休日にディズニーランドに誘ってみたところ、彼女はその誘いに応じた。そしてデートの最中に彼はもうひとつの決断を下した。彼女の方を振り向いて「結婚してください」と言った。すると彼女は「私で良ければ」と快諾したのである。その結婚式で祝辞を述べたことは、私の人生の中でも感動的な経験のひとつとなった。

ノーマン・シュワルツコフ将軍(湾岸戦争のヒーロー)は、リーダーシップの最初のルールは、「指揮を任せられたとき、指揮しろ!」と言っている。つまり、「決断を下せ!」ということだ。

指揮を任せられたとき、指揮しろ!

あるとき、シュワルツコフ将軍は国防総省に配属された。そこで彼は、極めて有能な司令官の補佐として働くことになった。着任してからしばらく経ったある日、大変複雑な問題がこの司令官のところに持ち込まれた。その資料にざっと目を通してから、この偉大なリーダーは一瞬にして判断を下し、問題の処理の仕方を指示したのである。

決断するのにほんのわずかしか時間をかけていなかったので、彼は心配になった。そして、上司にその不安をぶつけてみた。その答はリーダーシップと意思決定に関する貴重な教訓である。

「この問題は何年も前から国防総省を駆け回っている。しかし、複雑過ぎて誰にも理解できない。だから、皆怖くて決断できないでいるのだ。この資料にもっと時間を費やすこともできるが、今以上に理解することにはならない。今決断しなければ、また二、三年経って、今のままで何の発展もないだろう」

間違った決断は、最後まで下されない決断に優るのだ。

今、あなたはどのような決断を先送りにしているだろうか。夢に近づくためにどのような決断をしなければならないのだろうか。今は、決断するときなのだ！　決断して、先へ進む。後で自分のアプローチを改善してもいい。決断を下せば、学習する機会も得られる。自信を持ち、自分が成功するために生まれてきたということを確信していれば、あなたは今どのような行動を起こすのだろうか。

例えば、外国語を学ぶような簡単な決断でもいい。誰かをデートに誘いたいと思っているかも知れない。あるいは、新しい事業を始めたい、学校に戻りたい、引っ越しをしたい、非建設的な人間関係を断ち切りたいと思っているかも知れない。決断を下し、実行に移すことだ。

決断を下し、実行に移すことだ！

自分の夢を実現し、結果を向上させ、自分の人生を次のレベルに持っていくために、あなたは今すぐどんな決断を下すだろうか。

私が今決断することは……

決断して、焦点を定める

決断そのものに力がある。決断をすることによって、より強力な「状態」に入る。決断をすれば、それまでには見えなかった機会や解決策が見えてくる。なぜなら、その決断を実現する方法を見つける方向に、あなたの焦点と注意力を向かせることになるからだ。

焦点とは、人間が持っている最も強力で、しかも最も活かされていない力である。レーザーの光線は、鋼鉄でも切断できる。その理由は、光線のすべてのエネルギーが一点に集中しているからだ。

決断をすることで、あなたの力もそれと同じように、あなたにとって最も大切な事柄に集中し始める。それによって、邪魔になっていた障害物を突き抜けることができる。**可能性思考**には不可能はない。誰にも止めることのできないあなたには、障害物はない。

可能性思考に不可能はない！

決断がそれほどまでに大きな力を持つ理由のひとつは、決断によって脳の構造そのものが変わるからである！　これは誇張しているのでも、哲学を語ろうとしているのでもない。脳は、Reticular Activation System（ＲＡＳ、**「網状の五感観察起動システム」**）という強力な仕組みを持っている。この仕組みは、基本的にフィルターとして働いており、脳に対して、どんな情報が注目に値するかを知らせる役目を果たしている。

決断を下し、あることに自分の注意を向け始めると、このＲＡＳが起動し、それに関して役立つ情報、知識、区別を自動的に収集し始める。車の販売員は道を歩いていると、車ばかりが目に入る。独身男性が同じ道を歩いていれば、年ごろの女性ばかりが気になってしまうという具合だ。

私の人生を劇的に変えることになったひとつの決断を、今でも鮮明に覚えている。１９９２年に、私は社会経済生産性本部で経営コンサルタントとして勤務するかたわら、自宅で小さな広報製作会社を経営していた。

そこでコンサルタント業務の一環として、私はシンガポールまでの洋上研修に招かれた。乗船して、キャビンに入ると、そのときルームメイトになった川西茂さんが挨拶してきた。私たちはすぐウマが合い、一週間の洋上生活を終えたところで、ある決断を下した。「一緒に事業をしよう！」というものだった。

唯一の問題点は、二人ともどういう事業をしたいのかがまったく分からないということだった。

そこで、現実的に考える人はこう言うだろう。「いいアイデアや商品がないのに、どうして新しい事業が始められるのか。そんなことは馬鹿げているよ」

静かなる絶望に追われる人生が運命づけられている人たちである。

私たちは、自分の望んでいることを知っており、RASがそれを実現させてくれるということを確信していた。

一緒に事業を立ち上げることを決心するや否や、周りにビジネス・チャンスが次々と現れ始めた。そのような機会はそれ以前にもあっただろうか。もちろんあった。それに気づいていなかっただけだ。私たちのRASはそれに注目していなかった。ビジネスをしようと考えていなければ、ビジネス・チャンスは何の役にも立たない。

探し始めてから四カ月後、私は非常に好感が持てる商品に突然に出会った。すぐ川西さんに電話をかけ、「これだ！」と叫んだ。その商品によって私たち二人は億万長者になれたのである。

「分析による麻痺」は時間の無駄

決断は、究極の時間管理の道具でもある。決断を下さないことによってどれだけ多くの時間が無駄に費やされることだろう。コンサルティングではこの状態を**「分析による麻痺」**と呼んでいる。「どうすべきか。それが本当に正しいことなのか」などを延々と悩み、決断をためらっている状態である。

　このような質問を自分に投げかけることによって、心に疑念が生じ、効果的な行動が取れなくなる。何もしないから、学ぶ経験も得られない。このような疑問の前提にあるのは、「決断が正しいかどうかを前もって知ることができる」という思い込みである。

　しかし、決断の結果が期待通りのものにならなかったら、別の方法を必ず見つけるという思いを持つことで、一瞬にしてこの不安から自分自身を解放することができる。

「分析による麻痺」を避けよう！

　決断には心を平和にさせる大きな力がある。ある行動のコースに打ち込むや否や、優柔不断の雲は消えてなくなる。不安は消えてなくなる。ストレスもなくなる。静かな平和を経験する――どんな結果になろうとも。

　私は、あるとき、決断について悩んで、数カ月もの時間を無駄にしたことがあった。

出張中に知り合った素敵な女性と付き合っていた。彼女は美しく、魅力的で、聡明《そうめい》だった。家族にも紹介していたし、皆と相性が良かった。彼女を愛していたし、彼女も私のことを愛してくれているように見えた。

　それなのに私は「この女性は本当に私の結婚すべき相手だろうか」と思い悩んでいた。

数カ月の付き合いを重ねた後、私はついに、彼女こそが結婚したい女性だと判断した。彼女が仕事を終えるのを待って、彼女の車に乗り込み、「結婚してください」と申し込んだ。するとと彼女は答えた。

「一カ月前にそう言ってほしかったわ。今、ほかに好きな人がいるの……」

私は決断が遅かったために大きな代償を支払わなければならなかった。しかし、そのとき、心に大きな平和を感じたことに驚いた。私は決断を下した。行動も起こした。結果を知って、それを後にして前進することができる。望み通りの結果ではなかったものの、私たちは良い友達として別れることができた。

「習うより慣れろ」である。一回でも難しい決断を下せば、次はもっと簡単に決意ができるようになる。今すぐ自分の決断の筋肉を鍛え始めてほしい。時間を無駄にすることをやめよう!

決断することによって、心の平和を得よう!

最高の意思決定者を真似てみよう!

私のコンサルティングにおける大きな焦点のひとつは、企業経営者が会社の業績を劇的に向上できるように助けることである。私は、今までのキャリアを通して、偉大なリーダーたちの多くと出会い、彼らを間近に研究することができた。そして、その過程を通して、このリーダーたちが使用している**意思決定と決断のプロセス**を明確にすることができた。

このプロセスは単純かつ実用的である。それは象牙《ぞうげ》の塔から出てきたものではなく、実生活の溝から生まれてきたものである。この簡単な方程式を応用すれば、あなたの決断の質が劇的に高まり、自分のキャリアを新しいレベルに持っていくことができるに違いない。

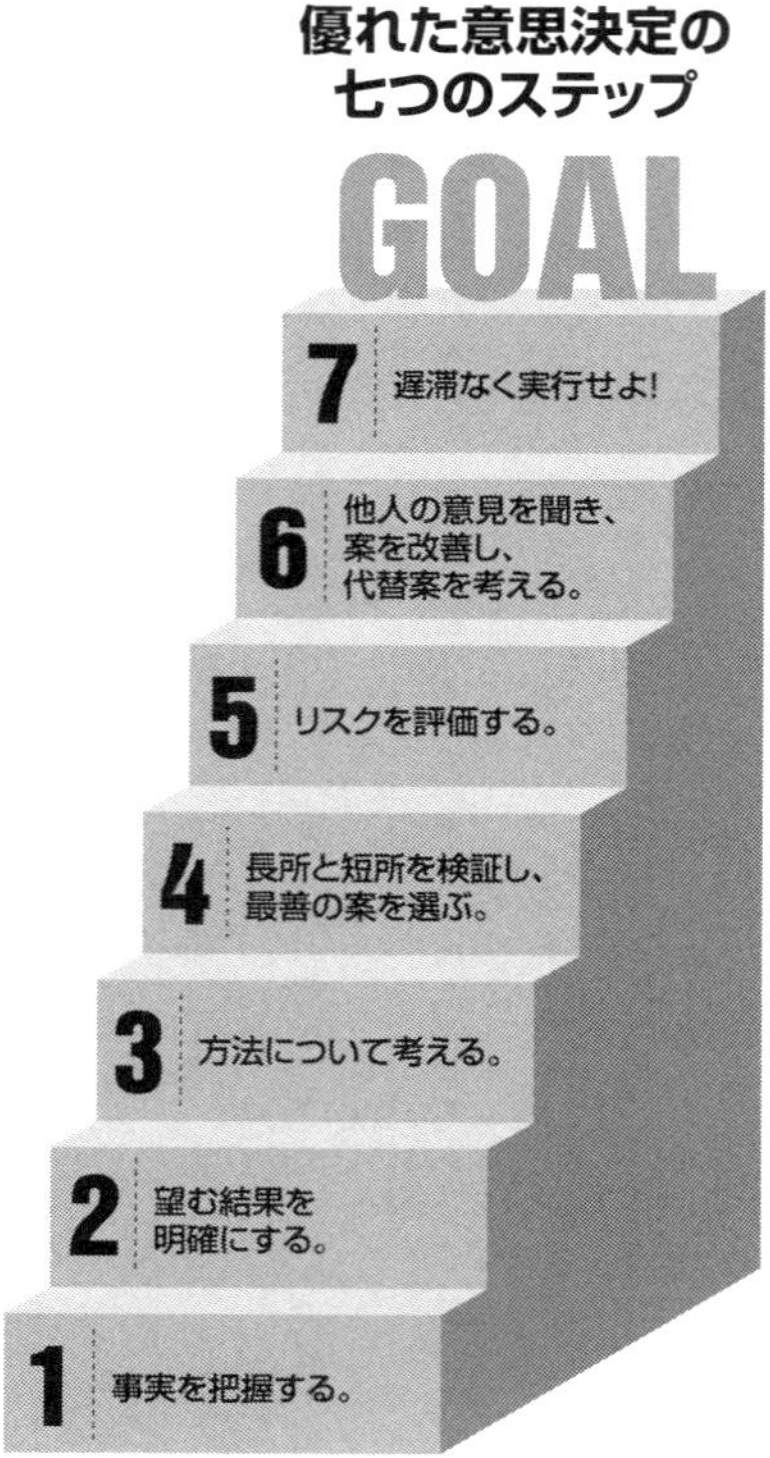
優れた意思決定の
七つのステップ
GOAL
7 遅滞なく実行せよ!
6 他人の意見を聞き、案を改善し、代替案を考える。
5 リスクを評価する。
4 長所と短所を検証し、最善の案を選ぶ。
3 方法について考える。
2 望む結果を明確にする。
1 事実を把握する。

1．事実を把握する

決断の質を高める最初のステップは、事実を把握することである。実際に起こっていることは何だろうか。どんなデータを入手しているだろうか。実際に観察できることは何だろうか。今までの結果はどうだっただろうか。

人の意見や解釈ではなく、事実に焦点を当てることである。実際に知っていることは何か。

著名な科学者J・ロバート・オッペンハイマーは、次のように表現している。

「私たちの選択肢を制限し、その選択を方向づける重要な事実や条件、それを知っていなければ正しい判断をすることはできない」

第二次世界大戦中、アメリカの優秀なリーダーのひとりパットン将軍は、殻に閉じこもって入院していた兵士を叩《たた》いて、「臆病者だ」と罵《ののし》ったため、同盟の司令部から厳しい制裁を受けた。

そのとき、ドイツ軍の司令部では、最高の将軍がひとりの兵卒を叩いたくらいなことで、お払い箱になるということがどうしても信じられなかった。パットンが遠島で休暇を取らされているという事実を無視して、パットンの侵略を防ぐために、軍隊の大幅な再配置を行なった。そして、この間違いがドイツの最終的敗戦の大きな要因のひとつになった。

事実を実際に把握すると、それは自分が当初思っていたこととかなり違うこともよくある。

ここでの鍵は、自分の判断力を信じることである。優れたリーダーは、事実を自分の目で確認し、自分で判断したいと考える。つまり、そのデータを評価する自分の能力を信じるのだ。多くの場合、他人の意見は霧の中に事実を隠してしまう。だからこそデータや客観的な事実に頼るべきなのだ。

あるとき、私は従業員のひとりに、業務の一部を外注したらどのくらいの費用がかかるかを尋ねてみた。「かなり高いですよ」ということだった。この答は何の意味もない。それは**意見**であって、**事実**ではないからだ。私は「いくらなのか」とさらに追求した。

実際の金額が報告されたとき、それを社内のコストと比較してみた。業者の費用は〝高い〟かも知れないが、社内で同じことを行なうコストは、それをはるかに上回るものだった。早速外注を決めたのは言うまでもない。

2．望む結果を明確にする

「この決断の目的は何だろうか」「どんな結果を生み出さなければならないだろうか」

多くの人はこれらを考えることもなく、決断を下し、望む結果が得られないときに驚く。

顧客の満足を求めているのか、ただ単に売上を伸ばせばいいのか。

私が仕事をするとき、いつも求めている結果のひとつは楽しむことである。築いているのは、会社だけではない。自分の人生なのだ。このひとつの単純な区別が、私の会社で行なわれることすべてに影響している。その結果、私たちはサーカスよりも楽しい毎日を過ごしているのだ。

あるところに、二人の農夫が隣同士で暮らしていた。ひとりの農夫は、牛をたくさん飼っていた。そして、二人の息子にその世話をさせていた。

隣の農夫は、いつも垣根ごしに、その坊やたちの仕事ぶりを不満そうな顔で眺めていた。そんなある日、彼は見るに見かねて、その坊やたちの父親を呼び出して言った。

「あなたの息子さんたちのやり方は間違っていますよ。あなたも農業が長いから、それくらいのことは分かっているはずだ。今すぐ外に行って、叱《しか》ってやったらどうなんだ!」

もうひとりの農夫は答えた。

「あなたは分かっちゃいない。私は牛を育てているのではなく、息子たちを育てているのだ」

3．方法について考える

「富士山の頂上に至る道は何通りもある」ということわざがある。何かをするとき、それを成し遂げる方法をいくつか考えてみてほしい。

売上を伸ばすために何ができるだろうか。営業マンを増やす、新商品を開発する、新しい広告を打つ、価格設定を変える、バーゲンセールを展開する、顧客に紹介を依頼する、新しい事業パートナーを探す、保証をつける、ブランドの認知度を高める、品質を改善する、アフターサービスを提供するなど、いろいろな方法がある。

優れた経営者は、今提案されている広告予算の拡大が、求めている結果を得るために使える数多くの方法のひとつに過ぎないということを知っている。

数年前、私はアメリカの某大手企業が日本に進出するのを手伝っていた。市場調査をしてみたところ、日本のマーケットにおいて圧倒的なシェアを占めている会社があるということが判明した。当然ながら、そのときの議論が、それほど有名で大きなシェアを持つ会社とどう競合するか、どうしたら顧客を獲得できるのかということに集中した。柔軟になってほしい。

私たちは、その会社と販売提携し、私たちの商品を売ってもらうことにした。それは、私たちの事業計画を五年も前倒しさせたのである！

4．長所と短所を検証し、最善の案を選ぶ

提案された方法のひとつひとつを見つめてみてほしい。それぞれの**利点**は何だろうか。それぞれの**欠点**は何だろうか。どの方法を選択すれば、望んでいる結果が得られる可能性が最も高くなるだろうか。

ある日、私はひとりの友人に電話をかけ、「一億ドルはほしいですか」と尋ねた。私はこのような刺激を人に与えるのが大好きである。彼の答は想像できるだろう。「もちろん一億ドルはほしいですよ」との即答だった。

「じゃ、今現在、自分に一億ドルをもたらしてくれる可能性のあるプロジェクトに、いくつ取り組んでいますか」と続けた。彼は黙ってしまった。それまでにそんなことを考えたことはなかったのだろう。

「私に一億ドルをもたらしてくれるようなものに、何ひとつ取り組んでいませんよ」

「それなら、なぜ一億ドルが手に入ると思いますか」

この質問を受けて、彼はさまざまなビジネスの可能性を検討し、最終的にスイスで新しい金融系の会社を設立することにした。そして、最近では、金融新聞の紙面をにぎわしている。望む結果をもたらしてくれる方法を選んでほしい。あなたにはそれだけの価値があるはずだ。

5. リスクを評価する

リスクが大き過ぎる選択肢もある。農場すべてを賭《か》ける必要はない。牛の一頭か二頭を賭けるだけでほしい結果が得られるような案を見つけてほしい。

世界の一流の投資アドバイザーは、顧客に対して再三再四、同じ勧告をしている。

「いくら儲けるかが大切なのではなく、いくら自分の手元に残るかが大切なのだ」

大胆になってほしい。思い切った行動を取ってもらいたい。しかし、それと同時にリスクも正しく評価し、負えないリスクを冒さないことだ。

私は初めての事業を立ち上げたときに、面白い経験をした。

自分の母に電話をかけ、次のように告げた。

「お母さん、会社を設立することにしました」

以前に父が事業に失敗したということもあって、母は、起業に関してかなりマイナスな見方をしがちである（快楽と痛みの原則を思い出してほしい）。母はすぐに言い返した。

「あまり大きなリスクを冒すんじゃないよ」

私は自分の貧しいアパートを見回した。所有していたものはといえば、安物のソファーベッド、中古のテレビ、壊れたモーターがついた洗濯機、友人から譲り受けた錆び切った小型冷蔵庫、十四歳のときに買った自転車だけだった。私は答えて言った。

「お母さん、心配しなくていいよ。何も失うものはないから」

6．他人の意見を聞き、案を改善し、代替案を考える

最も有能な意思決定者は、自分の決断を信頼できるアドバイザーにぶつけてみるようにしている。傲慢《ごうまん》にならないように気をつけている。自分の盲点を指摘してもらうことの大切さを意識し

ている。

また多くの場合、ほかの人がより良い提案を打ち出してくれることも知っている。「謙虚はすべての美徳の母である」という金言があるが、その通りだろう。

数年前、私は、かなりのバーゲン価格で、ある一軒家を買うチャンスがあった。しかし、いい買い物と思えたのは鑑定の結果を見るまでのことだった。プロの鑑定士にしか見えない欠陥を修復するための費用を考えれば、とても魅力的な買い物とは言えなかった。私はシロアリを含めて、その家をほかの人に譲った。

またあるとき、私は少数の選ばれた投資家だけに提供される株を好条件で買うことを勧められた。当時、私は投資経験が浅く、その上自分の判断力を過信していたため、投資アドバイザーの意見を聞くことすらしなかった。私は五万ドルを賭けて、そのすべてを失ってしまったのである。

リーダーは、自信を持って大胆な決断をするものの、すべてが計画通りにはいかないということも認識している。だから**代替案**も用意しておく。つまり、うまくいかなかったとき、その状況にどう対処するかを前もって考えるようにしている。「物事が計画通りに進まなかったら、どうするか」をじっくりと考えてみてほしい。

7．遅滞なく実行せよ！

いったん決断を下したら、実行することだ。有能なリーダーは、いったん決断したことについて悩んだり、ストレスを感じたりすることはしない。決断したことは決断したことだ。リスクは考えている。人からのフィードバックも受けている。事実に基づいて、望む結果を生み出す可能性が最も高い案を選択している。それ以上のことはできない。悩むのをやめて、すぐ実行しよう！

悩むことをやめて、実行しよう！

誠実になるという究極の意思決定

ある決断はほかの決断よりも重要である。そして、人生の中で行なう最も大切な決断は、どんな人間になるかである。

真の成功は誠実に生きることから来るものである。行動が価値観と一致していなければ、葛藤《かっとう》が生じる。行動が価値観と一致していれば内的平安が訪れる。

今日、本当に重要なことに時間を割くだけで、成功することができる。自分の価値観に沿って生きることによって、正しい生き方をしているという確信を持って一日を終えることができる。自分の価値観に沿って生きることで、自分の望む人生を手に入れることができるのだ。

これは、私たちの存在の霊的な性質と私たちが取るひとつひとつの行動の重要性を深く認識するものである。いったん石を池に投げ込んでしまえば、その波動が永遠に続く。同じことが人生のすべての行動について言えるだろう。

「失敗の90％は、リーダーシップの失敗である」と言われている。そして、リーダーシップの失敗は、人格の失敗にほかならない。再三再四、大企業が従業員や経営陣の不祥事によって廃業に追い込まれる姿を目撃している。**応急処置が存在しない**こと、そして道徳的価値観なくして継続的な成功はあり得ないということをいつになったら学ぶのだろうか。

先日、ある肉の加工業者が、五十年の歴史に終止符を打った。その理由は、会社のマネジャーたちが製品のラベルを偽装することにより、利益を引き上げようとしたことだった。五十年間の努力がたったの九十日間で水泡に帰したのである。

多くの人は、人間としての成長や心よりも、外見やイメージを大切にしている。ノースカロライナ州のモットーは、ラテン語の〝Es Quam Videri〟**「見えるより、なる」**ということである。今すぐ、実態のある人間になり、美しい心を育成することを決意してほしい。

あるとき、目の不自由な男が、友達の紹介でスーパーモデルに会うことになった。彼女と待ち合わせて、しばらく会話を交わしてから、彼が突然彼女に尋ねた。「あなたのことを好きになるべき理由は何かありますか」やがて、彼女はむせび泣き始めた。「何もない……」

彼女は自分の外見ばかりに磨きをかけて、内見では、まだ自信がなく、恐怖いっぱいであり、本当に見える人に見てほしくないと思いながら生活していた。

作家のアイン・ランドは次のように表現した。

「人間は、人生を支えるために肉体的価値を生み出さなければならないのと同じように、その人生に生きる価値を持たせるように、人格的価値を体得しなければならない」

あなたの基準は何だろうか。あなたはどういう人間になろうとしているだろうか。自分の生き方によって、どんな価値観を表現しようとしているだろうか。どんな事柄に最も大きな価値をおいているのだろうか。

私の最も大切な価値観は……

今日、その価値観を具現化するために、私のすることは……

決断力の筋肉トレーニング

筋肉を築き上げる唯一の方法は、その筋肉を使うことである。それと同じように意思決定の能力は意思決定をすることによって育成される。だから、さっそく意思決定をし始めてほしい。顧客サービスを改善するための決断をしてみる。人間関係を深めるための決断をしてみる。今すぐ自分の夢により近づくために、どんな決断を下せるのだろうか。

もう一度言っておくが、最終ゴールまでの道のりがすべて見えなくてもいい。今いるところから歩き出し、前進すればいいのだ。

私が今すぐ下す決断とは……

今すぐ、行動を起こす準備をしよう！　決断は、行動によって意味を持つものである。アンソニー・ロビンズは、次の言葉を口癖にしている。「行動を起こさずに、意思決定の場を去ってはならない」

あなたは次の四十八時間以内に自分の決断を現実にするために、どんな行動を起こすだろうか。

私が今すぐ取る行動は……

どんなことでも練習をすればするほど、簡単になる。決断を下すたびに、意思決定の能力が高まり、次の決断はそれだけしやすくなる。

人生で起こる出来事をすべてコントロールすることはできないが、自分の決断ひとつひとつをコントロールすることはできる。そしてその決断が最終的にあなたの運命を決めるものになるだろう。

決断の筋力を鍛えておこう！

この章で学んだこと

この章で学んだ重要ポイントは何か。

どんな決断を下したか。

今すぐ、どんな行動を取るか。

Step 2

成功者のパターンを学ぶ（学習）

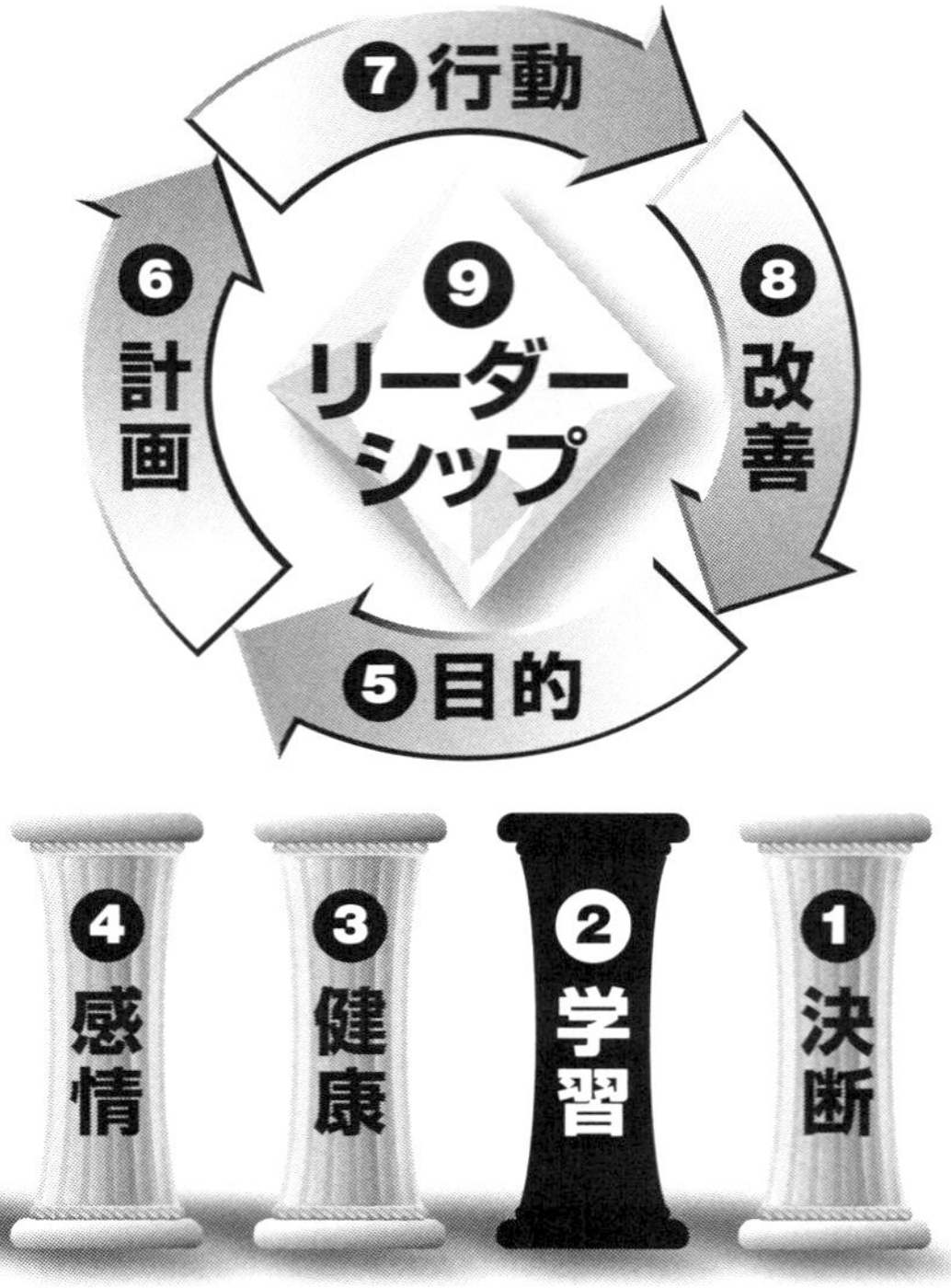

成功にはパターンがある。そして、真の力はそのパターンを認識することから得られるものである。私たちは自分の本当の能力をまだ開発し始めたばかりだ。私たちの脳は思っている以上に、はるかに速く学習することができる。今はまさに学習のプロセスを加速させるときなのだ。

成功する人たちの共通点は、**成功のパターン**を発見し、それを活用することである。これは当然のように聞こえるだろうが、これこそが自分の人生を次のレベルに持っていく上で、必要不可欠な「違いをもたらす違い」なのである。

私が指導している大手運送会社の経営者が、この概念を取り入れて、衝撃的な経験をしている。「成功にはパターンがある」という言葉を聞いてから、社に戻り、社内でうまくいっているパターン、うまくいっているやり方は何だろうかと探し始めた。そして、そのパターンを他部署に紹介し、そのうまくいっている様子に注目してもらい、それから学んでもらうように仕向けた。成功しているパターンをさらに伸ばし、それを応用した結果、翌年に会社の売上を六十億円も向上させることができた！

これが第二のステップの秘めている力である。

ほとんどの人は、二十二歳で学習が止まる。これは悲劇だ。学校制度と義務教育の過程を通して、勉強と学習に多大な痛みを連想してしまっている。そしてこの消極的な連想が、**「非効果的な学校制度」**をモデルとした**「非効率的な会社の教育制度」**によって、さらに強化される。

教育は〝仕事〟のように見られる。学ぶことはめんどくさい〝作業〟だと思われがちになる。セミナーは〝もっと重要な仕事の邪魔〟と捉えられてしまう。

問題は、このような連想が、私たちを成功ではなく、失敗へと導いてしまうことである。

フロイトは、「子供の輝かしい知性と、大人の衰弱しきった思考能力との間に、なんと悲劇的なギャップがあることだろう！」と嘆いている。

これは大人が学習することをやめてしまっているからである。

カーライルはこう言っている。

「天才の秘訣は、将来に対する無限の好奇心と柔軟性を持って、子供の精神を大人になってからも持ち続け、つねに成長し、挑戦し、希望を持ち、価値ある変化をいつでも受け入れられるように自分の心を整えておくことである」

パラセルサスは次のように付け加えている。

「何も知らない人は何も愛していない。何もできない人は何も理解していない。何も理解していない人には価値がない。しかし、理解している人は愛し、気づき、開眼しているのである」

リーダーは学習する人である。それだけ単純で明快なことだ。リーダーは理解し、気づき、周りを注意深く見つめている。

専門家によれば、人間の知識は四年ごとに倍増しているという。これはどういう意味になるかというと、四年ごとにゼロから再教育されなければならないということだ。新しいスキルを身につけて、新しいアプローチを学び、新しい技術を体得しなければならない。

二十二歳まで学校に通って教育を受け、引退までその知識に頼ることができるという考え方は、もはや時代遅れである。そして、それは誰もが知っていることなのだ。


ちょっと考えてみてほしい。今六十五歳で引退する人は、１９６０年頃大学を卒業している。そのとき、コピー機が発明されたばかりで、半導体が実験室で生まれてから二年しか経っていない。まだ誰もハードロックを聞いたことはなかった（ファンク、パンク、ヘビーメタル、レゲエ、ヒップホップ、ラップ、テクノなどはもちろんのこと）。レーザーも生まれておらず、人類はまだ月面を踏んだことはない。電子計算機、パソコン、フロッピーディスク、カラーテレビ、ビデオ、光ファイバー、インターネットも生まれていない。表計算、ファックス、電子メール、ＤＶＤ、携帯電話、ノートパソコン、遺伝子組み換え、クローニングもない！

グローバル経済という言葉を口にする人などおらず、ソ連はまだ敵対国であり、世界から見れば日本は「質の低い子供のおもちゃしか作っていない、どこにあるか分からない小さな国」に過ぎず、「大きいことはいいこと」とされており、環境問題は意識されておらず、麻薬に手を染める子供はほとんどいない。

9月11日の事件もなく、テロ対策を心配する人ももちろんいない。言い換えれば、今引退を迎える人の受けた教育は、今住んでいる世界とはほとんど何の関係もない。

はっきり言おう。**生涯学習**は必須だ。

フィリップ・ワイリーは1942年に次のように学習の必要性を表現した。「知らぬが仏などではない。全滅だ！」まさにその通りだろう。

私は、非効率的な学習のアプローチで悩んでいる人を見ると心を痛める。ほとんどの学校は四百年も昔の教育手法をそのまま使っている。丸太小屋は、鉄筋コンクリートの建物に換わったかも知れないが、その中で行なわれている活動の中身は、まったく元のままである。

脳の作用、最も効果的な学習方法、記憶力を向上させる方法等について、実に多くの研究が行なわれ、その成果も発表されている。今やこの知識の宝庫と呼ぶべき研究成果を活かし、自分たちの学習を加速し、それによってまさに自分たちの寿命を延長すべきときがやってきている。

考えてみてほしい。学ぶのに一日かかっていたものを、十分に短縮することができれば、二十三時間五十分が浮くことになる。この時間は、自分の知識とスキルを自由に使い、永続する思い出を作り、愛と貢献の遺産を築き上げるために活用できる自由時間になる。つまり、寿命の延長なのだ！

私は世界中の成功という成功を研究して、成功者には学習する習慣があることを繰り返し確認している。しかし、より大切なことは、その成功者たちが効果的な学習方法を知っているということだ。彼らは、ある一定のスピード以上に早く学べないという**社会的催眠術と条件づけ**から自分たちを解き放っている。

その結果はまさに驚異である。私は、本章で紹介する方法を使って、日本語をマスターした。一日十語しか覚えられなかったのが、十分で百語を覚えられるようになった。この分野の研究者たちによれば、平均的な人間は、一日に千語以上もの単語が覚えられるという。私の母はこの方法を活かして、わずか五日間で歌を作曲できるようになった。私の親友はこの方法を使って、たったの四時間でスノーボードの中級スキルを身につけた。半日で絵が描けるようになった人もいる。あなたもできるはずだ。

学習することによって決断の質が高まる。成功のパターンを学べば、どんな夢でもかなえることができる。

学習することにより、決断の質が向上する！

学習を加速しよう！

これから紹介するアプローチは**「加速された学習」**と呼ばれている。それは、現在も続いている人間の脳に関する研究に基づいている。と同時に、成功している人たちがどのようにその成功を収めているかという研究もベースにしているものだ。

この研究の結果は明らかである。従来の学習方法は非効率的である。それは、人間の潜在的能力を切り開き始めることすらない。しかし、もっと良い方法がある。

学習を加速させるためにまず必要なことは、自分自身または社会があなたに課した制限から、自分自身を解き放つことである。大抵の人は、脳のキャパシティーの4％程度しか活用していない。私たちは、それをはるかに超越した存在であるはずだ。

数年前に、会社の行事で催眠術のショーを見たときのことである。その催眠術師が観客の中から数人のボランティアをステージに呼び、彼らを深いトランス状態に導いてから、いくつかの指示を与えた。すると彼らはその通りのことをした。私はその最後の実演を一生涯忘れることができない。

彼は、ある女性に「マドンナのように踊りなさい」と指示した。すると彼女はその通りのことをした。私たちの目の前でまさに変身した。ステージを横切って踊った。セクシーだった。リズムがあった。マドンナそっくりだった。

翌日、職場で彼女と一緒になり、尋ねてみると、彼女はそれまでの人生で一度たりとも踊ったことがないというのである！

そこで、私は気がついた。私たちは今まで見たこと、聞いたこと、経験したことのすべてを頭の中に記憶している。それにアクセスできるようになりさえすればいい。世界で最も偉大なコンピュータの力は、私たちの人生の一瞬一瞬において活用できるのだ。

できると信じれば、できる！

自分の脳は最大のコンピュータなのだ

しばらく脳について考えてみることにしよう。人間の脳は、体重のわずか2％に過ぎないが、呼吸している酸素の20％を消費している。百五十億もの神経細胞を持ち、違った情報間で十五兆以上ものつながりや**連想**を作ることができる。脳は、一分当たり百万にものぼる化学反応を処理し、情報を取得し、伝達し、蓄積し、記憶から取り出し、活用するようにしている。

製薬会社で生産される薬すべてが、脳の中で生成できる。しかも、適切な量で、副作用はない。**右脳と左脳**は、脳りょうと呼ばれる三億もの神経線維によって結合され、**感情と理論**の両方を処理できるようになっている。

この人間の脳という奇跡的なコンピュータは、自然界が余分な能力を生物に与えた唯一の例である。私たちの許容量は無限であり、その表面さえもひっかくことができていない。自分の能力を活かし、自分が達成できることを信じ始めるときである。

あなたは自然界で最も偉大なコンピュータを持っている。つまり、人間の脳を持っているのだ。

あなたの脳は、自然界における最大の奇跡である！

脳は偉大な図書館である

まず理解しておかなければならないことは、脳が情報をどのように蓄積するかである。本をいっぱい詰めた図書館を想像してみてほしい。ひとつのテーマについて何千冊もの本がある。その図書館は大きな建物で、いくつものフロアに分かれている。

ある本を探すために図書館に入ったとしよう。しかし、あまりにも本があり過ぎる。そこであなたはどうするだろうか。当然カードカタログのあるところに行って、目的のタイトルを探すだろう。インデックスカードを見れば、その本が館内のどこにあるかがすぐ分かり、数分後、あなたは新しい知識と理解を手にして、チェックアウトカウンターに向かうだろう。

つまり、索引のシステムがなければ、何も見つからないということだ。

人間の脳についても同じことが言える。人間の脳は学習と経験の巨大な図書館である。文字通り、自分のすべての経験を記録している。今まで見たイメージ、取り交わした会話、聴いた講義、感じた感情や気持ちのすべてが脳の中に記録されている。問題は、この大量の情報が整理されておらず、インデックスがついていないということである。つまり、見つけることができない。

感情の爆発で天才になる

脳の中の情報は基本的に感情によって分類される。これは重要なことであり、あなたのこれからの学習法を永遠に変えることになるだろう。ほとんどの学校は、教室から感情を追放しようとしている。そして、その結果、学生たちは教わったことをすぐに忘れてしまう。

感情は脳のファイリング・システムである。

ここでちょっとした実験を行なってみてほしい。自分のカレンダーや手帳を見ないで、先週自分が行なったことをすべて書き出してみてください。どのくらい覚えているだろうか。思い出すのにどれだけ苦労するだろうか。どれだけのことを忘れているだろうか。ほとんどの人は先週の出来事でさえ、なかなか思い出すことができないのである。

では次に、初めてキスしたときのことや、初めてセックスしたときのことを思い出してみてほしい。思い出すのは非常に簡単だろう。その理由は明確である。強烈な感情が伴っているからだ。

内容が感情的なものになっていればなっているほど、思い出しやすくなる。ここでの鍵は、どんな情報に対しても、強い感情を持つことができるということだ。

効果的に学ぶためには、感情が必要である。

私の行なっている「成功の9ステップセミナー」に初めて来る人は、大抵驚く。ダンスあり、音楽あり、ほかの参加者を抱き締める場面もありだからである。セミナーと思えないほど楽しいものになっている。感動する場面もあれば、深く考え込む場面もあるし、悔しさなどの気持ちを覚えるときもある。しかし、これがすべて学習を加速し、たったの数日間で仕事と生活においてまったく新しい結果を出すことを可能にしているのだ。

教えて、学ぶべし！

感情を高める簡単な方法のひとつは、学習のプロセスに対する自分の関わり方を変えることである。その方法はいくつかある。ここで、自分の記憶力を向上させると同時に、学習のスピードを革命的に速めるための二つの簡単な方法を紹介することにしよう。

その第一の方法は**「学ぶために教える」**と呼ばれるアプローチである。

加速学習の研究によれば、ほとんどの人は勉強した内容の80％を、勉強してから四十八時間以内に忘れるということが明らかになっている。わずか二日間で80％である。これは学習の効率を高める最大の機会に違いない。

　そこでさらに研究して分かったことは、自分の勉強したことを、同じ四十八時間以内にほかの人に教えるようにすれば、80％以上も覚えていられるということだ。このたったひとつの区別で、記憶力が四倍になる。このひとつの「違いをもたらす違い」だけでも、本書の価格を数百倍も上回る価値があるだろう。

　教えるときに、学ぶ。それだけ単純なことである。

教えれば、学ぶ！

「教える」という言葉に抵抗がある人は、「分かち合う」とか「人に聞いてもらう」とかいう言い方を使ってもいいだろう。私はいつも友達に電話をかけて、次のように言っている。

「とても面白い本を読んでいるんだ。重要なポイントを理解できたかどうか確かめたいので、話を聞いて頂けますか」

　私の恩師スティーブン・R・コヴィー博士は、この原則の名人である。彼は何千人もの人に「7つの習慣」を自分の職場の同僚たちに教えさせることで、その人たちの人生を変えてきた。

　コヴィー博士によれば、人は教えるとき、よりよく学ぶだけでなく、その概念に対してより真剣に取り組むようになり、実行に移す確率が著しく高まるという。彼の言うことは正しいと思う。そしてそれはあなたにも効果があるに違いない。

パレスチナ地方に位置するヨルダン川は、二つの海に流れている。ひとつはガリー海であり、もうひとつは死海である。死海は毒性が強く、その中に何ひとつ生物は生息できない。一方、ガリー海は何千年にもわたり、地元のオアシスになっている。その違いは何だろうか。ガリー海は受けた水をまた川に与えるようにしている。つまり、与えるから生きているのだ。死海は受けるだけで与えようとはしない。だから、死んでしまっているのである。

本やセミナー、人生の中で学んでいることを教え合う仲間を確保し、自分の学習を加速させてほしい。これは、加速学習の始まりであり、行動変化の基礎でもあるのだ。誰と一緒にこのような教え合う関係を作るのだろうか。どこで、どのような方法で、どのタイミングで自分たちの学んでいる知識を分かち合うようにするだろうか。

私の教え合う仲間は……

その人と教え合うための方法とタイミングは……

情報アクセスモードって何？(VAKOG)

感情を深め、学習のスピードを加速させるもうひとつの方法は、学習するときにより多くの感覚を巻き込むことである。

私たちが周りの世界についての情報にアクセスするために、**五感**を使っているのは、ご存じの通りである。この五感あるいは**情報アクセスモード**とは1)**視覚**(Visual)、2)**聴覚**(Auditory)、3)**触覚**(Kinesthetic)、4)**嗅覚**(Olfactory)、そして5)**味覚**(Gustatory)の五つである。

五感のうち、私たちは主に最初の三つ**「VAK」**を頼りにして生活している。このことは私たちの学習方法にも大きな影響を与えることになる。

つまり、この三つの感覚「VAK」を使えば使う

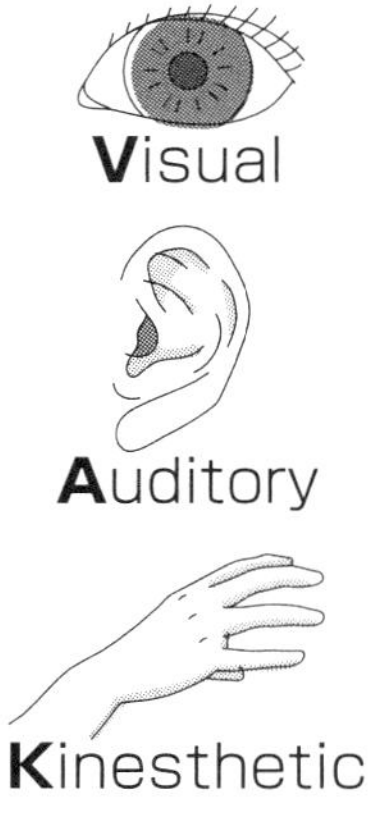

ほど、より速く学習し、より長くその情報を記憶できるということである。

例えば、講義を聴いているとき（A）、メモを取るようにすれば触覚（K）が加わり、記憶力と理解力が高まる。

アイデアとアイデアの関係を示す図（これを**マインドマップ**と呼ぶ人もいる）を描けば、視覚（V）と触覚（K）を同時に使用することになり、優れた方法と言える。

読んだ内容（V）を他人に話せば、その情報を自分で聞くことになり、聴覚（A）を活用している。また顔の筋肉を動かすことにもなり、それは触覚（K）を巻き込むことにもなる。

また、数字を記憶するときは、その数字が何の音（A）に似ているかを考え、心の中でその数字をイメージ（V）することもできる。

速く学ぶためには、メモを取り、アイデアを図にし、学んでいることを他人に教えよう！

私の元ビジネスパートナーであり、親友でもある川西茂氏はこういうふうに言っている。

「セミナーの参加者は、講師が言ったことを覚えていない。自分自身が言ったことを覚えている」

これは的を射ている。理由は簡単だ。自分で何かを言うとき、それだけ多くの感覚を巻き込むことになるからである。

学習をするとき、複数の感覚を同時に使うことは、優れたツールであり、記憶術の専門家のほとんどが活用しているテクニックである。後ほど、このVAKの技術を活かし、より正確に他人をモデリングし、より効果的なコミュニケーションを図る方法も紹介することにしよう。

学習とは行動を変えることである

最後に、学習している内容に対して、より深く自分の感情を巻き込ませる、もうひとつ重要な方法がある。それは実際にその内容を**応用**することである。行動を起こすことだ。学んでいる区別、「違いをもたらす違い」を実行に移すことだ。今までと違うことを実際にやってみることだ。

私の親友が大学に入学したとき、恩師のひとりに次のように言われた。

「決して、大学が教育の邪魔にならないように注意しろ！　教室の中で行なわれることも大切だけど、自分の人生の経験を広げ、社会人として生活できるようになることがもっと大切だ」

知識を実行に移す大切さを浮き彫りにしてくれる言葉だと思う。

自分の学んでいることを実行し始めると、それをまったく新しいレベルで理解することになり、忘れなくなるだろう。

大切な友達のひとりに、世界有数の営業マンに数えられるジョン・ランキンズという人がいる。ジョンはインドネシアで直販の組織を経営しており、まさに個人年収数億円を稼ぐ男なのだ。

しかし、ジョンが営業の道に入ったばかりの頃は、まったく違う状況だった。米国海軍の潜水艦で数年間勤務して、退役してから、自分は民間で通用するようなスキルは何も持っていないということを思い知らされた。どこに行っても、就職が決まらず、婚約者からも批判される毎日だった。「私たちはどうなるの？　生活できるのかしら。心配だわ……」

そこで、ジョンは最後の選択として、アロハ柄のビーチ用の短パンを個別訪問で売る仕事に就いた。しかし、やり方が分からない。そこで彼は、実行することで自分の学習を加速させることにした。

一日に３００回のセックスをすることにしたのだった！　セックスとはつまり、笑顔（S＝Smile）、アイコンタクト（E＝Eye Contact）、そして、エキサイトメント（X＝Excitement）のことだ（読者の皆さん、勘違いしないでほしい！）。

一日に３００軒お客様のところを訪問して、営業スキルを磨き、あっという間に、その会社一番の営業マンとなり、自分の販社を任せられることになった。

学習は成功の基本であり、実行は学習の基本であるのだ！

自分の行動を変える意図を持って学習する習慣を身につけてほしい。本当の学習はすべて、行動を変えることである。本を読んでも、行動を起こさなければ、何の意味もない。

作家であり、有名経営コンサルタントでもあるロジャー・メリル氏は、「精神異常とは同じことをやり続けて、違う結果を期待することである」と言っている。
こういう自己啓発本やビジネス書を読む人の多くは、「精神異常」だと言えるだろう。彼らは本を読むだけで生活や業績が変えられると信じているからである。しかし、そんなことはあり得ない。行動を変えることで人生が変わるのだ。そして、それはあなたの学習をまったく新しいレベルに加速させることになるだろう。

速く学ぶために、行動を起こせ！

本書から学んだことを、生活に活かすために、あなたは今すぐどんな行動を起こすだろうか。

本書から学んだことを活用するために、私がすることは……

記憶力は止まるところを知らない

頭の中の図書館を整理するためのもうひとつの秘訣は、情報間に**関連性**を持たせることである。
このたったひとつの区別だけで、外国語の単語を十倍速く覚えられるようになるだろう。関連性のある単語を一緒に学ぶようにすればいい。ある日、動物の名前を覚える。また別の日は車の種類、次の日は格闘技で使う動詞、またある日は職業の名前にする。記憶力は止《とど》まるところを知らない。言葉はお互いに関連性を持っているからである。

記憶力を高めるには、学んでいる概念に関連性を持たせることだ。

この考え方と比べて、現在の学校のやり方では、できるだけ情報と情報の間に関連性を持たせないようにしている。物理学と音楽は別々の科目で、数学はまた違う分野になる。工作の時間もまたほかの学問と切り離されており、まったく関係がないもののように見える。

もし各科目の間に関連性を持たせるように仕向けたら、どうなるだろうか。子供たちは、音の物理学とコード進行の数学を学び、一日の終わりに、工作場に行って、ピアノを一緒に作ることもできる。

記憶力は劇的に向上し、学校は面白くなる。混乱した無関係な情報を試験のときに吐き出すだけの教育が姿を消すに違いない。

既知と未知をつなげることは学習の秘訣

学習とは基本的に**「既知」**と**「未知」**をつなげることである。優れた教師はこのことを理解している。彼らは新しい情報を、私たちがすでに知っていることと関連づけて、教えてくれる。

学習…既知＝未知

これに対して、効率の悪い教師は、「未知」と「未知」を結びつけようとする悪い癖がある。例えば、次のような言い方をする。

「SDIは単線の形式を使用している点において、コンポジット形式によく似ていると言えよう。しかし、それに対してY／Cは二本の線を使っているし、コンポーネントの場合は三本になるケースが多い」

ビデオのエンジニアなら言いたいことが分かるかも知れないが、ほとんどの人にとってはちんぷんかんぷんであり、学習にはならない。この情報は脳のどこかに蓄積されるだろうが、それにアクセスすることはできない。なぜなら、すでに知っているほかの情報とまったくリンクされていないからだ。

混乱…未知＝未知

次のように言ったらどうだろうか。

「自分の家でビデオデッキとテレビをつなげるために使っている、あの黄色い端子のついたケーブルがあるでしょう。ビデオの業界では、あれをコンポジットケーブル、つまり総合ケーブルと呼んでいます。なぜなら、ビデオの情報をすべて一本の線で伝送しているからです」

学習が始まる。「コンポジットケーブル」というもの（未知の世界）を自分のビデオデッキとテレビをつなぐために使用しているケーブル（既知の世界）と関連づけることができるからだ。

学習とは「既知」と「未知」を結びつけることである。

つまり、新しいものを効果的に学ぶには、すでに知っている他のものと関連づける必要がある。もしあなたが初めて車の運転を学んでいるとすれば、自転車に乗るのとどういうふうに似ているだろうか。どのように違うだろうか。ヘリコプターを操縦するのを学んでいるとしたら、車を運転するのとどこが似ているだろうか、などである。

どういうことになるだろうか。年をとればとるほど、学習のスピードが速くなるということだ。知識や経験が豊富になればなるほど、それだけ新しい情報と多くの関連性を見つけることができるからである。

母国語でうまく会話できる二歳児はまずいないだろう。しかし、普通の大人が外国に移り住んで、二年も経てば、その国の言葉で会話ができるようになる。いや、半年間でできるようになる人も大勢いるのだ。

年をとればとるほど、速く学べる。

もうひとつこのことから理解できることは、ひとつの課題に没頭することでより効果的に学べるということである。強烈に集中することで、より多くの関連性を発見し、情報や知識を吸収するスピードが加速される。

末日聖徒イエス・キリスト教会の宣教師訓練センターは、外国語を教えることに関して、ほかのどの教育機関よりも大きな成果を上げていると言われている。アメリカ合衆国の政府も毎年視察団を派遣し、そのやり方を研究しているほどである。その秘訣は何だろうか。それは完全に没頭した学習を行なっていることにある。

宣教師になる若者たちが木曜日にセンターに入り、その週の日曜日になると、Speak Your Language(自分の言語を話せ!)と呼ばれるプログラムが開始される。つまり日曜日の朝から、自分のこれから行く国の言語しか話してはならないというのである。その結果、わずか二カ月間で、彼らは新しい言語で会話ができるようになるのだ!

集中力を高めよう！

自分の脳を最大限に活用し、著しく学習のスピードを加速させるためには、集中力が必要だ。

多くの人は本を読むが、読み終わった後で、何ひとつ身になっていない。そのような経験をしたことはないだろうか。問題は、何に集中すればいいのかが分からないで読んでいる点にある。

ナポレオン・ヒルは、「成功の第一の秘訣は、明確な大目的を持つことだ」と説いた。これは人生について述べた言葉であるが、学習についても言えることである。

何を求めているかを知ることだ。何に焦点を当てるかを明確にしよう。何を求めているかが分かれば、それを見つけるのは簡単だ。

学習するときに、焦点を当てるべきものは三つある。それは、1) **区別**、2) **スキル**、そして 3) **参考材料**である。

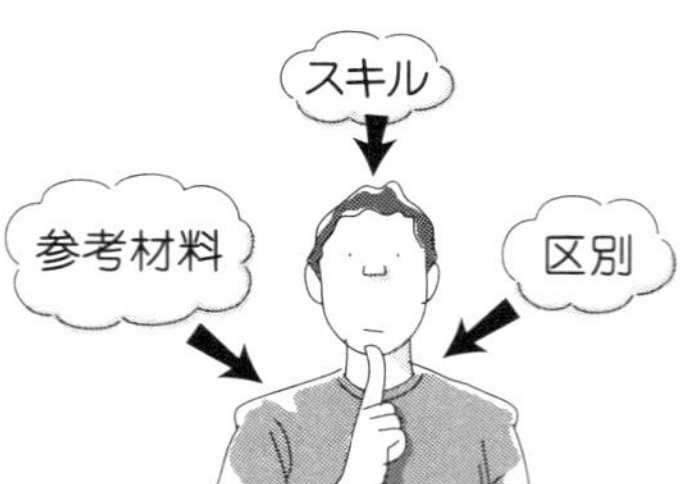

学習の目的は、「区別」「スキル」「参考材料」を獲得することだ。

「違いをもたらす違い」の探偵になる

「違いをもたらす違い」とは、もともと**「区別」**という概念から出てきている。

この「区別」という概念を正しく理解するために、雪について考えてみよう。あなたは何種類の雪を見分けられるだろうか。何種類の雪の名前を知っているだろうか。ほとんどの人は二、三種類しか知らないだろう。では、スキーのインストラクターはいくつ知っているだろうか。

私が実際に何人かのスキーのインストラクターに聞いてみたところでは、平均は八つだった。彼らは雪の**専門家**である。雪のある場所にいることが多い。雪の種類によって、どういうテクニックで滑ればいいのかが変わる。

イヌイットの人は何種類の雪を知っているだろうか。三十種類以上である。彼らはまさに雪の**達人**である。雪は彼らの生活全般に多大な影響を及ぼしている。イグルー（氷雪のかたまりで建てる冬の住居）を建てようと思えば、それに適した雪の種類を知る必要がある。雪を見分ける力がなければ、その上を歩いても安全かどうかすら分からない。

このような生活様式・環境では、雪の達人にならずして生きていくことはできないだろう。

専門家になるということは、より細かい区別をつけていくことである。ドラマーは、ほかの人よりもリズムというものを詳しく区分している。芸術家は色というものをより細かく見つめている。ダンサーは豊富な動きの種類を体得している。また自動車販売員はエンジンサイズ、年式、モデルなどで車と車の間により細かい区別をつけるようにしているのである。

効果的な学習の第一の焦点は、人生のそれぞれの分野において、成功するために必要な区別を発見することだ。

しかし、すべての区別は平等ではない。ある区別を知ることは、ほかの区別を知ることよりも、私たちの成功を加速させることになる。私はこのように私たちの成功を著しく加速させる区別を**「違いをもたらす違い」**と呼んでいる。

学習の第一の焦点は、「違いをもたらす違い」を発見することである。

例えば、あなたが初めてスノーボーディングをしているとしよう。すると、初心者の例に漏れず、何回も転んでしまうだろう。リフトを下りると、つるりとすべって、尻餅をついてしまう。斜面を下り始めると、すぐ転倒してしまう。そして、「なぜこんな馬鹿げたスポーツをしようと思ったのだろうか」と考え始める。

そこで、インストラクターの方は、まったく転ばないということに気がつく。彼女が得ている結果は、あなたが得ている結果とまるっきり違うものである。つまり、彼女は**身体の使い方**が違うか、あなたが無視している何か大切なことに**焦点**を当てているかである。あるいはまた、心の中で自分自身に言っている**言葉**が違うということである。

それが「違いをもたらす違い」なのだ。

これはどの分野についても言えることだ。例えば、より効果的な投資方法を知りたいとしよう。そのために経済学をマスターする必要はない。失敗する投資家と成功する投資家の「違いをもたらす違い」を発見すれば、それで足りる。区別や知識のすべてを知る必要はない。「違いをもたらす違い」だけでいいのだ。

「違いをもたらす違い」に焦点を当てることは、あなたの学習のスピードを何倍も加速させることになる。あなたの焦点は、その分野に関するありとあらゆる情報を丸暗記しようとすることから、成果をすぐに改善させてくれる金塊を発見することに、絞られるからだ。

「違いをもたらす違い」とは、最も深い知識と言える。それは私たちの得ている結果を即座に次のレベルに向上させてくれる区別、行動、焦点、言葉のパターン、身体の使い方なのである。

私は、本を読むたびに、セミナーに参加するたびに、またある分野のプロや達人に会うたびに、その人の「違いをもたらす違い」を探し出すようにしている。あなたも今すぐ「違いをもたらす違い」の探偵になり、自分の生活のレベルを永遠に向上させてもらいたい。

新しい「違いをもたらす違い」を見つければ、新しい人生が手に入る。

スキル：知識を超えた実行力

優れた学習能力を持つ人は、区別を学ぶことに加え、**スキル**を体得するようにしている。

スキルは、頭の中で理解していることを実際に身体で実行する能力のことである。タイピングはスキルである。スキーもスキルである。素手で板を割るのもスキルである。こうした行為のメカニズムそのものは難しいものではないが、練習が必要だ。

スキルを身につける最初の鍵は、**心象化とイメージ・トレーニング**である。私が今までコーチングしてきた世界クラスのスポーツ選手は皆この手法を活用している。今まで知り合った音楽家やダンサーも実際にステージに立つ前に、心の中で何回も演奏をイメージするようにしている。

スキルを身につける次の鍵は**反復**である。アンソニー・ロビンズは「復習はスキルの母である」と言っているが、その通りだろう。マステリーの道（達人への道）とは、決して基本に飽きないことである。達人になるには、基本的な動作が自分の一部になるまで繰り返す必要がある。

沖縄から日本に空手を紹介した船越先生は、空手の最も基本的な動作に当たる突きを毎朝千回以上練習したと言われている。だからこそ彼は名人になったのだ。

金儲けの基礎についても同じだろう。

アンソニー・ロビンズは社会人になりたてのころ、ジム・ローンという人の下で働いていた。

ある日、ローン氏がアンソニーのところにやって来て、一冊の本を差し出し、「この本を読んでみてほしい」と言った。

アンソニーはその本を受け取り、タイトルを見てから「この本なら、私はもう読みましたよ」と答えた。

するとローン氏が「何回読んだのかね？」という問いかけを返した。

ほとんどの人は本を一回しか読まないだろう。しかし、成功者はそうではない。ローン氏は続けてアンソニーに大切な原則を教えた。

「私はこの本を何十回も読んでいる。私は大金持ちだ。君はこの本を一回しか読んでいない。君は貧乏だ。その違いが分かるかね？」

アンソニーはその違いが分かった。そしてその後、彼はその本を何十回も読み返し、想像を絶するほどの大金持ちになった。その本とは、ナポレオン・ヒルの『思考は現実化する』であった。あなたにもお勧めしたい一冊である。

マステリーとは、基本に飽きないことである。

ほとんどのスキルは、進んでその対価を支払いさえすれば、誰にでも習得できるものだろう。

そして、私たちはより多くのスキルを体得することで、今までと違った人生の楽しみ方ができるようになる。私が、日本語を話すスキルを身につけていなかったら、今までの日本における生活は、まったく違うものに終わっていたに違いない。

これは単に知識の問題ではない。外国語を学ぶことでさえ、その言葉を実際に口に出すように自分自身を訓練しなければならない。

私の昔の同僚に、とても物知りな男性がいた。彼は日本に赴任することになり、そこで日本語を勉強することにした。加速学習の暗記術を研究していたので、たったの三ヵ月間で、彼は三万語を上回る単語を暗記することに成功した。まさに驚異的な技である。

しかし、彼はまったく話すことができなかった。それは、彼が自分の知識を活用するスキルを体得していなかったからである。話す**練習**はできていなかった。彼はフラストレーションのあまりノイローゼになり、アメリカに帰国し、最後まで自分が失敗した理由を悟らなかった。

知識を活かす練習が必要である。ただテレビの前に座り込み、流れてくる知識を詰め込んでいてはならない。立ち上がって、行動を起こさなければならない。

本から水泳は学べない。いずれはプールの中に飛び込まなければならない。成功するためにスキルが必要だ。より多くのスキルを身につけて、自分の人生をより豊かなものにしよう！

スキルを身につけるために、知識を実行に移そう！

人生の質を向上させるために私が体得するスキルは……

参考材料を増やそう！　人生を最大限に生きるためには

学習の三番目の焦点は、自分の**参考材料**を広げることである。これは学習の中で私が最も好きな部分でもある。

私たちは、世界を理解しようとするとき、自分の**過去の経験**に照らし合わせて理解するようにしている。この事実から当然導き出される結論は、理解力を高めるには、経験の幅を広げなければならないということだ。

多くの人は、引き出しにできる経験は非常に狭いものになっている。二十年の経験を持っている人もいれば、一年の経験を二十回繰り返しているだけの人もいる。

人生をピークパフォーマンスの状態で過ごそうと思えば、世界を理解するための参考材料を広げていかなければならない。

新しい経験や知識を手に入れることは、私たちに二つのことを与えてくれる。それは、**「比較の対象」**と**「比喩《ひゆ》表現」**である。

富士山は裏庭の丘と比べれば大きなものに見えるかも知れないが、エベレストと比較すれば小さく見えるだろう。今直面している会社での問題は、八〇年代のバブル経済の時と比べれば大変な状況に見えるかも知れないが、アフリカの砂漠地帯で暮らす人たちが毎日直面している問題と比べれば、取るに足らない。これはすべて参考材料（何を比較の対象にするか）の問題である。

比較の対象を増やすことに加え、参考材料を増やすことで、私たちはより豊かな比喩表現を作り上げることができるようになる。つまり、周りの世界や生活の出来事を理解する、まったく新しい方法を与えてくれることになるのだ。

あるとき、顧客のひとりが事業の問題について私のところに相談を持ちかけてきた。彼がその状況を説明してくれているとき、ある興味深いイメージが私の頭に浮かんできた。

「あなたが直面している問題はヘリコプターの操縦とよく似ている。ヘリに乗っているとき、横からの風で、ヘリが急に片一方に傾くことがあります。そのとき、いつも教官が言っているのは『ガマンだ、ガマンだ！』ということです。素人は皆過剰反応して、ヘリの姿勢をさらに悪化させることになります。しかし、ガマンして待っていれば、風が吹きやんだとき、ヘリは自然にもとの姿勢を取り戻してくれます。あなたの今の状況はまさにそうです。今、過剰反応をすれば、改善というより、改悪になるでしょう。でんと構えて、自然体でこの状況に対応していれば、従業員も安心して問題解決に当たることができるはずです」

これはその会社の状況にとって極めて有益なアドバイスになった。ここで大切なことは、私はヘリを操縦するという参考材料になる経験を持っていたから、その状況をヘリの操縦にたとえて描写し、問題解決を図る新しい方法を提供することができたということである。

参考材料にできる経験と知識を豊富に持つことはあまりにも大切なことなので、私は毎年、自分の率いる「経営者育成塾」のメンバーを連れて、海外旅行や国内旅行を実施し、意識的に新しい経験を積むようにしている。

つい先日、ロシアに渡り、戦闘機で近宇宙（高度二十五キロ）まで上昇し、宇宙飛行士の訓練を受け、ゴルバチョフ前書記長と会談し、軍の特殊部隊の訓練にも参加し、またバレエやサーカスを観劇してきた。そして、毎日の最後に自分たちの事業を振り返り、新しい経営の比喩表現を打ち出し、新しいビジネスのやり方や問題解決のアプローチについて考えるようにした。

この経営者たちがまったく新しい物の見方や判断基準を身につけて帰国したことは言うまでもない。

ゴルバチョフ前書記長と会談する著者

自分の視野を広げるために、私が経験しておきたいことは……

何十年間を数時間に短縮しよう！

私たちがここまで学んできた学習戦略はすべて、これから紹介する**「モデリング」**というものを可能にするためのものである。

物理学者のニュートンは、「もし私が他人よりも鮮明に物事が見えたとすれば、それは、私が巨人の肩の上に立っていたからにほかならない」と言った。

成功を目指している人の多くは、車輪をゼロから再発見しようとしている。何もかも難しくしようとしている。巨人の肩の上に立った方が（先を行っている人の知恵と経験を活かすことの方が）よほど簡単なのである。

ジョゼフ・キャンベルは『The Hero with a Thousand Faces（千の顔をもつ英雄）』という書籍の中で、次のように述べている。

「私たちはこの冒険を独りで冒す必要はない。今までの英雄たちが私たちの先へ行ってくれているからである。迷宮の道順はすでにすっかり解き明かされているのだ」

先日、フィジー島で友達のひとりと一緒に昼食をとっていたときのことである。彼は、自分の会社のひとつを売却したばかりで、その取引で個人的に数千万ドルを手に入れていた。

その席で、彼が言い出した。

「ジェームス、私は今までの人生でオリジナリティのあるアイデアを一度たりとも持ったことはない。そして今さら始めるつもりもない」

彼の成功の哲学は簡単だった。すでにうまくいっているやり方を他所《よそ》で見つけてきて、それを自分の事業に活かすのである。

私が今まで学んできた学習戦略の中で、この「モデリング」というアプローチほど、インパクトと即効性を持つものはない。

モデリングとは、簡単に言えば、望む結果をすでに得ている人を見つけて、その人がやっていることを見極め、それを真似ることである。この方法を使うことで、文字通り、何十年の努力を数時間に短縮することができる。発見するのに何年もかかったような「違いをもたらす違い」や「スキル」を数日間、数時間、あるいは数分間のうちに、身につけて、自分のものにできるのだ。

これは生活のあらゆる場面で応用できる考え方である。健康にも、資産形成にも当てはまる。人間関係を向上させたり、会社の成績を改善したりするときにも役立てることができる。モデリングは自分の夢を実現させる、まさに**成功のマスターキー**なのである。

モデリングは、人生を成功させるマスターキーなのである。

私が研修業界に入り、初めて講演するようになったとき、参考にできるような経験はほとんど持っていなかった。しかし、幸いなことに、そのときの私は、人の助けを借りる必要があるということを悟るだけの謙虚さがあった。そこで、私は業界の中で最も成功している人、一講演だけでまさに何万ドルもの講演料がとれる人をモデリングすることにした。

私はまず、『7つの習慣』の著者スティーブン・R・コヴィー博士をモデリングの対象に定めた。彼の講演会を聴き、毎日、彼のカセット・テープやビデオを研究した。どのように講演をしているのか、どのように聴衆との関係を築き、彼らの人生に影響を与えているのかを徹底的に調べた。

それから半年後、コヴィー博士の会社の副社長が私の講演を聴きに来てくれた。講演終了後、私のところにやって来て、こう言った。「あなたはコヴィー博士そっくりだ！」

モデリングというアプローチを活かしたおかげで、私の成功が加速され、一年も経たないうちに日本で最も人気のある講師のひとりになった。その後私は、アンソニー・ロビンズやジョン・グレイなど、優れた講演家の多くをモデリングすることができた。講演を聴くたびに、「この人がこれほどまでに成功している理由は何だろうか。この人の『違いをもたらす違い』は何だろうか」と考えているのである。

速く学ぶためには、すでに成功している人を見つけよう！

レシピの力

数年前、私は世界屈指のホテル・チェーンのひとつを指導していた。管理職研修の場で、総料理長が最前列に座っているのに気づき、彼に次のように尋ねた。

「あなたは得意中の得意と呼べる料理はありますでしょうか。世界クラスで、誰にも負けないようなものがひとつあるとすれば、それは何でしょうか」

彼は自信満々に答えた。

「ありますとも。ホワイトソースがかかった白身の魚なら、お任せください。誰にも負けません」

「その料理を完成させるには、どのくらいの時間がかかりましたか」

「二十年かかりました」

「私があなたのレシピを盗むには、どのくらいの時間がかかると思いますか」

しばらくして、彼はうなずき始めた。

「二時間くらいでしょうね」

一流の料理人として、彼はモデリングを理解していた。彼は**レシピの力**を知っていたのである。

モデリングはレシピのようなものである。成功するために必要な材料は何だろうか。その順番はどうすべきだろうか。各ステップにおいて、どんな処理をかけていくのだろうか。

このレシピの威力は、いったん明確になれば、何回でも同じ結果が出せるということである。成功率は１００％！　何回でも繰り返すことができる。しかも、ほかの人にもそれを教えることができるのだ。

あなたの事業において、成功するサービスのレシピを持つインパクトを考えてみてほしい。売れる商品を開発するためのレシピはどうだろうか。チームを活性化させるレシピはどうだろうか。これはまさに世界の一流企業が行なっていることそのものである。彼らは成功するためのレシピを作り、それを何回も繰り返している。

マクドナルドはファーストフードのレストランを作るレシピを確立した。リッツ・カールトン・ホテルは高級ホテルを経営するためのレシピを打ち出している。３Ｍでは商品開発とイノベーションのレシピが有名である。Ｐ＆Ｇはブランド作りのレシピを持っている。

あなたの事業を成功させるためにどのようなレシピを発見しなければならないのだろうか。そして、それよりももっと大切なこと――あなた自身の夢を今実現させるために必要なレシピは何だろうか。

成功するために、成功のレシピを見つけることだ！

私が見つけようとしているレシピは……

モデリングの上級編（VAK）

モデリングの重要な戦略のひとつは、先に説明したVAKを活用することである。人生で得る結果のすべてが、五感のうちこの三つの感覚、視覚（V）、聴覚（A）、触覚（K）によって得られているからである。

このことを知ることで、他人の成功をモデリングするときの努力をかなり省略できる。つまり、誰かをモデリングしようとするとき、その人は結果を生み出すためにどのような焦点（V）を持ち、どのような言葉の使い方（A）をし（特に心の中で自分自身に対してどう言っているか）、そして、どのような身体の使い方（K）をしているのかを見つめる。そして、その**焦点**、その**言葉の使い方**、その**身体の使い方**（VAK）を取り入れるようにすればいいということだ。

例えば、株式投資で成功したいと思っているとしよう。焦点（V）が、銘柄をうまく選定する上で鍵になるだろう。多くの人は、ニュースで取り上げられている銘柄や知人たちがどの銘柄に投資しているかに焦点を当てている。しかし、それでは継続的に大きなリターンを得ることはないだろう。

株式投資でつねに成功している人をモデリングしてみれば、彼らがまったく違う焦点を持っているということが分かるだろう。

彼らは次のような質問によって銘柄の選定を行なっている。


「この会社の本拠地になっている国は、経済成長率が何パーセントになっているか」

「この産業部門の成長率は、経済全体の成長率と比べてどうだろうか」

「この会社は、業界のマーケットリーダーになっているだろうか」

「この会社の流動比率、年間売上成長率、過去三年間における利益の成長率はどうなっているか」

「この市場に参入する上で、知的所有権その他の参入障壁は確立できているだろうか」など。


まったく違う成果を上げているのは無理もない。

射撃をうまくできるようになりたいなら、身体の使い方（K）がより重要な役割を果たす。射撃の名人はどのように銃を持つだろうか。どのように立っているだろうか。足はどのくらいの幅に広げているだろうか。銃は片手で持っているだろうか、両手で持っているだろうか。どのように狙いを定めているだろうか。

営業成績を上げたいなら、言葉（A）がより重要な役割を果たすだろう。成功している営業マンは、顧客に対してどんな言葉で語りかけているだろうか。顧客のニーズを引き出すために、どんな質問をしているだろうか。どんな口調で話しているだろうか。

焦点（V）も重要である。最も成功している営業マンは、契約を取ることに集中しているだろうか、それとも顧客との関係を作ることに焦点を当てているだろうか。勧誘電話に力を入れているだろうか、それとも紹介を受けることに集中しているだろうか。

思い出してほしい。「違いをもたらす違い」を探すだけでいいのだ。

レシピを発見するには、「VAKのパターン」を見ればいい！

成功のレシピ本を製作しよう！

各分野の達人をモデリングすることは、あなたのこれからの人生にどのような利益をもたらすかについて、今一度考えてみてほしい。成功したいと思う分野で、すでに成功している人をモデリングするとき、どんな貴重なギフトを手に入れることになるだろうか。その人たちの蓄積してきた経験と知恵を無視することによって、払わなければならない代償は何だろうか。その代償を払い続けてもいいのだろうか。

実に簡単なことだ。今すぐ始めることができる！ モデリングしたいと思う人をひとりか二人、選んでみてほしい。その人の強みは何だろうか。その人から何を学びたいのだろうか。その人と接触するためにどうするか。直接会うことができるだろうか。またはその人の知識やスキルを伝えている本やビデオはあるだろうか。

私がモデリングする人は誰か。

その人から学びたい具体的なスキル・知識・戦略は何か。

どのようにそれをするか（セミナー、本、ビデオ、直接会うなど）。

独創性も真似ることから

達人をモデリングする利益は、誰にでもすぐ理解できるだろう。しかし、不思議なことに多くの人はこのアプローチを取りたがらないのである。最もよく耳にする反論は、「オリジナリティはどうなるのか」ということだ。この意見はよく理解できる。私自身も、オリジナリティを非常に大事にしているからだ。独創性とオリジナリティは、私の価値観と優先順位の中でもかなり高い位置を占めている。

ここで提案しておきたいのは、大きなオリジナリティと独創性を発揮している人をモデリングすることである。

数年前、私はサンフランシスコ国際空港の書店で立ち読みしていたとき、非常に興味深いタイトルが目にとまった。それは、マイケル・J・ゲルブの『ダ・ヴィンチになる！　創造的能力を開発する7つの法則』という本だった。なんと素晴らしいアイデアだろう。

オリジナリティを発揮したいなら、最もオリジナリティを発揮している人はどのようにしているかを知ることである。そのような人はどんな質問や問いかけを心得ているだろうか。創造的な状態を保つためにどのような身体の使い方をしているだろうか。他人が見えないことが見えるようになるために、どういうことに焦点を当てているのだろうか。

オリジナリティを発揮しようと思えば、創造性のプロセスを真似よう！

パターン認識は力である

最終的には、すべてはパターン認識ができるかどうかにかかっている。アンソニー・ロビンズは「成功には手がかりがある」と言っている。その手がかり、成功をもたらすパターンを発見し、それを自分のものにすることだ。

あなたの生活のパターンは何だろうか。再三再四発生している問題は何だろうか。常に勝利者であるためには、どのようにする必要があるだろうか。学んで、すぐに実行しなければならない新しいパターンは何だろうか。

成功者は、効果的な焦点のパターン（V）を身につけている人である。どんな状況におかれても、問題点だけでなく、その状況の良い点やそれによってもたらされる利益も発見するようにしている。問題点に集中せず、解決策に集中している。

成功者は、自分に力を与える言葉使い（A）を習慣化している。プラスの感情を強調し、自分の役に立たない感情を最小限に止めるようにしている。

そして最後に、最も成功している人というのは、他人には夢にしか思えないようなエネルギーと行動力を生み出す力強い身体の使い方（K）をしているのだ。

ということで、次のステップ、「無限健康を手に入れる（健康）」に進んで行こう！

成功には手がかりがある。それを発見しよう！

この章で学んだこと

この章で学んだ重要ポイントは何か。

どんな決断を下したか。

今すぐ、どんな行動を取るか。

Step 3

無限健康を手に入れる（健康）

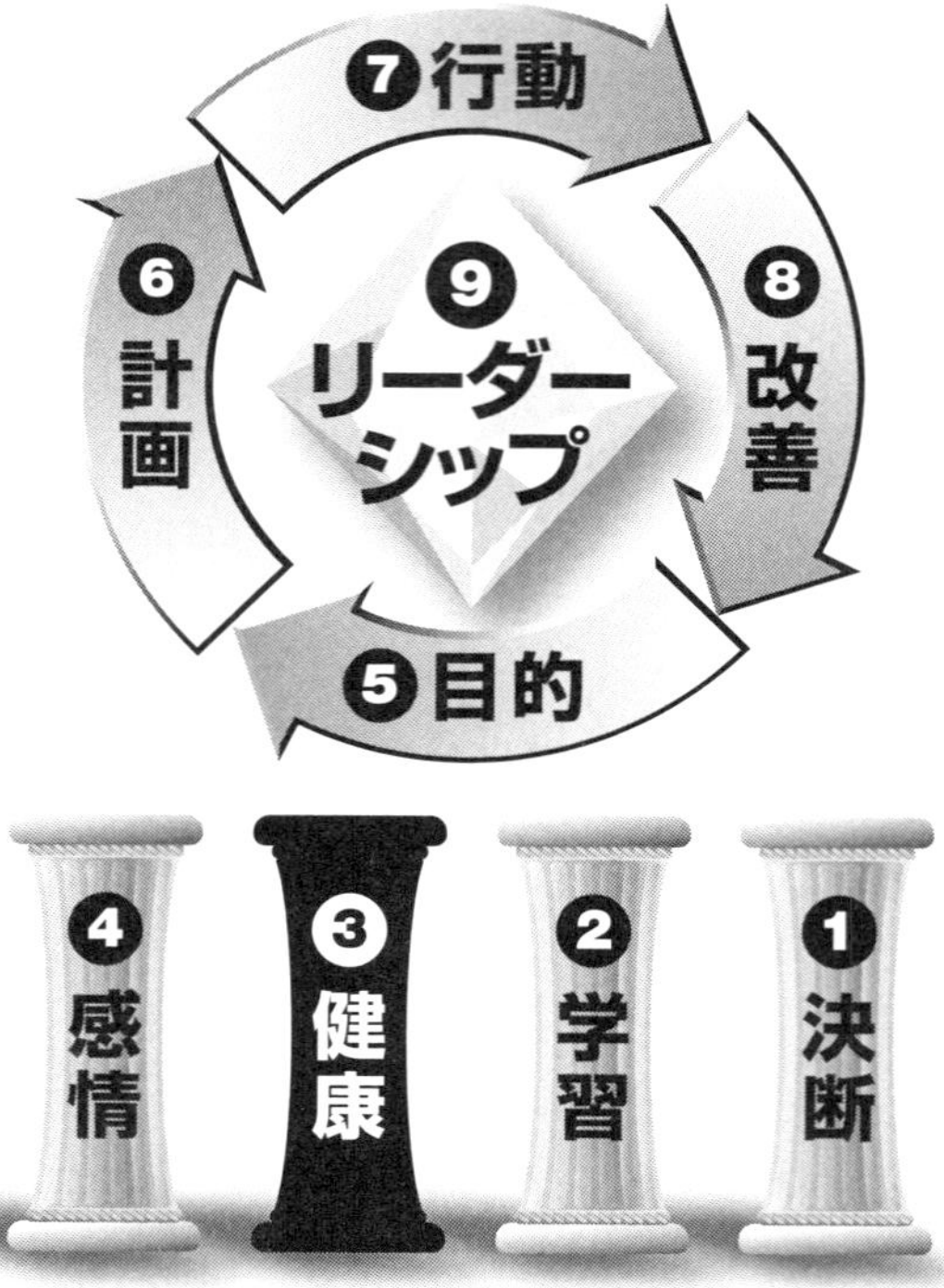

健康はエネルギーである。それは、人生の一瞬一瞬において、夢を実現させてくれる活力である。いくらお金があっても、地位や名誉があっても、健康な身体を持っていなければ、幸せにはなれない。健康とエネルギーは、身体の自然な状態である。無限のエネルギー、命という贈り物を自分自身に与えるときなのだ。

私が教えている概念の中で、本章で紹介する健康の単純な原則ほど、聞く人々の生活に大きな影響を与えるものはほかにないだろう。

正しい決断を下すかも知れない。達人をモデリングしているかも知れない。しかし、行動に必要なエネルギーを持っていなければ、夢の実現にはならないだろう。

一方、健康な身体が自然に生み出してくれる**無限のエネルギー**を持っていれば、どんな夢でも可能になり、どんな目標でも現実味を帯びてくるだろう。

健康でなければならない理由を考えてみてほしい。本当の意味で成功したいなら、健康を必須項目にしなければならない。

私は最高の健康を手に入れることを決意している。なぜなら……

健康は身体の自然な状態である。病気や疲労は不自然である。これは当たり前のことだが、多くの人は年に数回病気になるのは当たり前なことだとさえ思っている。健康のコントロールを取り戻し、自分にふさわしい身体と生活を手に入れるときなのだ。

私は、自分自身のフラストレーションから健康に関する研究を始めた。二十八歳のとき、私は四十歳に見えていた。十六キロも体重オーバーであった。いつも疲れていて、病気気味だった。私は典型的なアメリカ人の食生活をしていたし、運動することは私にとって大きな痛みを伴う作業だった。

そこで、面白いことが起きた。ほんの短い間に、私は四人の方々に出会ったが、この四人ともそれまでに見たことがないようなエネルギーに満ち溢れていた。彼らは幸福そうで、活力があり、大きな自由を経験していた。そして、それを見た私は、うらやましくてたまらなかった。

当時、私はモデリングのアプローチを学んでいたので、彼らに、その健康の秘訣について聞いてみた。すると衝撃的な答が返ってきた。

38歳の著者

28歳の著者

四人ともまったく同じ食生活と運動方法を実践していたのである。そして、その結果は凄《すさ》まじいものだった。

それから私は、人間の身体の仕組みを理解する冒険に乗り出し、それ以来、この分野に対してずっと情熱を燃やし続けている。私は運動と生理学に関する本を読みあさり、栄養学も研究し、医学分野における最先端のセミナーにも参加した。ガンや狂牛病に関する書籍なども読んだ。

そこで学んだ単純な原則を応用することにより、十六キロもの減量に成功した。初めてフル・マラソンを完走することもできた。病気にならなくなった。そして最も大切なことに、私は周りの人たちを驚かせるほどの豊かなエネルギーを手に入れることができたのである。

健康の簡単な原則を説明する前に、この分野に関する私の信念をいくつか説明しておきたい。健康になるための方法論を説く本はたくさんある。しかし、残念なことに、そのほとんどは、役に立たないし、有害なものさえある。これほど矛盾に満ちた分野はほかにないだろう。ある本には「肉だけを食べろ！」と書かれてあるが、別の本には「肉は食べてはならない」と書かれてある。ある人がいいと言っていることが、ほかの本では最も悪いこととして取り上げられている。

このような混乱の中で、私は、健康に関して何を教えるかについて、いくつかのルールを決めておくことにした。これらのルールはごく常識的なもののように思っているし、自分の健康を築き上げる上でも大いに役立っているものである。

健康に関する論説を検証する私の第一のルールは、十分な研究によって裏づけされているかどうかを確認しておくということである。健康に関して神話がたくさん書かれて出版されている。それを裏づける研究はなく、その主張を支えるような科学的な根拠はない。

十分な研究が行なわれているという点が満たされれば、第二のルールは、論理の飛躍がないかどうかを確認することである。元ディベート講師である私は、この点に関してはかなりうるさい。結論はデータから自然に流れてくるものでなければならない。

研究データが十分で、論理が通っていれば、次は、代償よりも恩恵の方が十分に大きなものであるかどうかを考える。「キャベツだけを食べ続けていれば寿命が一年延びる」と言う人がいたとして、その論理と研究が健全なものだとしても、この考え方を実行に移すだろうか。私はしないね。期待している効果に対して、払わなければならない代償が大き過ぎる。

しかし、代償よりも恩恵の方がはるかに大きい機会はほかにたくさんある。一回三十分、週三回、無理のない運動をするだけで、ガンにかかる確率が85%も下がり、自信がつき、エネルギーが高まり、心臓病が予防され、健康的で魅力的な身体になり、肥満を防ぎ、糖尿病になる確率が著しく低下し、性生活もより豊かなものになると聞かされれば、興味を持つだろうか。

私は実行するね！　そして、右記のすべてが実際に真実だと分かってから、ずっと実行しているのである。

次のルールは、その原則を実際に自分の身体で試すことである。研究は良さそうに思え、論理が通っており、大きな恩恵を約束されていたとしても、自分の身体でその成果を実際に確認できなければ、意味はない。

私の最後のルールは、「あなたの健康に関する一番の専門家はあなたである」ということだ。あなたの身体であり、あなたはそれに対する最終的な責任を持っている。つまるところ、あなたにとって何が良いかを教えられる医師はいない。どの医師もあなたの人生の責任を取ることはできないからだ。あなたが決めなければならない。自分で選択し、その効果を自分で確かめなければならないのである。

五つの基準

1. 十分な研究データがある。
2. 論理が通っている。
3. 代償より恩恵が大きい。
4. 実生活で実証できる。
5. 自己責任の原則に沿っている。

これから本章であなたが見、聞き、経験することのすべては、私がこれらのフィルターにかけて、合格したものである。

私は研究をチェックし、主張を検証し、恩恵が高く、代償が低いことを確認し、より重要なことに、このすべてを自分自身と数え切れないほどの顧客の生活に変化をもたらすために活用してきた。それには確かな効果があり、あなたにもその威力を発揮してくれるだろう。

健康はエネルギーである!

数年前、私は米国の海岸警備隊に勤務する有名な研修医のセミナーに参加する機会があった。そのセミナーで先生は、医学部で八年間の研究をし、病院でのインターンを重ね、数年間開業医としての経験を積んだ上で、「ただの一度たりとも健康という言葉の定義を聞いたことはない」と断言した。

医師はもともと病気の専門家である。ありとあらゆる病気の定義を持っている。しかし、健康のこととなれば、ほとんどは回答不能に陥ってしまうだろう。

医師は健康の専門家ではなく、病気の専門家である!

ほとんどの人は健康を「病気ではない状態」と定義している。しかしそれは、「馬は象ではない」と言うようなものだ。馬については何も知ることにはならない。

ここで、健康という言葉をきちんと定義しておくことにしよう!

健康とはエネルギーである。それだけのことだ。自分の生活を送り、夢を追い求め、仕事をし、遊び、愛し、奉仕をする無限のエネルギーを持っていれば、それで健康である。疲れていたり、病気だったり、やつれていたりしていれば、健康とは言えない。

この考え方は多くの人に衝撃を与える。多くの人は病気の兆候がないため、自分のことを健康だと思っている。しかし、いざ生活を振り返ってみると、自分には私が今話しているような活力がないということに気がつくからだ。

希望を持ってほしい。いくつかの単純な原則を理解し、それに伴う簡単な鍵を実践するだけで、望んでいるエネルギーを手に入れて、あなたの生得権であるはずの健康が得られるのだ。

健康とはエネルギーである！

無限健康の二つの原則と四つの鍵

何年間にもわたり他人に健康のことを指導したところで、私の教えている**「無限の健康」**の知識すべてが**二つの原則**と**四つの鍵**に集約されることを発見した。

二つの原則

1. 使わなければ、なくなる。

2. 身体に取り入れるものはすべて、同化させるか、排除させるか、どちらかをしなければならない。

「使わなければ、なくなる」というのは自明で普遍の原則のように思う。筋肉を使わなければ、萎縮《いしゅく》して、弱く、小さくなる。定期的に有酸素の運動をしていなければ、脂肪燃焼酵素は失われる。また、酸素吸収能力や酸素消費能力も低下する。

原則は単純だ。「使わなければ、なくなる」

第二の原則も同じように自明である。身体に取り入れたものは、健康な細胞の中に同化し、活用するようにするか、エネルギーを要するプロセスを通して排除させるかのどちらかである。そして、このエネルギーは排除のために使っていれば、それをよりエネルギーに満ちた生活を送るために使用することができない。

健康とエネルギーを手に入れる秘訣は実に単純である。有酸素の運動をし、筋肉を使い、排泄《はいせつ》のプロセスに負担をかけないようにすることだ。

自分のエネルギーを高めるためには、有酸素の運動をし、筋肉の力を高め、排泄の負担を下げることだ！

この自明かつ普遍の原則に基づき、私は「健康の四つの鍵」という健康の実践法を打ち出した。これらの鍵は、人を驚かすような高いエネルギーを実際に手に入れるために、毎日継続的に実行していく活動のことである。

四つの鍵

1. 有酸素の運動で酸素吸収能力を高める。
2. 過剰負荷をかけることによって筋力を強める。
3. 最高の栄養を摂る。
4. 毒を避ける。

KEY.1 有酸素の運動で酸素吸収能力を高める

基礎も知らない!

私はセミナーで何千人もの人に教えてきて、ある驚くべき事実を発見した。それは大抵の人は健康や生理学についてほとんど何も知らないということである。私も例外ではなかった。高校時代にスポーツ選手だったから、自分は健康や運動について知っているつもりだった。しかし、実際は健康、減量、エネルギーの分野で目標を達成したためしはなかった。本当のことを言うと、手がかりすらなかったのだ。多くの人たちがこれと同じ状態で生活しているだろう。

聴衆の知識のレベルを確認するために、次の質問を投げかけてみることがある。

「皆さんの中で、自分の身体の主な臓器とそのそれぞれの機能を正確に言える人は、何人くらいいらっしゃいますでしょうか」

それに答えられる人は1％にも満たない。しかも、それは社会の中で最も高い教育を受けている層の中の話である。

にもかかわらず、この人たちは、「これはあなたにとっていい」とか「健康になるためにはこうすべきだ」というようなことをよく口にしている。彼らは昔の私と同じ状態であり、手がかりすらないと言わざるを得ないだろう。そして、彼らの健康状態とエネルギーのレベルがその事実を反映しているのである。

このずさんとしか言いようがない知識のレベルの結果とは、最も豊かな国のひとつに住みながらも、アメリカ人の過半数が心臓病で亡くなるということだ。世界最長寿国と言われる日本でさえ、68％の人がガン、心臓病、脳卒中で亡くなっている。

残念でならない！　これらの病気の95％は、健康の単純な原則を理解し、それを実行することにより完全に予防できるのだ。

そこで、健康的な生活様式を築きあげる方法を詳しく説明する前に、生理学、つまり身体の研究についての基本的な知識のいくつかを紹介しよう！

基本を学ぼう！

エネルギーはどこから来るのか

身体は車によく似ている。車はエンジンを使って、燃料を燃やし、エネルギーを作り出すようにできている。身体も同じように機能している。身体は燃料を燃やし、ATP（アデノシン三リン酸）の形でエネルギーを生み出している。

ガソリンをディーゼル車に入れると、その車は故障してしまう。同じように私たちの身体もそれに合った燃料を必要としている。

基本的に身体は三種類の燃料を燃焼できるようになっている。ひとつは遊離脂肪酸である。コレステロールなどの脂肪はエネルギーのために新陳代謝できない。エネルギーになるのは遊離脂肪酸だけだ。身体の脂肪のほとんどがトリグリセリドという形で蓄積されている。このトリグリセリドとは、三つの遊離脂肪酸が結合しているもので、別名体脂肪と呼ばれている。

二番目の燃料はブドウ糖である。果糖などの糖質は、ブドウ糖に変換してからでないと、エネルギーを生み出すために新陳代謝されることはない。

三番目の燃料はクレアチンP（クレアチンリン酸）である。このクレアチンPは爆発的なエネルギーを生み出す源ではあるが、非常に短命である。オリンピックの百メートル競技に出場する選手は、主にこのクレアチンPで走っている。しかし、読者の中で百メートル競技を走る人はあまりいないだろうから、クレアチンPが短期的なエネルギー源として存在するということを覚えておいてもらって、さらに詳しい話は省略することにしよう。

エネルギーは、主に脂肪とブドウ糖から来る。

ガスタンクはどこにある？

エネルギーは身体のどこに蓄えられているだろうか。もし私が「三つ数えたら、あなたの脂肪がたまっている場所をつかんでください」と言ったら、あなたは私を嫌そうな目でにらみつけて、私に見てほしくない身体のどこかをつかむことだろう。ほとんどの人は嫌というほど自分の体脂肪が蓄えられている場所を知っている。

実際のところ、体脂肪は、遺伝による違いは多少あるものの、全身にまんべんなく蓄えられている。例えば、男性は身体の中心部に脂肪を蓄えがちであるが、女性は足のまわりに脂肪を多く蓄える傾向がある。人種による違いも多少ある。

先に述べた通り、体脂肪は主にトリグリセリドという形で貯蔵されている。だから医師が「トリグリセリド値が上がっているよ」と言ったら、それはあなたが太ってきたという意味である。

ブドウ糖は主にグリコーゲンという形で筋肉の中に貯蔵されている。グリコーゲンと言えば複雑な感じがするかも知れないが、別にそんなことはない。グリコーゲンとは複数のブドウ糖の分子が連なった状態で、あなたがソファーから下りて、それを使うのを筋肉の中で待っているに過ぎない。

グリコーゲンは、非常に重要な理由があって筋肉の中に蓄えられる。アフリカの大草原を歩いているときに、隠れていたハイエナの一群が襲ってきたとしよう。あなたはどうするだろうか。戦うか、逃げるかである。しかも、いずれにしても、今すぐだ！

トリグリセリドを分解し、血液で運び、酸素を加え、クレブス・サイクル酵素で分解してから、そのハイエナたちと戦うのはどうだろうか。大昔、そのようにしていた動物がいたかも知れない。しかし、そいつは、あなたの祖先ではない。そいつはハイエナたちに食われてしまったのだ！

人間には、生き延びるために、今すぐに活用できるエネルギー源が必要である。そしてその役割を果たしてくれるのは、グリコーゲンという形で貯蔵されているブドウ糖である。

クレアチンPは、身体の全細胞の中に蓄えられ、エネルギーの短期的な源になり、ブドウ糖同様いつでも使用できる状態になっている。

無限のエネルギーを手に入れよう！

無限のエネルギーを持つことができると言われたらどう思われるだろうか。

ちょっとの間、常識を使ってみてほしい。もしエネルギーが燃料から生まれるのであれば、無限のエネルギーを持つには、無限の燃料を持たなければならない。そして、素晴らしいことに、あなたはそれを持っている。

脂肪は、基本的に、無限の燃料である。脂肪はどんなことをしても完全になくなることはない。世界中から絶望のため息が聞こえてきそうだが、本当のことだ。絶対になくならない！　たとえ餓死しても、解剖をすれば二～三キロの脂肪が残っているということが分かる。絶対になくならないものなら、無限の燃料と呼んでも文句はないだろう。

人生において豊かなエネルギーを持つ秘訣は、この脂肪の力を解き放つことにある。それだけ簡単なことだ。

健康に関して私がモデリングしている人のひとりに、スチュー・ミトルマンという人がいる。彼は十一日間で千五百八十キロを走り抜けた驚異的な男である（一日フル・マラソン三回、十一日間連続だと思って頂ければ、そのすごさはすぐに理解できるだろう）。彼の秘密は？　脂肪である！

脂肪の中に蓄えられるエネルギーを解放する方法を学べば、いつでも無限のエネルギーを持つことができる。そしてそれこそ私が提案しようと思っていることだ。

脂肪は無限のエネルギー源である。

糖質がなければ、脂肪は燃えない

私の父は、魚釣りに出かけるために、ボートに取りつける六馬力の小型エンジンを持っていた。それは三十年以上も働き続けた優れ物だった。しかし、それがきちんと動くには、普通のガソリンに加えてオイルという添加物が必要だった。

この点においても身体はエンジンとよく似ている。脂肪がきちんと新陳代謝されるには、二つの添加剤が必要である。ひとつは酸素であり、もうひとつはブドウ糖である。本書では生化学の説明を詳しくするつもりはないが、脂肪は酸素がなければ新陳代謝できないということだけは覚えておいてほしい。もし、息切れするほどハードな運動をしている人を見かけたら、その人は脂肪を燃焼していないということが分かる。

「エアロビクス（有酸素の運動）」は、「酸素とともに」という意味である。有酸素の運動だけが、脂肪を燃やす運動なのだ。しかし「エアロビクス（運動の目的でするダンス）」をしている人の多くは、実際にはエアロビクスをしていない。彼らは一日中、ブドウ糖を燃やしているだけだ。

ほとんどの人はエアロビクスと酸素の関係について少しくらいは聞いたことがあるだろう。しかし、ブドウ糖がなければ脂肪は燃やせないということを知っている人は少ない。流行《はや》りのダイエットを推奨する人の中には、燃料は脂肪とブドウ糖しかないから、もし糖質をまったく摂取していなければ、脂肪をたくさん燃焼できると訴える人がいる。しかし、これは大きな間違いだ。身体が糖質を切らしたら、**ケトシス**という状態に入る。そして、身体がケトシスの状態になると、脂肪は不完全燃焼を始める。エンジンの調節が悪くなっているトラックが高速道路を走っている姿を見たことがあるだろうか。エンジンが不完全燃焼をしているとき、何が起こるだろうか。空気汚染である。そして、摂取している糖質が不十分な場合、同じことが体内で起こるのだ。

ケトシスのとき、脂肪は途中までしか分解できなくなる。その結果、ケトーン（タバコの中に含まれる毒物のひとつ）が血液に流される。健康になるには賢明な方法とは言えないだろう。

さらに身体は糖質を求めるため、肝臓は身体の中のタンパク質から窒素物を抜かし、ブドウ糖に似た分子を生み出し始める。ここで問題になるのは、体内で最も容易にアクセスできるタンパク質は、免疫系やホルモン、酵素などの成分であることだ。

運動しているときに、免疫体系が燃焼しているとしたらどうだろうか。私もそう思う。馬鹿げた話である。

たしかに、そのようなダイエットでは、脂肪が不完全燃焼するので、体重は減るかも知れない。しかし、健康になっているわけではないし、まず長続きしないだろう。

身体を支配するものは？

具体的に何をすべきかという話を始める前に、どうしても触れておきたい基礎がもうひとつだけある。「身体を支配するものは何か」ということである。

健康で活気あふれる肉体を想像したとき、どんなイメージが思い浮かんでくるだろうか。多くの人は筋骨隆々の身体を思い浮かべるだろう。

この考え方は意外と正しい。身体の中では、筋肉が支配者なのだ！

運動を始める瞬間に、つまり、筋肉を動かし始める瞬間に、身体の中に大変化が起こる。心臓に信号が送られ、より多くの二酸化炭素を取り除くと同時に、より多くの燃料を供給するように、脈が速くなる。

身体は新しい毛細血管（身体の全細胞に栄養素と酸素を運んでくれる小さな血管）を作り始める。

週三回以上の有酸素運動を六カ月間続けるだけで、毛細血管の数が三十倍～五十倍増える。30％～50％増えるのではなく、三十倍～五十倍増えるのだ！

赤血球の生成が加速され、酸素の運搬と二酸化炭素の排除が強化される。

肺は、より多くの酸素を取り込み、二酸化炭素をより多く排出する必要性を知らされ、肺の細胞が開いて、それをしやすくする。

肝臓は、摂取した食べ物からブドウ糖を抽出する作業を早める。

膵臓《すいぞう》はグリコーゲンの補充を助けるためにインシュリンをより多く分泌する。

トリグリセリド（体脂肪）の分解が始まり、エネルギーを生み出すために利用可能な遊離脂肪酸を血液中に流す。

骨の密度が高まる。

エネルギー生成に伴い上昇している体温を引き下げるために、汗をかき始める。

それから、奇跡が起こる。あなたの身体は新しい脂肪燃焼酵素を生み出し始めるのだ！

ここで質問しておきたい。このすべてのプロセスの中で、筋肉の要求に対して「ノー」と言えるものがひとつでもあるだろうか。答は明らかである。ひとつもない。

身体の中は、筋肉が支配しているのだ！

筋肉が支配している！

運動プログラム：心臓がその鍵を握る

効果的に運動するためには、体内で何が起きているのかを知らなければならない。今まで述べてきたプロセスのすべてを考えてみてほしい。そのほとんどは、きちんと把握するのが難しいだろう。運動をしている最中にインシュリンの分泌量を測る方法があるだろうか。あなたはどう思うか知らないが、私は、運動しながら五分ごとに血液検査をするのは嫌である。

しかし、非常に簡単に測れるものがひとつだけある。そして、それはあなたの運動プログラムの鍵を握っている。心臓の脈である。

実は、運動をしている最中に脈拍を測ることによって、身体が何を燃料として新陳代謝しているかを知ることができる。そして、それによって運動量をどう調節すればいいのかが分かる。また、同時に運動の安全性を大きく向上することにもなる。

これを行なうために、まず知らなければならないのは、あなたの**最大心拍数**である。あなたと、あなたと同年齢のオリンピック選手とでは、最高心拍数が高いのはどちらだろうか。これはひっかかりやすい質問である。答は両者とも同じだ。どんなに運動をしようと、何を食べようと、最大心拍数には影響がない(その同じ心拍数当たり送り出される血液の量には影響がある。間違わないように)。

最大心拍数に影響を及ぼす唯一の要因は年齢である。歳をとっても、心臓はそれまでと同じスピードで収縮するが、筋肉の柔軟性を失うために、心臓が通常の引き締まっていない形に戻るためには、より多くの時間を要する。したがって、一分間に心臓の打てる最大心拍数が減ってくるのである。

最大心拍数は二百二十という数字から自分の年齢を差し引けば、だいたい分かる。したがって、最大心拍数は四十歳なら約百八十、三十歳なら約百九十になる。

より正確な数字を知りたいと思うなら、最大心拍数テストを受けることもできる。しかし、これを受ける場合、資格のある外科医の元で受けるように願いたい。最大心拍数を正確に把握するために心拍数を上げることは危険である。だから私は、ほとんどの人には勧めていない。

さてここで、この心臓が提供してくれる情報に基づく**最適な運動プログラム**を紹介することにしよう。

まず、最大心拍数の半分で十分から十五分、**ウォーミング・アップ**をする。

なぜウォーミング・アップをするのだろうか。答は簡単である。普段、血液中に流れている遊離脂肪酸の量は知れている。いきなり激しい運動を始めると、遊離脂肪酸は燃え尽きてしまい、糖質しか燃焼するものがなくなる。そして、糖質を燃焼すれば、血糖値が低下し、疲労を感じ始める（何かがおかしいという兆候である）。身体は、ブドウ糖を使い果たしてしまえば、最後のエネルギー源として、タンパク質に目を向ける。その結果はどうなるだろうか。免疫体系が破壊され、ホルモンのバランスが崩れてしまうという悲惨な結果である。とてもお勧めできるやり方ではない。

しかし、ウォーミング・アップをきちんとしていれば、トリグリセリド（体脂肪）は、遊離脂肪酸に分解され、血液の中に流れ込む。そして、それが運動するための豊かなエネルギー源を与えてくれるものになるのだ。

次に、バターを燃やすときだ！　二十分〜四十五分の間、**最大心拍数の65％〜85％の範囲内で運動**をすることである。*

あなたは「どうして精一杯やって、早く終わりにしないのか」と思っていることだろう。その答は、「身体がそうさせてくれないからだ」ということだ。心拍数をこれ以上に上げた場合、脂肪燃焼酵素がストライキを起こし、脂肪燃焼はぴたっと止まる。私は実際にこれを測る装置で、この現象を確かめたことがある。脂肪燃焼は０％で、糖質燃焼が１００％だった。そうするとまた悪循環に入る。血糖値が下がり、疲労感を覚え、糖質が不足し、タンパク質が燃え、病気になり、「なぜ皆このようなバカバカしい運動をしているのか」とぶつぶつ言い始める。

しかし、この65％～85％のゾーンにとどまっている限り、幸せである。あなたはほとんど脂肪ばかり燃焼し、糖質はまったく燃焼しない。つまり、疲れることはないのだ。いいことずくめなのである！

このゾーンで運動するもっと重要な理由がある。この程度の負荷で運動を続ければ、身体は脂肪を燃焼させる酵素を作り始めるということである。したがって、毎日の生活において、実際に脂肪を燃焼する許容量が増える。あなたがつねに夢見てきたエネルギーが得られるのだ。そう！自分の夢を実現するためのエネルギーが得られるのである！

脂肪を燃焼し終わったら、今度は**ウォーミング・ダウン**をすることだ。ゆっくりとしたペースで十分程度で良い。なぜウォーミング・ダウンするのだろうか。あなたは今まで筋肉痛になったことがあるはずだ。燃えるような感じがしたのを覚えているだろうか。なぜそうなるのだろうか。

身体が脂肪または糖質を新陳代謝するとき、その副産物としてピルビン酸というものが生成さ

＊年齢別の心拍数の表がＰ．２７６に掲載されてありますので、参考にしてください。

れる。このピルビン酸もまた全体のエネルギーの重要な材料として新陳代謝されるが、問題は、ピルビン酸が燃えるよりも速く生成されるということである。酸化現象は身体にとって最も大きな問題であるから、身体はその酸を処理できるまで、どこかにためておく場所を探し始める。

そこで、身体はこのピルビン酸に化学反応を加え、それを乳酸に変え、筋肉の中にそれを蓄積しておく。乳酸は若干酸性であり、その影響で筋肉が燃えているように感じるわけだ。

しかし、ウォーミング・ダウンをすれば、血液によってその乳酸が消散され、肝臓に運ばれ、また化学反応によってブドウ糖に変わり、新たなエネルギー源になってくれるのだ！

正しい運動の奇跡はこうだ。有酸素の運動をすることで、疲れることなく、筋肉痛になることもない。また、つねに求めていた高いエネルギーを与えてくれる脂肪を燃焼させる酵素を増やすことができる。

秘訣があるとすれば、**週に三回以上**行なうことである。三回未満だと身体は脂肪を燃焼させる酵素を作り出そうとはしない。土曜日に一度だけ運動しても夢は実現されない。熱い風呂に入り、栓を抜いて流れと戦っても無駄だ。週三回、脈拍をこの有酸素のゾーンに引き上げ、しばらくそのゾーンを維持しなければならない。

運動するときは、**ハートレートモニター（脈拍計）**を使うことを強く

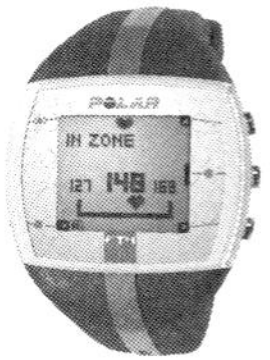

ハートレートモニター

お勧めしたい。ターゲットゾーンを設定し、それを上回ったり下回ったりしたとき、警告音が鳴る優れた商品も出回っているし、大変便利である。この素晴らしい道具を使えば、運動も楽しくなるし、はるかに安全なものになる。

最大心拍数の50％程度で十五分間ウォーミング・アップする。
最大心拍数の65％～85％の範囲で二十分～四十五分の運動をする。
快適なペースで十分間ウォーミング・ダウンをする。
ハートレートモニターをつける。
楽しみながら、健康になる。

注意

1. 心臓病、糖尿病、ガンなどの病歴がある人は、医師と十分に相談した上で、運動を始めてください。
2. 息切れしたら、スローダウンするか、運動を中止してください。息切れするということは、有酸素運動のゾーンを超えている証拠である。
3. 運動をするときは、ハートレートモニターをつける。

4. 自分の身体と自分の限界をよく知るようにする。自覚は最高の予防である。

KEY.2 過剰負荷をかけることによって筋肉を強化しよう！

スポーツ・クラブは神話だらけ

現代社会に住む私たちにとっては、生きていく上で強力な筋肉は必要ではないだろう。日常生活で、羊を追いかけたり、ライオンを仕留めたりすることはないからである。しかし、それでも、強く、健康的な筋肉をつける重要な恩恵がたくさんある。

ひとつの恩恵は、自信である。強く、活気にあふれていれば自信がつく。しかし、ほかにもいいことはたくさんある。強靭《きょうじん》な筋肉は、特に足の裏や腹部の筋肉は、腰痛や背中の痛みを防ぐことになる。また、筋肉は脂肪を新陳代謝する主な手段である。強力な筋肉は、スポーツにおいても、その他のレクリエーションにおいても役立つものである。

しかし、筋肉の発達の分野は、ほかのどの分野よりも神話が多い。スポーツ・クラブに通っている人たちは、何が効果的なのかを知っているつもりになっている。しかし、皆が信じていることだからといって正しいとは限らない。

それでは真実を暴いてみよう。

あなたがスポーツ・クラブで耳にする**第一の神話は、フェイルヤー・ポイント**（その動作を後一回もできないという限界）と呼ばれるものについてである。多くの人は、フェイルヤー・ポイントまで運動しなければ力がつかないと信じている。

しかし、少し考えてみてほしい。水泳をする人は、もうこれ以上ひとかきも泳げないというところまで泳ぐことがあるだろうか。トライアスロンに出る鉄人は、もうこれ以上一回も自転車のペダルをこげないとか、もうこれ以上足を一歩も前に出せないというところまで走ったりすることがあるだろうか。決してそんなことはない。しかし、それでも彼らは筋骨隆々になるのである。

真実。過剰負荷（過去に要求していた以上の負荷）をかけるとき、筋肉は強くなる。「使わなければ、なくなる」という原則を思い起こしてほしい。その反対もしかりである。使えば、「得られる」のだ！

第二の神話はフルレンジ（筋肉が最も伸びたところから、最も縮んだところまで運動すること）についてである。多くのトレーナーやコーチは、最も伸びたところから、最も縮んだところまで筋肉を動かさない限り、強くならないと教えている。

もう一度常識を使ってみてほしい。乗馬をする人のことを考えてみてください。騎手は馬にまたがって乗るとき、足で馬を握り、馬を走らせる。足を全開し、両方の膝がぶつかり合うところまで閉じることがあるだろうか。決してそんなことはない。しかし、それでも彼らは筋肉をつけている。これはインドの砂漠をラクダで横断したとき、私自ら確認していることなのだ。

真実。筋肉に過剰負荷をかけるとき、筋肉は強くなる。

第三の神話は、四十八時間で回復するという神話である。この考え方では、運動してから四十八時間以内に**過補償**によって筋力が強くなるという。

しかし、もう一度、よく考えてみてほしい。あなたの回復時間があなたの二倍の年齢になっている人、または半分の年齢の人が必要とする回復時間と同じになることはあるだろうか。どんな運動をしようが、身体にどんな負荷をかけようが、回復時間は同じだと思えるだろうか。病気のときも健康のときも回復時間が同じという考え方は、理にかなっているだろうか。もちろん、そんなことはないだろう。しかし、スポーツ・クラブではそのような声が頻繁に聞こえてくるのだ。

真実。必要な回復期間には多くの要素が影響している。腎臓が**運動中に生じた細胞の排泄物**を処理し終わったとき、身体は筋肉を強める。したがって、負荷が大きければ大きいほど、必要な回復時間は長くなる。

最後の神話は、「痛みがなければ、得はなし！」という考え方である。これほど真実からかけ離れたものはない。

真実。痛い思いをしていれば、何かが間違っているということである。安全に、楽しみながら、強くなってほしい。脳は快感を求め、苦痛を避けるようにできているということを思い出してほしい。いつも痛い思いをしていれば、その運動を続けようとは思わないだろう。

四つの神話

神話1. 強くなるためには、フェイルヤー・ポイントまで運動しなければならない。
神話2. 強くなるためには、フルレンジで運動しなければならない。
神話3. ウエイト・トレーニングの必要な回復時間は四十八時間である。
神話4. 痛くなければ、得はなし。

三つの真実

真実1. 筋肉に過剰負荷をかければ、強くなる。
真実2. 身体の状態や運動の負荷によって必要な回復時間が変わる。
真実3. 痛いときは、何かが間違っている。

筋トレするなら、ストップウオッチを買おう!

筋肉は過剰負荷をかければ強くなるので、筋肉を強くするときに最も大切なことは、トレーニング中にかけている負荷を正確に把握することである。これはかなり簡単にできることではあるが、スポーツ・クラブに通う人のほとんどが、今日行なっている運動は前回と比較して負荷が大きいかどうかを知らない。

トレーニング中に、筋肉にかかっている負荷を正確に測る方法は二つある。両方とも長所と短所があるから、紹介しよう。

最初の方法は、**パワー・ファクター・トレーニング**と呼ばれるものである。これはつまり、ある一定の時間において動かした負荷を測定することである。例えば、ベンチプレスをしていて、一分間に二十キロの重りを十回持ち上げたとしよう。すると**パワー・ファクター**は一分当たり二百キロを一分間したことになる。これを「一分当たり二百キロ＊一分」というふうに、自分の運動記録に書き込む。

ここでは時間の要素は重要である。一分で二百キロを上げるのと、一時間で二百キロを上げるのと、負荷がまったく違うからである。

スポーツ・クラブで最も重要なツールはストップウオッチである。持っていなければ、ひとつ買ってほしい。時間当たりの負荷を確実に把握しよう。

力をつけるには、ストップウオッチを買うことだ。

実際には、これは非常に簡単にできることだ。それぞれの運動について、どのくらいの時間で行なうかを決定しておけばいい。例えば、それぞれの運動を三十秒もしくは一分間することを決める。これを聞くと多くの人は驚く。なぜなら、ほとんどの人は、筋肉をつけるには、スポーツ・クラブで長い時間を費やさなければならないと思っているからだ。しかし、それは神話に過ぎない。過去の負荷よりも大きな負荷をかければ筋肉は強くなるということを思い出してほしい。それだけのことだ。

力は、スポーツ・クラブに行くたびに5%~10%増やすようにすることが理想的である。したがって、もしあなたのベンチプレスのパワー・ファクターが二百キロになっていれば、次にスポーツ・クラブに行くときは、重さと回数を調整して、二百十キロになるように設定すればいい。複利効果の恩恵を受けるので、スポーツ・クラブに行くたびに力が5%も増えていれば、あっというまに驚異的な強さを身につけられるということが分かるだろう。

ほとんどの人は、運動するたびに筋肉に過剰負荷をかけるようにしていないから、それほど急激に強くなることはない。この人たちは非常に長い時間、非常に懸命に運動しているかも知れない。しかし、彼らは前回と比較して、負荷を増やしていないので、強くはならない。負荷を正しく計り、それに沿ってパワー・ファクターを設定することによって、より短期間に、より大きな結果が得られる。電子計算機を買い、負荷を計算しよう！

力をつけるには、電子計算機を買うことだ。

もうひとつ重要なことは、行なう**セット数**である。答は一回だ。

筋肉に過剰負荷をかければ、強くなることをまたも思い起こしてほしい。二回目のセットは、ほんのわずかしか筋肉の発達を加速させない。だから、あなたがスポーツ選手ならば検討すべきだろうが、ほとんどの人にとっては、わずかしかパフォーマンスが上がらないことに努力を倍にする価値はない。

二回目のセット以降は、腎臓が細胞の排泄物を処理するために必要な時間を増やすだけである。早い話、強くなるためには長い時間をスポーツ・クラブで費やす必要はないのである。

力をつけるために、運動は一セットで良い！

動かなくても筋肉はつく!?

パワー・ファクターというアプローチは、フェイルヤー・ポイントの神話に応えるものである。

過去に筋肉に対してどのくらいの要求をしたかを正確に知ることにより、筋肉を発達させるためにどれくらいの負荷が必要なのかを教えてくれる。

それでは、動作のフルレンジという神話に注目しよう。筋肉トレーニングの研究者ピーター・シスコとジョン・リトルは、さまざまな運動の動作のレンジを減らしながら、このアイデアの真実性を検証した。そして、その結果、まったく筋肉を動かすことがなくても、筋肉を強くできるということを発見した。彼らは、乗馬とまったく同じ考え方で、筋肉の発達における驚くべき成果を上げることができた。まったく動かずにである。

この研究結果については、彼らの優れた書物『Static Contraction Training（静止状態の筋肉トレーニング）』で読むことができる。

私はこのウエイト・トレーニングの方法を**「スタティック・ローディング」**と呼んでいる。そのアイデアは単純だ。ある運動について、その動作の最も強い姿勢を探してみる。例えば、ベンチプレスであれば、腕はほとんど伸ばした状態である。しかし、ロック（完全に伸ばし切った状態）にはなっていない。腕や足がロックされていれば、ウエイトを保持するために筋肉を使っているのではなく、骨の構造そのものに頼っているだけだからである。

十五秒間しか**静止の状態**を維持できない重さを選ぶ。これは最初、少し試してみる必要がある。もし二十キロのウエイトを静止の状態で保っていれば、あなたの筋肉はどれくらいの重さを押しているだろうか。答はもちろん、二十キロである。

もしウエイトが下がり始めたら、どれくらいの重さを押しているだろうか。それは誰にも分からない。ただ分かることは、それは二十キロ未満だということである。

もしあなたが二十キロ以上の力で押していれば、ウエイトは上がるはずだ。単純な物理学である！

ウエイトを静止状態で保持することによって、筋肉にどの程度の負荷をかけているかを正確に知ることができる。

ウエイトが下がり始めたら、すぐに中止することだ。それまでである。それがあなたのワンセットなのだ。次にスポーツ・クラブに行くときは、その重さを保持する時間を長くする。そして三十秒間そのウエイトを静止の状態で保持できるようになれば、また十五秒しか保持できない重さに調整するということだ。

この方法によって非常に短期間に、驚異的な力をつけることができる。なぜなら、筋肉に多大な負荷をかけることになるからだ。そして、その負荷に対して細胞の排泄物の量が少なくて済むからである。また、この方法は運動に必要な時間が非常に短いため、乳酸はほとんど蓄積されないし、また、筋肉痛になることも少ない。

私はこれを大変気に入っている。なぜなら、十五分間で、私のトレーニングを終えることができ、スポーツ・クラブを後にし、また生活を楽しむことができるからである。

動くこともせずに、力をつけることができる！

自分の回復期間を把握しよう！

パワー・ファクターでも、スタティック・ローディングでも、自分の**回復期間**（ワークアウト間のインターバル）を知ることが大切だ。有酸素の運動は毎日してもいいが、筋肉トレーニングは、十分に回復してからでないと、ほとんどメリットがないし、有害にもなり得る。

自分の回復期間を把握するのは非常に簡単である。もしあなたが今まであまり筋肉を鍛えていなければ、ワークアウトによって細胞の排泄物をほとんど出すことはない。だから、毎日スポーツ・クラブに通うことができるだろうし、それでも効果的である。

鍵は、運動の負荷を毎回5％～10％増やすことである。スポーツ・クラブに行って、負荷を少なくとも5％増やすことができなければ、回復期間は不十分だったということだ。

そうなったとき、自分のインターバルを二日間に延ばしてみる。また負荷が増えると、ある時点で、二日間では足りなくなる。二日間休んでも、負荷を5％増やすことができなくなる。そうなった場合、休みを三日間に延ばせばいい。

最終的に、スポーツ・クラブには一週間に一回行くだけで済むようになるだろう。

自分の回復期間を把握しよう！
負荷を5%増やすことができないときは、休みの期間を延長しよう！

注意

1. トレーニング方法としてスタティック・ローディングを選んだ場合、非常に重いウエイトで運動することになる。重りが身体の上に落ちることを防ぐ**ブレーキ**（自分の上に重りが落ちないように止めるための装置）のついたラックでのみ行なうようにしてください。

2. もしあなたの通っているスポーツ・クラブにそのような機材がなければ、パワー・ファクターの手法で運動してください。
ウエイト・トレーニングを始める前に、必ず適切なウォーミング・アップをするようにしてください。

3. 自分の限界を知り、自覚を持って運動してください。

毎回の運動はどうする？

全身の力をつけるために、私のお気に入りの**9つの運動**を紹介しよう。あなたのトレーナーは、またそれぞれの筋肉に対して有効な運動をいろいろ紹介してくれるだろう。

レッグプレス

カール

トープレス

ラットプルダウン

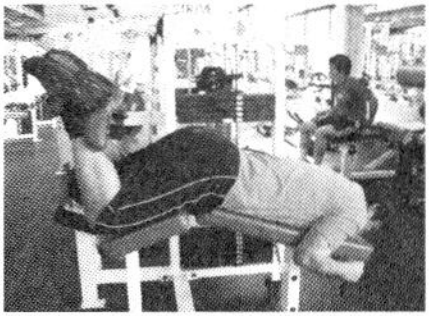

レッグカール

ワンハンドローイング

ベンチプレス

アブドミナルクランチ

ショルダープレス

ブレーキ

撮影協力：GOLD'S GYM　イースト東京

KEY3 最高の栄養を摂ろう！

適切な栄養を摂ることは健康になる上で必要不可欠だということは言うまでもない。しかし、それが何を意味するかとなると、大いに議論の分かれるところである。簡単に言えば、栄養を摂ることは、健康的な細胞を作り、生活のエネルギーを生み出すことに必要な要素を、自分の身体に与えることである。

ここでまず強調しておきたいことは、加工食品は食べ物ではないということだ。それはいわゆる「ジャンクフード」である。健康を望むのであれば、自然のままの生きた食品を食べる習慣を身につけなければならない。加工処理をするときに、栄養素のほとんどが飛んでしまうことになるからである。加工された、不自然な食べ物を取っていたのでは、健康的なライフスタイルを築くことはできない。

最も重要な栄養素とは？

身体が必要としている最も大切な栄養素とは何だろうか。セミナーでこの質問をすると、大混乱を招くことが多い。ビタミンやミネラルだと言う人もいれば、タンパク質だと言う人もいる。これらのものももちろん大切ではあるが、エネルギーや生存のために身体が必要としているものの中では、順位が低い。

もし「栄養」が、身体が健康になるために必要なものを意味しているのであれば、最も大切な栄養素は**「酸素」**だと言わざるを得ないだろう。

酸素は身体に与えることのできる最も大切な栄養素である。

二番目に重要な栄養素はもちろん**水**である。新鮮な空気ときれいな水を自分の身体に与えることは、ほかのどのことよりも大切である。

新鮮な空気ときれいな水というギフトを、自分の身体に差し上げよう！

酸素と水が健康にとっていかに重要であるかを理解するために、次のことを考えてみてほしい。身体は糖質、脂肪、タンパク質の50％を失っても、命に別状はない。しかし、水分のわずか20％を失うだけで、死んでしまうのである。そして、酸素がなければ、ほんの数分間しか生きることができない。今まで多くの人は、水と空気だけで文字通りに何カ月も断食している。しかも、健康には何の支障もない。

私は長期にわたる断食を勧めていない。適切な指示や監督がないところでは、なおさらである。私が言いたいのは、身体が必要としている酸素と水の摂取は絶対に必要だということだ。

これもまた考えてみてほしい。ガン細胞は、身体の中で唯一その主たる燃料として酸素を使っていない細胞である。細胞は酸欠状態になると、その細胞が生き延びようとして突然変異を起こし、ガン細胞になる。それが事実。十分な酸素があるところでは、ガン細胞は複製することができない。新鮮な空気を得るには十分な動機になるだろう。

体内で最も多い液体は血液じゃない！

心臓と血液を中心に展開されている健康の話は多い。しかし、体内で最も大量にある液体は、血液ではない。最も多いのは**リンパ液**である。リンパ液の量は血液の二倍以上である！

では、この大量のリンパ液は、どんな役割を果たしているのだろうか。

リンパ液は身体の全細胞を囲んでいる。血液によって運ばれる栄養素は、リンパ液に転送される。それから、各細胞は、リンパ液からその栄養素を吸収する。ほかのすべての生物と同じく、個々の細胞は受け取る栄養素を新陳代謝して、老廃物を生み出す。そして、それは、リンパ液の中に戻される。

ここで問題が発生する。もしリンパ液がきちんと清掃されていなければ、これらの老廃物が積み重なり、流れないトイレのようになる。

トイレが一週間も流れなかったらどうなるだろうか。大変な状態である。それと同じように、老廃物がリンパ液の中に蓄積されると、栄養素はよどんだリンパに止まり、もはや細胞に届かなくなる。そして、個々の細胞は栄養失調に苦しみ始め、老廃物によって毒される。

面白い事実に、ガン患者の死因の50％以上は、悪液質という細胞レベルの栄養失調である。

逆に、細胞にきちんと栄養素を与え、その老廃物を適切に取り除けば、その細胞は永遠に生き続けるという。これは実験で実証されている。永遠にだ！　健全な環境におかれた細胞は決して死ぬことはない。

健康な人の場合は、このリンパ液が**リンパ腺**に運ばれ、そこで、有害物質は、身体から簡単に取り除ける形に分解される。

問題は、血液と違って、リンパ液を動かすポンプがないということだ。身体を動かす以外に、このリンパ液を運ぶ手段はない。

リンパ液を最も効率的に浄化する方法は**深呼吸**である。一日に三回、五分〜十分程度の深呼吸をすることでリンパ液は完全に浄化される。しかも、あなたのエネルギーのレベルに大きな違いが現れる。武道やヨガで、深呼吸を強調している理由はここにあるだろう。

深呼吸をする方法はたくさんある。単純な方法のひとつは、肺が完全に拡大するまで鼻から息を吸うことである。それから吸った時間の四倍の長さでその息を保持するようにする。そうすれば酸素が十分に血液に移り、身体の中の二酸化炭素をきちんと排除すること

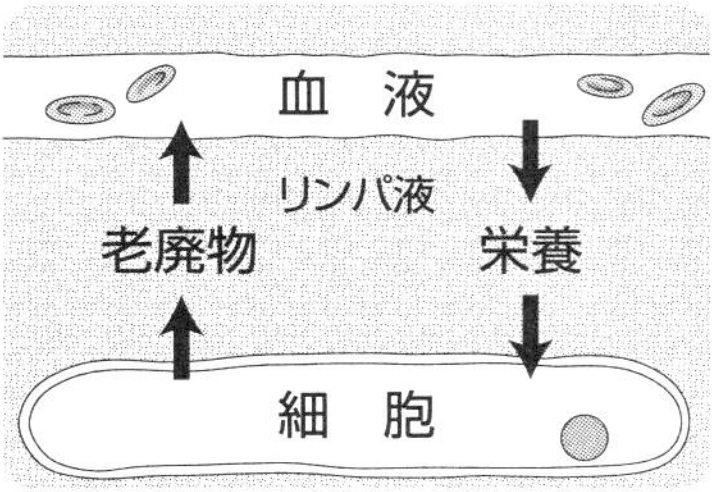

ができる。それから、息を保った時間の半分の長さで「ハー」と言いながら、口から息を吐く。

食事の前にこれを数回繰り返してみて、その結果のすごさを確認してみて頂きたい。

食事の前に五分〜十分深呼吸をして、身体に必要な空気を与える！

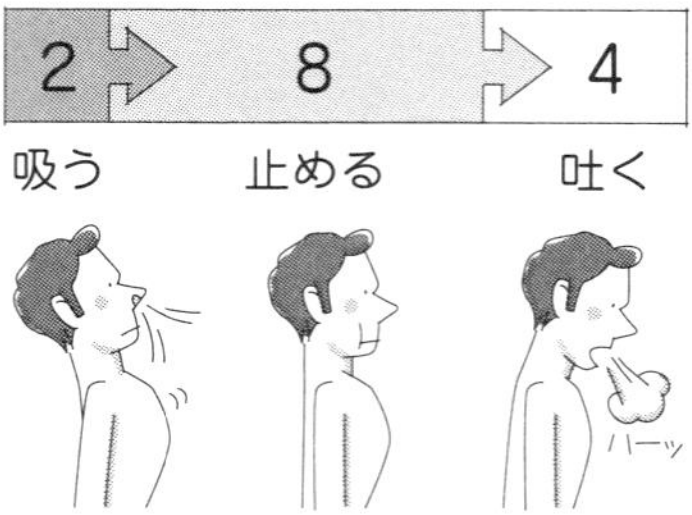

リンパ液を徹底的にきれいにするもうひとつの優れた方法は、**小型トランポリン**の上で跳ねることである。私は自宅用とセミナー会場用にひとつずつ購入している。私は講演をしている最中に疲れてくると、数分間、軽くその上で飛び跳ねて、またすぐにピークパフォーマンスの状態を取り戻すようにしている。

エネルギーを望むなら、水を飲め！

おそらくあなたの身体はかなり**脱水**している。水分は身体が必要とする二番目に重要な栄養素であるが、ほとんどの人は十分な水分を摂っていない。

十分な水分を摂らないと、脳は縮小し、意思決定の能力も損なわれる。エネルギーのレベルも落ちる。血液は濃くなり、静脈を通っていく流れも悪くなり、細胞に十分な栄養と酸素を運ぶことができなくなる。脱水することによって数多くの問題は出るが、最悪のことは、脱水しているときには喉の渇きを感じないということである。

喉の渇きは、どれだけ水分を必要としているかを計る上で、まったく当てにならない。その理由は簡単だ。我々の祖先は水を食べていたからである！　あなたもそうすべきだろう。

先祖の食生活について、ちょっとだけ考えてみることにしよう。あなたが平原なり森なりまたは山に住んでいるとしよう。最も簡単に食べられるものは何だろうか。果物である。木から取って、そのまま食べられる。しかも、美味しい。見た目も魅力的で、目に留まりやすい色になっている。だから我々の先祖は果物をたくさん食べていたのである。果物はほとんど水分でできている。90％以上が水分になっている果物も少なくない。

次に見つけやすい食べ物は野菜と草である。これらもやはりほとんどは水でできている。果物や野菜を噛めば、口の中で水になるのだ。

その次はナッツとタネ類である。しかし、一回の食事になるだけの量を手に入れることは難しい。含んでいる水分は少ない。

穀物は野生で育つが、調理されていない穀物や米を噛んだことがあるだろうか。殻が堅くて、なかなか食べられるものではない。

肉を手に入れるのは、最も困難である。食べるものをすべて素手で殺さなければならないとしたら、冬などのようにどうしても十分な食べ物が手に入らないとき以外は、ほとんどの人がベジタリアンになるはずである。肉にもほとんど水分が含まれていない。

乳製品は、基本的に、農業革命まではなかったものである。あったとしても全乳だけで、チーズやアイスクリームなどの凝縮脂肪は存在しなかった。

そして、これは何百万年にわたり、私たちの祖先の摂取していた食事なのである。

その証拠もたくさんある。人間の歯は基本的に野菜を嚙み切るように発達しているのであって、生肉を嚙みちぎるようにはなっていない。人間の腸は肉食動物と比べて、非常に長いものになっており、それは野菜の栄養素の適切な吸収に必要なものである。しかし、肉の消化には向いていない。肉を食べる動物の腸は、すぐに腐敗してしまう肉の残りかすを体内が毒される前に排除してくれる短いものになっている。

したがって、我々の祖先は、ほとんど**水分含有量の多い食べ物**を中心に食べていた。彼らはたくさんの果物、野菜、草、豆類、ナッツとタネを食べ、また穀物と肉を最後の手段として食べていたのである。そして、彼らの喉の渇きは、食べ物から得られなかった水分だけを補充するものとして発達してきたのだった。

しかし、現代の食べ物はどうなっているだろうか。ほとんどの人はハンバーガー、ポテトチップス、コーヒー（体内の水分を奪う一種の利尿剤）ばかり取っている。どこに水分があるだろうか。どこにビタミンやミネラルがあるのだろうか。どこに栄養があるのだろうか。心臓病、ガン、脳卒中で死ぬのも無理はない（近頃の日本食も、肉・魚・米が中心であり、最も必要な栄養素を含んでいる野菜や果物はどこにも見当たらない。また、日本人の最近の傾向として見られるコンビニで買う弁当や菓子パンは、アメリカ人の平均的食生活と同じくらい悪いものになってきていると言えよう）。

体内の70％が水分であり、健康になりたければ、水分の多い食べ物を全体の食事の70％にする必要がある。つまり、新鮮な**果物、野菜、フレッシュジュース、水**である。現代人のほとんどが、水分の多い食べ物を30％以下しか取っていないため、健康のあらゆる面で代償を支払うことを余儀なくされている。

私のセミナーでは、数日間にわたり、参加者たち全員に午前九時から翌午前二時過ぎまで高いレベルのエネルギーを維持する経験をさせている。それは皆に十分な水を飲ませ、食事の70％以上を水分含有量の多い食べ物にするだけで可能である。

エネルギーがほしいのであれば、水を取ることだ。この一点に尽きる。

コーヒーも紅茶も水ではない。アルコールも水ではない。これらは身体を毒し、生命を与えてくれる水分を奪ってしまうものである。妊婦がコーヒーを毎日二、三杯飲むだけで流産の確率が倍になる。カフェインによって引き起こされる健康問題のリストは長く、際だっている。カフェインの致死量はたったの十グラムである（コーヒー五十杯〜二百杯分のカフェインである）。

1993年、シーグフリード・ヘイデンは『Coffee and Cardiovascular Disease（コーヒーと

心臓病)』の中で、カフェインは、「心筋梗塞、不整脈、高血圧、高脂肪血症、痛風、不安、その他の心臓病、さまざまなガン、奇形児、骨粗しょう症などの病気」に関連していると指摘した。

アルコールは肝臓を壊し、判断力を損ない、交通事故で罪のない人々を殺し、家庭環境を破壊してしまう社会諸悪の根源である。アルコールは、完全なる発ガン物質である。それは、肝臓病、心臓病、膵臓病の原因になり、奇形児の出産や流産の原因にもなる。アルコールは水ではない。健康のためになったためしもないし、これからもない。

米国におけるアルコール中毒の経済損失は、1992年で概算千四百八十億ドルであり、概算九百八十億ドルの麻薬中毒のコストをはるかにしのいでいる。

ソーダ類も水ではない。砂糖の含有量が多いため、その酸性を中和させるためにより多くの水が必要になる。炭酸飲料を一日中飲んでいても、喉の渇きがいやされないのは無理もない。

牛乳もまた水ではない。牛乳は、腸を粘液の膜で覆い、身体が必要としている重要な栄養素の吸収を妨げる。乳製品は、ほとんどのアレルギーにも関係している。毎日牛乳を数杯飲む人は、牛乳をまったく飲まない人よりも、高いカルシウム欠乏症を示している。乳製品をたくさん取る生活様式は、動脈硬化、心臓病、脳卒中、卵巣ガン、乳ガン、前立腺ガンの原因にもなる。

水がほしいなら、答は簡単だ。水を飲み(蒸留水が望ましい)、新鮮な果物と野菜を食べることだ。そうすれば、夢を実現するのに必要なエネルギーが簡単に得られるのである。

私が健康について研究している間に出会った、高いエネルギーを持つすべての人がこの原則を実践していた。

食事の70%を水分含有量の多い食べ物にしよう！

身体の二十四時間サイクルで食事を考えよう！

自分の身体を自覚すればするほど、身体が一日を通して自然なリズムを持っているということに気がつくだろう。つまり、私たちの身体が一日の二十四時間を三つの時間帯、あるいはサイクルに分けて、活動しているということである。

最初のサイクルは午前四時から正午までである。この時間帯は、身体が主に排泄する作業に集中している。体内に取り入れたものは同化するか、排除するかということを思い出してほしい。身体は栄養を吸収するのと同じように、老廃物も出す。身体を健康に保つためにはこの老廃物を身体から排除しなければならない。自分の**排泄のサイクル**を改善することは、健康とエネルギーにとって、最も大切な要素のひとつである。

排泄物を処理するには、かなりのエネルギーが必要である。排泄するために必要なエネルギーがなければ、その排泄物が体内に保持される。腸内洗浄を行なうセラピストは、何年もの間腸内にくっついて、体内を毒し続け、多くの問題や症状を引き起こす信じられないほど汚い老廃物の発見は珍しくないと報告している。

細胞からの老廃物は、脂肪の中にも蓄積される。体内のほとんどの老廃物や毒素は酸性である。身体は、**酸化現象**の悪影響を避けようとして、その毒物を処理するのに必要なエネルギーができるまで、その毒素を蓄えるメカニズムを確立している。それは脂肪である。身体は脂肪の中にこの酸性の毒物を貯めておくことにより、それが血液やリンパ液の中に循環するのを防ぐようにしている。

この理由でできた脂肪は、運動してもなかなか落ちないものだ。その脂肪はあまりにも酸性のため、身体がどうしてもそれを分解するわけにはいかないということだ。

排泄のサイクルが適切に機能し始めれば、この脂肪は分解し、毒素は効果的に処理されるようになるのだ。

「排泄のサイクル」は午前四時から正午までである。

第二のサイクルは、正午から夜の八時までである。この時間帯は、**摂取のサイクル**であり身体が主に必要な食べ物と栄養を取り入れることに集中している。

「摂取のサイクル」は正午から午後八時までである。

最後のサイクルは、午後八時から午前四時までである。この時間帯では、身体が日中に摂取した食物からの栄養を吸収し、それを活用するようにしている。つまり、**吸収のサイクル**なのだ。*

「吸収のサイクル」は午後八時から午前四時までである。

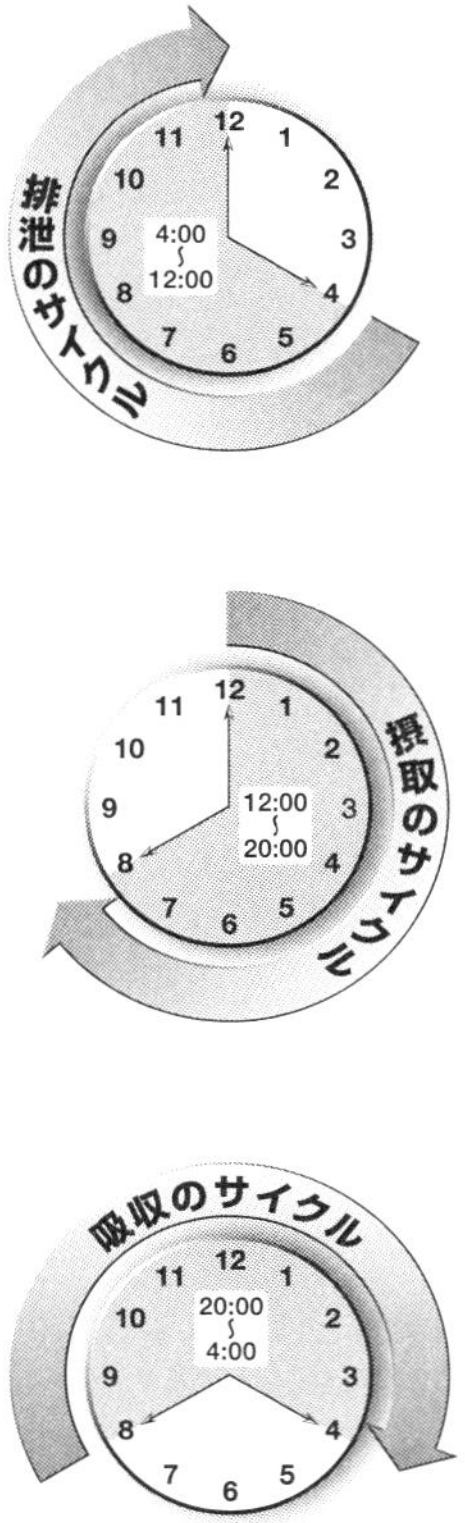

*これらのサイクルは、スウェーデンの科学者アレー・ウェーランドによって発見され、『ライフスタイル革命』にも紹介されている。

食べ物はこうして消化される

これらのサイクルは、正しい食べ方と深い関係を持っている。そして、その最も大切な関係というのは、排泄のサイクルにおける食べ方についてである。

消化は身体の中で行なわれるプロセスの中で、最もエネルギーを必要とするものである。実は、この消化のプロセスがスポーツ・クラブで運動したり、仕事をしたりするよりも多くのエネルギーを消費している。

当然のことではあるが、もし身体のエネルギーが消化のために浪費されているのであれば、そのエネルギーは排泄のために利用できなくなり、毒性や老廃物が体内に蓄積されることになる。したがって、排泄のサイクルの間は、**消化の負担**を極力少なくすることが健康の必須条件になる。朝食をたくさん食べることは、病気とエネルギー喪失への一番の近道である。

昔のことわざに、「最初の五十年間、自分の胃を大事にしていれば、次の五十年間、胃はあなたを大事にしてくれる」というものがある。消化の負荷を軽くして、エネルギーに満ちた生活を手に入れよう！

高いエネルギーを得る健康的な食べ方を理解するために、食べ物がどのように消化されるかをよく理解しておく必要がある。*

まず**果物**から始めよう。リンゴやマンゴー、スイカなどの果物を食べたとき、何が起こるか。

口から胃まで運ばれていく。さて、あなたは今、「その通りだ。そこで消化されるから……」と思っているだろう。しかし、それは違う。実際は、胃の中で果物には何も起こらないのである。

人間にとっては、果物は食べた時点で消化済みである。何億年もの歳月にわたり、我々人間は果物の栄要素を直接吸収できるように進化してきた。したがって、果物が胃袋に入ってからわずか十五分～二十分後には、エネルギーをほとんど消費せずに、結腸に流されて、その栄養が吸収され始める。

野菜はこれと少し違う。野菜は胃袋の収縮と拡張の運動によって粉砕される。その栄養が結腸から簡単に吸収できる形になるまで、野菜は、胃の動きによって細かく砕かれる。このプロセスには、およそ三時間かかる。このプロセスは、胃袋の運動によってのみ行なわれるので、消化液とまったく関係がない。もしあなたが八時間、胃酸の入ったコップにキュウリを入れておいても、何の反応もない。これは後ほど私たちの食べ方と大切な関係を持つことになる。

穀物やジャガイモなどのデンプン系の**炭水化物**は、別の機能によって消化される。これらの食べ物は胃に運ばれ、そこでそれらの栄養素はアルカリ性の消化液によって抽出される。このプロ

＊ここで紹介している消化における内分泌の事実は、アイバン・パブロフにより発見され、ノーベル賞を受賞した。

セスもまた三時間ほどかかる。

肉、魚、ナッツなどの**タンパク質**は、また話が別だ。これらの食べ物は胃袋に運ばれ、塩化水素酸に相当する胃液によって消化される。この強い酸性の消化液は、タンパク質を分解し、アミノ酸にするために必要である。タンパク質を分解するには通常四時間ほどかかる。タンパク質自体は結腸によって吸収されない。栄養価はアミノ酸の中にあるのだ。

この消化のプロセスの基本を理解していれば、どのように食べればいいのかが明らかになる。午前中は果物だけを食べることが理想的である。好きな果物を好きなだけ食べて良い。果物はお腹が空いているときにだけ食べるべきである。果物をほかのものと一緒に食べれば、果物はそのほかのものが胃の中で消化されるのを待たなければならないからだ。そしてその間、果物が腐り始めて、問題が生じる。つまり、細菌があなたのランチを食べることになるのだ。

食べ物に栄養価があったとしても、身体がそれを吸収するというわけでは必ずしもない。果物にはいろいろな栄養が含まれているが、胃の中でほかのものが消化されるのを待っている間に発酵してしまえば何にもならない。これは体内にガスが出る原因にもなる。

午前中は果物だけにする。果物はその他の食べ物と一緒に食べない。

その後の食事は野菜を中心にすべきである。野菜は水分含有量が多く、身体が必要としているその他の栄養素もたくさん含んでいる。サラダをたくさん食べる。フレッシュ野菜ジュースを飲む（缶ジュースは、１００％であっても意味はない）。野菜を好みに合わせた形で食べる。そして、その野菜と一緒に、もうひとつだけ別の食べ物を取る。

ここで質問だ。もしあなたがパンを食べて、それから肉を食べると、消化液はどうなるだろうか。それはお互いにケンカしてしまうのだ。あなたは酸とアルカリを混同させていることになるからだ。その合計は中性になり、消化機能が停止してしまうというわけだ。その腐った混合物が、八時間も胃の中に残り、その後、腸に流される。そこで、栄養のほとんどがすでになくなっているか、吸収できない形になってしまっているか、どちらかである。

そして、もっと悪いことに、エネルギーが奪われてしまう。あなたは疲れる。夢を実現するためのエネルギーがない。

解決策は非常に簡単である。野菜を食べ、それから別のものをひとつだけ食べるようにするのだ。パン、ライス、パスタ、あるいはポテトを食べても良い。生のアーモンドかカシューナッツを食べてもいい。また、どうしても食べるのなら、好きな方法で料理された魚を食べてもいい。野菜サンドイッチ、野菜スープ、野菜シチュー、野菜カレーとライスを食べてもいい。

昼食と夕食には、野菜ともうひとつの食べ物を食べる。

午後三時頃にお腹が空いて、おやつを食べたくなったら、食べてもいいだろう。十分にバランスのとれた食事を取ってから三時間すれば、お腹が空くのは自然である。果物かサラダを食べてもいいし、たまにはスナックを食べてもいい。そうしてもいい時間だ。

もし食べたくなったら、午後の三時頃におやつを食べてもいい。

理想を言えば、午後の八時以降は何も食べない方が望ましい。どうしても何かを食べたくなったら、就寝の二十分以上前に果物を食べることである。空腹のままでベッドに入ると、翌朝、リフレッシュされ、エネルギーがみなぎっているのがすぐ分かるだろう。

夜食をするなら、果物にせよ！

まとめると、バランスの良い食事を取り、一日中エネルギーを高いレベルに保つためには、次の三つのことを覚えておくと良い。

1. 午前中は果物だけにする。
2. 昼食と夕食には、野菜とその他の食品を一品にする。
3. 午後八時以降は何も食べない。どうしても食べたいなら、果物にする。
それだけである。

このライフスタイルの恩恵は多大である。私が食生活をこれに変えたとき、六カ月で十六キロも減量したが、お腹が空くこともなく、ダイエットをする必要もなかった。そして、私は元気になった。試してみてほしい。そして、それがどれだけあなたの夢の実現に役立つかを確認してもらいたい。

食事の組み合わせについて、もっと知りたければ、ハーヴィーとマリリン・ダイアモンドの『ライフスタイル革命』かハーバート・シェルトンの『Food Combining Made Easy（食べ合わせを簡単にする）』を読まれることをお勧めしたい。*

*ダイアモンド氏、シェルトン氏及びアンソニー・ロビンズ氏の研究がこのセクションの執筆にあたり大変参考になった。特別に感謝しておきたい。

試してみよう！　効果がある！

最も大切な電化製品はジューサーである

さらに健康的になり、食生活に美味しい果物や野菜を豊富に取り入れるためには、**ジューサー**を買うことを強くお勧めしたい。ミキサーではなく、ジューサーである。

ジューサーは果物や野菜から生命を与えてくれるジュースを抽出してくれる。非水溶性繊維だけを取り除き、残されたジュースは私が今まで知り得た中で最も美味しく栄養を摂る方法である。

家族にジューサーをプレゼントしよう！

私は六年前からジューサーを愛用しており、毎回、必ず美味しいジュースが出来上がるための三つの秘訣を発見した。実際、私のジュースを飲んだ人はひとり残らずジューサーを買っているほどである。

秘訣1：柑橘類《かんきつ》はほかのものと混ぜないこと。

美味しい組み合わせもないわけではない。オレンジとアップルのミックスジュースは素晴らしい。しかし、本当にまずい味の組み合わせも多いから、混ぜることは基本的にお勧めしない。オレンジジュースがほしければオレンジジュースを作るといい。グレープフルーツジュースでもオ

レンジとグレープフルーツのミックスでもいい。ほうれん草と混ぜてはならない！ これだけは信用してほしい！(苦笑)

秘訣2：トマトはほかのものと混ぜないこと。

美味しい組み合わせもある。しかし、ストレートのトマトジュースは最高だし、悪い組み合わせで台無しにするのはもったいない。

秘訣3：緑は半分以上にしないこと。

最初はこれが特に肝心である。私は完全なグリーンジュースが大好きだが、それはだんだんと慣れていくものである。最初は人参やリンゴなどを緑に加えてほしい。美味しいし、緑の野菜ジュースを飲む恩恵をそれでも受けられる。この緑の野菜ジュースほど身体にいいものはない。

食べ物の組み合わせのルールにただひとつの例外がある。ジュースになっている野菜は、「消化済み」であり、胃の中で果物の消化を妨げることにはならない。午前中や食事の二十分前に野菜と果物のミックスジュースを飲むことは素晴らしいことだ。すぐにエネルギーの変化を実感できるに違いない。

美味しいジュースを作るためには、柑橘類やトマトをほかのものと混ぜないこと。緑は半分以下にすること。

補助食品にも正しい取り方があった

実際の食べ物でできたサプリメントもあり、私も自分のライフスタイルを支えるためにそれを使用している。

ここでの鍵は、サプリメントを取るとき、そのサプリメントに入っているのと同じ栄養素をもともと含んでいる自然の食品を一緒に食べることだ。自然の生の食品は、そのサプリメントの中に入っているビタミンやミネラルを吸収するのに必要な酵素をすべて含んでいるからである。もしあなたがビタミン剤を取っていれば、フレッシュ・フルーツジュースやフレッシュ野菜ジュースと一緒に飲むといい。あるいは、サラダを食べるとき、一緒に飲んでもいいだろう。

栄養はこれだけ簡単だった

栄養についてはこれだけである。このアプローチによって果物や野菜を取るようになり、身体が必要としている水分と栄養をバランスよく摂れるようになる。それは減量にも役立つし、消化の負荷を下げ、十分な繊維を与えることであなたの排泄のサイクルを支援することにもなる。自分の身体にふさわしい栄養を与えてほしい。素晴らしい結果をもたらしてくれるに違いない！

KEY.4 毒物を避けて生きる

つねに自分の身体を毒していれば、健康にはなれないということは言うまでもない。しかし、あまりにも多くの人々が毎日自分自身を毒しているのである。

彼らは、ニコチン・ベンゼン・タールなど三百もの毒物を含んでいるタバコを吸う。肝臓を破壊させるアルコールを飲む。体内を酸性にし、血液の流れを阻害し、膵臓や肝臓に多大な負担をかけるジャンクフードを食べる。カフェインが入っているコーヒーや紅茶を飲む。不快な症状が少しでもあれば、すぐ薬に手を出す。自分の身体は何を吸収し、何を処理できるかをまったく知らずに大量の肉を食べる。

日本の厚生労働省でさえ、日本人の寿命を下げている第一の要因はタバコであり、第二の要因はアルコールであると発表している。

薬もまた身体にとっては、毒である。世界でも有名な製薬会社の創設者イーライ・リリーは、「毒性を持たない薬は薬ではない!」と述べている。

人間に毒物を食べさせたり、飲ませたりすることは、もはや日常茶飯事になっている。

私たちは塩素とアルミの生産から発生する猛毒であるフッ化物を飲料水の中に入れる。野菜や果物に殺虫剤をふりまき、店の棚で長持ちさせるために、防腐剤をかけまくる。

しかし、長く、強く、健康的な人生を送りたいと思うなら、自分の身体の生態系をきれいに保ち、毒性にならないようにしなければならない。

私は何も目新しいことを提唱しているのではない。当たり前のことを言っているだけだ。

健康的になるには、毒を取らないことだ！

生活から排除すべき七つの毒

あなたの生得権である無限のエネルギーと健康を手に入れるために、直ちに次の七つの毒物を生活から排除しなければならない。

1. タバコ。
2. アルコール。
3. コーヒー・紅茶などのカフェイン飲料。
4. 麻薬と薬。
5. 過剰なタンパク質及び赤肉類。
6. 過剰な塩分。
7. 加工食品と砂糖。

多くの人は今こう考えていることだろう。肉はどうして悪い？　さあ、教えてあげよう。

身体は一日にタンパク質を三十二グラム程度しか吸収することができない（妊婦は五十グラムになっている）。私がコンサルタントをしていた某有名ハンバーガーチェーンの一番小さいハンバーガーでさえ、四十二グラムのタンパク質を含んでいるのだ。これは何を意味するだろうか。小さなハンバーガーひとつ食べたところで、すでに一日に処理できるタンパク質の量をオーバーしているということなのだ。

実際は、タンパク質をまったく摂る必要がない。私はここ数年、肉も魚も食べていないが、元気いっぱいである。また、私はベジタリアンになってから一度も医者にかかったことがない（この間、「経営者育成塾」で「柔軟性を高めるために自分のルールをひとつ破るように」というチャレンジをメンバーに与えた。そこで、私は数年ぶりに肉を食べてみたが、すぐに風邪を引いてしまい、寝込んでしまったのである）。

私たちの身体はアミノ酸を必要としているのであって、タンパク質を必要としているのではない。私はこの概念を医師、製薬会社の研究員、食肉産業の代表たちの前で何回も教えているが、いまだにこれに反論できた人はひとりもいない。

身体はタンパク質を作るためにアミノ酸を使っているが、その種類は三十近くある。そのうち身体の中で自然生成されないのは八種類だけだ。つまり、私たちが食べ物から摂らなければならないのは、八種類のアミノ酸であり、タンパク質ではない。

ゴリラのことを考えてみればすぐ分かる。セルロースを分解する酵素を胃袋の中に持っているということを別にすれば、ゴリラは人間とほとんど同じ身体の構造になっている。

ゴリラは一生のうち何回くらい肉や魚を口にすることがあるだろうか。答はゼロである。タンパク質不足を起こしているゴリラを見たことがあるだろうか。

ではタンパク質はどこから摂っているのだろうか。果物や野菜からである。ほとんどの果物と野菜には、身体が必要としている八種類のアミノ酸がそっくり入っているのだ。

人間ドックを専門にしている病院で働いている友達がいる。私は彼女にこう尋ねたことがある。

「タンパク質不足を起こしている人を見たことがありますか」

「あります」

私は正直言って、驚いた。なぜなら、私は、皆があまりに恐れているこの状態に悩む人に実際に出会ったことがないからだ。

「タンパク質不足のベジタリアンを見たことがありますか」

「いいえ、そんな人はいるはずがありません」

「じゃ、どうしてタンパク質不足になるのですか」

「それはコンビニで買ったジャンクフードばかり食べているからです」

それが答だ。過剰なタンパク質を摂るのを止めよう！　それはガン、心臓病、脳卒中、そのほか数え切れないほどの病気の原因になっているのだ。

一カ月で健康になる

健康に関して、他人（私を含む）が言ったことを鵜呑《うの》みにしてはならない。あなた自身が決めなければならない。あなたが決断するのだ。そこで、一カ月間、健康的な生活を送ってみてほしい。その違いを実際に感じてもらいたい。直接自分自身の身体に対して、夢を実現する上で何が必要なのかを問いかけてみてほしい。

さあ、挑戦しよう！　一カ月間、ここで述べているアイデアを試してみてほしい。たったの一カ月間、次の十項目を実行してみてほしい。そして、自分のエネルギー、自信、外見、全体の幸福感にどれだけの変化が表れるかを確認してみて頂きたい。

三十日間の健康のチャレンジ

1. ただちに禁煙すること！
2. アルコールを飲まないようにすること。

3. コーヒー、紅茶を飲まないこと。飲み物を水とフレッシュジュースにする。
4. 肉、魚、乳製品を食べないこと。
5. 加工食品やジャンクフードを食べないこと。
6. 一日三回深呼吸をする。
7. 食べ合わせを守り、水分含有量の多いものを食事の70％にする。
8. 一週間に三回、三十分以上、有酸素の運動をする。
9. 食べ過ぎないように！
10. リラックスして人生を楽しむ。

挑戦して、その成果を自分で実感しよう！

この章で学んだこと

この章で学んだ重要ポイントは何か。

どんな決断を下したか。

今すぐ、どんな行動を取るか。

Step 4

自分の感情をコントロールする（感情）

あなたが人生の中で求めているものはすべて感情である。自分の感情をマスターすることがあらゆる成功の鍵である。必要な感情を手に入れれば、ほしいものはすべて手に入ることになるのだ。人生を極めるプロセス、つまり感情のマステリーへようこそ！

感情をうまく活用し、それをコントロールするようになることは、パーソナルパワーを築く最後のステップである。

決断する方法は学んだ。成功者のパターンを探し出し、それを活かす方法も取得しているし、高いエネルギーで生活している。しかし、そこまでやったとしても、消極的な感情がその姿を現し、あなたの道をふさぐことがあるのだ。

自信の喪失を感じるかも知れない。憂鬱になってしまうかも知れない。孤独感に圧倒されるかも知れない。このような消極的な感情があなたのビジョンを阻むことになる。

喜んでほしい！　もはやこれからは、そのような感情に阻止されることはない。あなたは今この瞬間に、自分の**感情のコントロール**を取り戻し、生活を一変させることができる。

あまりにも多くの人々が毎日経験している感情のジェットコースターから降りて、充実、喜び、パワー、自信といった素晴らしい感情の電車に乗ることができるのだ。

行動力を生み出すエモーション

「結果のサイクル」を説明したときにも触れているが、私たちの感情あるいは状態が、私たちの「出来事に対する解釈」や「実際の行動」に多大な影響を及ぼしている。

ある感情により、麻痺し、行動ができなくなる。それに対して、大きな自由を私たちに与えてくれる感情もある。あなたの感情は、あなたの仕事の質と人間関係の親密さを決めるのである。あなたは人生において偉大なことを成し遂げることができる。ほとんどの人はそうである。しかし、ただ単にそれが〝できる〟のか、それとも実際にそれを〝する〟のかは、あなたの状態にかかっている。

自信、やる気、遊び心、感謝、愛、好奇心、貢献といった力強い感情で生活している人は、自分の真の可能性を実現することができる。

一方、憂鬱、怒り、フラストレーション、ストレス、自己嫌悪といった感情に自分の身を任せている人は、最終的にほかの人にとっての警告になる道をたどるだろう。

あなたはどちらの道を選ぶだろうか。

そうなのだ。感情は選択である。つまり、それはあなたの感情なのだ。あなたが所有している。あなたが選択する。夢を実現することは、究極的には、自分の状態を管理するだけでなく、それをマスターする結果だと言えるだろう。

感情は、夢を現実化させる上で強力な道具であり、はるか太古の昔からそうである。

フランク・ベトガーは、『How One Idea Increased My Income and Happiness（たったひとつのアイデアがどのようにして私の収入と幸福を増やしたのか）』という小冊子の中で、自分の感情を自分でコントロールし始めたときの経験を紹介している。

フランクは学校を出るとすぐ、プロ野球選手になった。しかし突然、彼のキャリアに終止符が打たれてしまった。そう、彼はクビになったのである。

「なぜだ⁉」と尋ねると、監督は、「怠け者だからだ」と答えた。

フランクは監督に対して反論した。

「私はあがり症で、それを観衆から隠そうとしているだけです」

恐怖という感情が彼のキャリアを台無しにしてしまったのだ。マイナーリーグに降格され、85％もの減給になった。

そこで、フランクは、それまでと違う気持ちで毎日のプレーに取り組むことを決意した。情熱を持って行動することに決めた。それだけである。たったひとつの簡単な変化なのだ。

彼はそのときの経験を次のように語っている。

「野球場に入るその瞬間から、私は電撃を受けているかのように振舞った！　百万個の電池に動かされているように走り回った！　私はボールを内野手に向けてあまりにも強く、思いっきり投げるもんだから、内野手の手がちぎれそうになる毎日だった」

わずか十日間で、彼は新しい契約に調印することになり、収入は７００％も増加した。突然フランクは、以前よりも多くの収入を稼ぐようになっていたのである。

二年も経たないうちに、フランクはセントルイス・カージナルスに抜擢され、三塁手になり、さらに三十倍もの収入を確保することになった。これはたったひとつの感情の変化がもたらす威力である！

たったひとつの感情の変化でも、収入を三十倍に増やす力があるのだ！

クビになるより、自分の仕事にくびったけになれ！　ネズミではなく、ライオンになる。人生は一度きりだという噂はあるが、せっかくなら精一杯に生きてみてはいかがだろうか。収入が増えるかも知れない。楽しみは倍増するに違いない。

ある意味で、感情は風に似ている。腕のいい船乗りは、どんな風が吹こうが、それを行動の源として活用している。

怒りは強力な**動機づけ**になり得る。それは、「今のままではダメだ！」と叫ぶ限界まであなたを押してくれるものになるからだ。「私の人生は今すぐ変わるのだ！」と言わせる力になり得るものである。

同時に怒りは**麻痺状態**を引き起こすものにもなり得る。多くの人は、怒って、今いる状態に行き詰まってしまう。そして、人間関係における問題解決ができなくなる。つまり、行動をもたらす感情ではなくなり、麻痺を引き起こす感情になってしまうのだ。

大切なのは、腕のいい船乗りになることである。どんな感情を経験していても、それを活かし、行動力の源にすることができる。

私のイタリア人の親友が、大好きだった彼氏と別れたことで憂鬱になっていた。そこで、彼女にその感情を受け入れて、それを活かすように提案した。すると彼女はその憂鬱を創造力の源に変え、自分のふられた経験を感動的な歌にまとめた。その歌はＣＤになり、今私は毎日車の中で聴いている。

夢を実現する原動力として、感情を活かそう！

チョコレート・チップ・クッキーの教訓、感情のレシピ

その時々の感情を行動力の源として活用することは大切である。しかし、その感情によって、麻痺し、行動ができない状態に陥ってしまっていれば、別のアプローチが必要になる。

誰もが、自分の本当の能力を発揮できなかった経験はあるだろう。自分はもっとうまくできる

はずなのに、どうしてもその通りにできない。これは状態の問題であるのだ。

自分の状態がいいときは、持っている知識、スキル、能力のすべてを最大限に活かすことができる。いや、実力以上のこともできるのだ。しかし、自分の状態が悪いときは、その能力を出せなくなる。

そうなったとき、自分の状態、自分の感情をプラスの方向に転換させる方法を知っておかなければならない。

あるとき、私はセミナー講師になるように努力している青年を指導するように頼まれた。彼は賢く、人々に伝えたい豊富な知識も持っていた。愛想もよく、皆から好かれる性格だった。しかし、たったひとつの問題があった。聴衆の前に立つとき、彼は頭の中が真っ白になるのだった。彼は「バカ」だったというわけではない。ただ、聴衆の前に立つと、「バカの状態」に陥ってしまうのだった。

そこで、彼に本章で紹介している、状態を変えるための戦略を教えることにした。その結果、彼は尊敬される講師となり、翌年には一億円以上の講演料を稼ぐことができるようになった！

感情のコントロールができるようになれば、夢の人生を手に入れることができる。

実を言うと、感情のコントロールは**チョコレート・チップ・クッキー作り**と非常に似ている。

レシピがあるのだ。特定の感情を作るには、特定の材料が必要である。チョコレート・チップ・クッキーを作ろうと思っているのに、泥焼きみたいなものになっていれば、使っている材料を変えなければならない。材料を少し変更するだけでも、味が大きく変わるだろう。

セミナーの席で、私は次の言葉を口癖にしている。

「答が分からなければ、答はVAK（視覚、聴覚、触覚）である！」

人間が生み出す結果はすべて、五感を使って生み出している。そして、この五感のうち、最も大切なものは、視覚（V）、聴覚（A）、そして触覚（K）なのである。人生のあらゆる側面において、結果を生み出すのは、このVAKの使い方であり、感情も例外ではない。

答が分からなければ、答はVAKである！

感情作りの材料は何か

チョコレート・チップ・クッキーの材料が小麦粉、バター、砂糖、卵、ベーキングパウダー、チョコレート・チップだとすると、感情の材料は、焦点（V）、言葉（A）、そして身体の使い方（K）なのである。

本章では、それを逆の順番で説明することになるが、順番は関係ない。このうちのいずれかの要素を少しでも変えれば、あなたの感情が一瞬にして別のものに変わり、あなたのアクセスできる知識や能力に大きな変化が表れる。

感情の材料は焦点（V）、言葉（A）、身体の使い方（K）である。

エモーションはモーションから来る

英語で感情のことをEmotionという。そして、このEmotionという言葉の語源はMotionである。そう、Motion、つまり動きがすべての感情の元なのである。感じる気持ちはすべて、まず身体の中で感じている。

うつ状態になっている人を見たことがあるだろうか。その人はどのように見えただろうか。この質問自体は、感情がまず身体の中で表現されることを意味している。おそらく、その人の肩は垂れ下がり、頭は下向きになり、背中を丸めて、呼吸は浅かっただろう。つまり、文字通りに落ち込んでいる。だからそう感じるのだ。

頭を下げて、肩も落とし、背中を丸めるとき、呼吸が阻害される。酸素を取り入れることもできなくなる。気分が悪いのは当然だろう！

次に落ち込むことがあったら、スキップしてみてごらんなさい。私は、セミナーで〝うつの人〟を壇上に呼び、「スキップしてごらん。スキップしているときにうつを感じることができれば、十万円を差し上げましょう」とチャレンジさせたことが何回もある。しかし、いまだに一度たりとも、支払う必要はなかった。

スキップの動作と憂鬱の感情はどうしても相容れないものだ。一緒には機能しない。レシピが間違っているのだ。

ここでも、モデリングの手法が大きく役立つだろう。パワフルな人の身体の使い方を自分のものとして取り入れれば、その人が持つすべての感情を一瞬にして自分のものにできる。姿勢、筋肉の緊張度合い、呼吸の仕方、動き、動作のスピードのすべてが、レシピの変化であり、レシピが変われば、新しい感情を味わうことができる。

退屈な人生を歩んでいる人は、退屈な身体の使い方をしているにほかならない。新しい動きをすれば、新しい人生を手に入れる。

今、自分の身体を動かしてみてほしい。どのような動きをすればパワーと自信が感じられるだろうか。力強さと行動力を感じるときは、どのように立ち、どのような姿勢で、どのような動きをするだろうか。動きのスピードはどうだろうか。呼吸はどうだろうか。顔の表情はどうだろうか。実際に試してみてほしい。頭の中で考えていただけでは、この概念の計り知れない力を理解するようにはならない。身体で体験しなければならないのである。

私にパワーを感じさせてくれる身体の使い方の特徴は……

次はリラックスを感じられるようにしてください。身体の使い方はどういうふうに変わるだろうか。表情や呼吸、動きのリズムなどはどうだろうか。立つだろうか、座るだろうか、それとも横になるだろうか。実際に試して、最高にリラックスした気分が得られるまでやってみてほしい。

私にリラックスを感じさせてくれる身体の使い方の特徴は……

どんな感情も、特定の身体の動き方と関連づけられている。単純だが、パワフルな概念だ！　この考え方に抵抗する人もいるだろう。まるで「そんな簡単にしないでよ！　私は今の醜い感情に浸っていたいのだ。憂鬱でいるのが好きだから放っておいて。なぜ私からそれを奪おうとするのか」と言っているようである。

簡単過ぎて、ごめんね！　しかし、感情はそういう仕組みになっているから、仕方がない。結局のところ、動きを変えれば、感情も変わる。そして、あなたの動作すべてがあなたのコントロール内にあるのだ。それはあなたの身体である。気分転換に使ってみてはいかがだろうか。

感情（Emotion）を変えるために、動き（Motion）を変える！

あなたの使っている麻薬は何か？

身体の中で起こる**生物化学の反応**も私たちの感情に影響している。定期的な運動がもたらす最大の恩恵は感情面だというふうに報告されているのも不思議はない。定期的な運動は、体内の生物化学反応をすべて変えるからである。食べ物にも同じような作用がある。

多くの人は、食べ物を**麻薬**として悪用している。何かを食べれば、自分の状態が変えられるということを知っているからだ。だから、落ち込んだら、ジャンクフードに飛びつく。多くの人が恋人と別れたらチョコレートに走るというのもこのせいである。

アルコールやタバコも、状態を変えるために多くの人が悪用している麻薬である。テレビやビデオゲームも麻薬にしている人がいる。漫画やくだらない小説も麻薬になるし、ポルノなどの破壊的な汚物に目を向けて、自分の状態を変えようとしている人もいる。長期における夢の実現に貢献しないものを自分の状態を変えるために使っていれば、それはすべて麻薬である。

このように麻薬に頼ることの問題点は、一日の終わりになったところで、自尊心がなく、自分の状態を変えるために、また何かしらの食べ物やそのほかの麻薬に目を向けなければならないということだ。

あるとき、私のセミナーでボランティア・スタッフとして働いているひとりの若い女性が、過食症で悩んでいると打ち明けてくれた。それは彼女にとって、まるでひとつの儀式になっていた。

家に帰ると、まずは、「何か食べたいな……」と考え始める。そこで、準備として着替えるようにしている。そして、台所に行き、冷蔵庫の中身を確認し、きれいに整理してから、冷蔵庫の前に座り込み、正座しながら冷蔵庫の中のものを全部食べるのだ。

この儀式によって、彼女は生活の痛みから逃げようとしていた。つまり、麻薬なのだ。そしてその最大の痛みとは、自分自身のことを好きになれないでいたということである。さまざまな摂食障害で悩む人のほとんどは、これと同じ状況だと言える。

そこで私は、彼女が自分のことをまた好きになれるように仕向け始めた。

あなたにも自分のことが好きになってほしい。自分のことを大事にしてもらいたい。あなたは神様の輝かしい子供なのだ。今のあなたは、先祖が一生涯を過ごした唯一の証拠なのである。あなたは無限の可能性を秘めている。あなたは私の大切な友達なのであり、あなたは気がついていなくても、社会の中で多くの人々から必要とされている。人間は素晴らしい！　あなたは素晴らしい！　麻薬をやめよう！

感情を変えることは簡単である。身体の動きを変えるなり、健康的な食生活によって体内における生物化学反応を変えるようにすればいいのだ。

麻薬を取るのをやめよう！
パワフルに動き、水一杯でも飲むようにしよう！

言葉は感情の増幅器である

私たちの感情の多くは、言葉によって引き起こされる。

「私は疲れていて、死にそうだ」とか、「腹が減って、馬一頭でも食えそう」というような言葉を耳にしたことはないだろうか。言葉そのものが、疲労感や空腹感を高めているのである。

言葉は感情を引き起こす強力な引き金になる。言葉を聞くと、その言葉は私たちの中に反応を引き起こし、私たちの焦点をコントロールし、また私たちの身体の使い方にも影響を及ぼす。

人間は、一貫性を保つ非常に強い欲求を持っている。そこで、感情が言葉と合致しないときは、潜在意識がすぐにあなたの感情をその言葉に合わせ始める。

言葉は状態の引き金となる。

「お元気ですか」と聞かれたとしよう。「まあまあだ」と言うのと、「ごっついええ気持ちやねん！」と言うのとでは、まったく感情が違ってくるだろう。

「どんな気分ですか」と聞かれるたびに、「最高です。生きていることはエクスタシーそのものだ！」と答えるようにしていたら、どうなるだろうか。いつも「まあまあだ」と言っている人とは、まったく違う気持ちになるということだけは保証してあげよう。

言葉が私たちの**感情の増幅器**として機能している。一瞬にして私たちの感情を強めたり、弱めたりする力を持っているのだ。

言葉は感情の増幅器である。

大切なことは、自分にとってプラスになる感情を強める言葉を選ぶことであり、行動をできなくさせるような感情を和らげてくれる言葉を探すようにすることである。

数カ月前、私は東京の八王子市でセミナーの準備に取りかかっていた。ステージを作り、照明を吊るし、ビデオやコンピュータ制御システムを設置した。絵を描くのも趣味のひとつなので、私はステージの後ろにかける背景用のカンバスに模様を描き、ちょうど仕上げたところだった。

それを吊るすために、カンバスの上部に沿って穴を開け、糸を通す作業をしていた。そこで、私は一瞬注意をそらして、誤って自分の指に穴を開けてしまった。

私が使い始めた言葉は想像できるだろう！

スタッフのひとりが寄ってきて、言った。

「しばらくはかゆいでしょうね」

「かゆい？　誰がかゆいなんて言った⁉」

その言葉が私のパターンを中断させた。ちょっとしたかゆみを考えることは、強烈な痛みを考えることよりもずっと楽だった。驚くことに、すぐに痛みが引いて、仕事に戻ることができた。


結局のところは、肉体的な痛みもひとつの感情に過ぎない。すべてが脳の中の現象である。考えてみてほしい。痛みは手で感じているのではない。もし脊髄《せきずい》が切断されたら、一日中、自分の手に穴を開けていても、何ひとつ感じないだろう。手の神経から来る情報が脳に伝送され、その意味を解釈しているだけだ。経験を描写するために使う言葉は、経験そのものになる。

経験を説明するために使う言葉がその経験になる！

最近、私の友達のひとりが恋人と別れた。彼女はしばらく冷静だったが、徐々に、自分の気持ちを強烈な言葉で訴え始めた。そして、そういう言葉を使えば使うほど、彼女はさらに落ち込み、十分間もしないうちに、自殺するしかないと思い込むほどになった。

彼女は次のような言葉を発していた。

「私はダメになった。私の人生は終わりだ。私は彼にとって単なる公衆便所に過ぎなかった」

それは強烈な言葉だ！　強烈な言葉を使えば、強烈な気持ちを感じる。その感情が自分にとってプラスになっていれば、素晴らしいことだが……。

彼女は悪い経験を強烈な言葉で表現したが、良い経験を強烈な言葉で表すこともできる。

単調な言葉を使っていれば、単調な毎日になる。しかし、楽しい言葉を使うようにすれば、楽しい日々を送ることができる。


私の事務所で働いていた若者のひとりが「熱いっす」とか「マジっすか！」とか「すげぇー！」というような言葉を口癖にしていた。多くの人は自分や周りの人の感情を高めるために、いわゆる俗語を使っている。自分を素晴らしい気持ちにさせてくれる言葉のコレクションを作り始めてほしい。

「いけるぜ、ベービー！」「ごっつぇえ」「最高！」「エクスタシー」「セクシー過ぎる」などの言葉を聞くと、あなたはどのような気持ちになるだろうか。


自分を素晴らしい気持ちにさせる言葉は……

ここで言いたいことは簡単である。自分にとってプラスになる言葉を選ぶことだ。自分が望んでいる感情を引き起こす言葉を使うようにしよう！

望んでいる感情を引き起こす言葉を使うようにしよう！

強い文章は名詞と動詞から

私は社会人になりたての頃、数年間コピーライターとして働いていた。つまり、私の仕事は、他人の感情を引き起こす言葉を書くことだった。感情は人の行動する理由だからである。広告業界にいる人なら誰もが知っていることだが、消費者の感情を引き出すことができれば、物が売れるというわけだ。

コピーライターは当然文章を書くわけで、私は自分の文章力を高めるために相当な時間と労力を費やした。

当時、私は母からクリスマス・プレゼントとして『The Elements of Style（正しい文章の基本要素）』という小さな本をもらった。それは、より良い文章を書く知恵がつまったまさに金脈だった（編集者は、私がそれを実際に読んだかどうか疑っているだろうが……）。

この本に、「強い文章は**名詞**と**動詞**から構成されている」という興味深いアイデアが書かれてあった。形容詞は、本当に言いたいことを表す名詞や動詞が見つからないときや、事実を調べるだけの努力を怠ってしまっているときに使われるものだという。


ガンジーはいい人だったと言わないでほしい。彼は、南アフリカでインド人を差別する法律に反対し、インドに帰国してから、共同社会を築き、農民の間に暮らし、自分の手で織った一枚の布を身にまとい、無抵抗と平和主義を説き回り、断食の力だけで内乱を止め、自分の信念のために繰り返し逮捕された。そしてひとりの力で、血を流すことなく、三億人ものインド人をイギリスの支配下から解き放った。また最後に、ヒンズー教はイスラム教に優るということを主張しようとしなかったから、ヒンズー教の過激派に暗殺された。それを教えてほしい。そうすれば、彼がいい人だったということぐらい、自分で判断できるのだ！


歴史の中で大勢の人々の行動を引き起こした強烈な言葉について考えてみてほしい。

「私には夢がある」

「追いつけ、追い越せ」

「国が自分のために何をしてくれるかを問うな。自分が国のために何をしてあげられるかを問え」

「もし私たちが一緒に取り組まなければ、別々に首吊りにされる」

「私に自由を与えてください。さもなければ死を与えてください」

これらはすべて名詞と動詞で成り立っている。形容詞はひとつもない。

形容詞を使うときは、次のように単刀直入な使い方をすることである。

「これは、イギリスの最良の時だった」

「国境の長いトンネルを抜けると雪国であった」


人を動かすためには、名詞と動詞を使うことだ。

比喩表現の力：人生はパーティーである

第二のステップでも触れたが、**比喩表現**も私たちの気持ちに多大な影響を与えている。

「○○は△△のようだ」と言うときは、比喩を使っている。歴史上で最もインパクトを与えたリーダーたちは、人々の感情、人々の状態を変えるために比喩表現を使ってきた。

シェイクスピアは「全世界は舞台である」と言った。彼は比喩を使っていた。

ケネディ大統領は、「松明《たいまつ》は、新しい世代のアメリカ人に渡された」と発言した。彼は比喩を使っていた。

イエス・キリストは「私に付いて来なさい。私はあなたを人をとる漁師にしよう」と言った。彼もやはり比喩を使っていた。

ヒトラーは自分の人生を「我が闘争」と呼んだ。人生を闘争と呼ぶのは、比喩である。

比喩は感情に大きな影響を与える。ここでの鍵は、自分を支える比喩を選ぶことだ。

あなたが次のように言ったとしよう。

「私は八方ふさがりだ。完全に壁にぶち当たっている。人生はひとつの長い試練だ。学校はまるで牢獄だ。家庭は戦場である。子供たちは怪物だ。私の職場は地獄だ。恋愛関係は落とし穴だらけ。私の人生は大きな事故である。上司は悪魔。この締め切りは殺人的。まるで喉に突き刺さる短剣のようだ。この食事はまるでドッグフードのようだ」

このような比喩表現は消極的な感情を引き起こし、またそれを強めてしまうものである。しかし、それは自分の人生を成功に導く上でまったく役に立たない。

これらの比喩を次のように変えてみたらどうだろうか。

「私は新しい地平線を見つけている。壁を乗り越えた。人生はパーティーだ。学校は学習の遊び場だ。私の家庭は幸せの実験の連続だ。子供は天使だ。職場は地上の楽園だ。変愛は心のリゾートだ。人生はギフトだ。上司はチョコレートの箱のようだ。いつも何が出るか分からない。この締め切りはスポーツのコーチと一緒、私にとって素晴らしいチャレンジを与えてくれている」

まったく違う感情が出てくることは、間違いないだろう。

レーガンがアメリカ大統領だった頃、彼の人気は記録的なものになっていた。共和党の人たちはもちろんのこと、多くの民主党の有権者たちも彼に深い愛と支持を寄せていた。

レーガンは比喩を使う名人だった。あるとき、彼は「丘の上の輝かしい街」と題されるスピーチを行なった。これはアメリカを描写するために使った比喩である。国民は誇りを持ってそのスピーチを聞き、さらに支持率が上昇した。

ちょうどそのとき、民主党は大統領予備選挙のコンベンションを準備していたが、大きな問題がひとつ浮かび上がってきた。誰もレーガンを批判する演説をしたがらないということだった。それだけ人気のある指導者を批判することは、政治的自殺行為と見なしていたからである。

最終的に、ニューヨークの市長マリオ・クオモがその役割を引き受けることになった。優れたリーダーだった彼は、比喩表現が持つ計り知れない影響力を理解していた。

クオモ市長のスピーチは、「二都物語」と題された。彼は次のように国民に訴えた。

「確かにアメリカの一部は丘の上の輝かしい街になっています。しかし、残念なことに私たちのほとんどがその街に入れないでいるのです。

アメリカには、もうひとつの街があります。レーガン大統領はその街のことをご存じではないようです。それは貧しい人たちの住む街。教育の機会が得られていない人たちの住む街。失業に悩む人たちの住む街。犯罪やドラッグが蔓延する大都会で、家族を何とか育てようとしている人たちの住む街なのです。民主党はこの街を理解し、そこに住む人たちを代表しています」

なんと天才的な比喩表現なのだろう。

自分にプラスになる比喩を作り出そう！

比喩表現そのものを変えないで、逆にそれを利用し、自分自身や他人の人生に大きな変化をもたらすこともできる。もしあなたが「壁にぶち当たっている」なら、「その壁のドアを見つけて通り抜ける」ことができる。あるいは、「はしごを使って乗り越え」てもいいだろう。

プラスの言葉、マイナスの言葉

合氣道では、言葉にどれほどの力があるのかを示すための面白い実験がある。

ひとりの人は自分の腕をまっすぐ身体の前に伸ばす。するともうひとりの人が、両手を使いながら、その腕を曲げようとする。もし二人とも同じくらいの体格であれば、腕は簡単に曲がる。当然、二本の腕は一本の腕よりも強いからだ。

それから、実験が繰り返される。今度は、最初の人は腕を伸ばすときに、強く**「はい」**という肯定的な言葉を発声する。このとき、もうひとりの人がどんなに力いっぱい頑張っても、腕は曲がらない。

実験は三度繰り返される。今回は、腕を伸ばす人は、**「いいえ」**という否定的な言葉を言いながら腕を伸ばす。すると、腕はいとも簡単に曲がってしまうのである。

これは友達と簡単に試すことができる。

私はセミナーのステージ上で何度もこの実験を行なっている。そして、どんなに小さな、か弱い人でも、肯定的な言葉を使うだけで、自分の腕が曲がらないようにすることができる。

考えてみてほしい。たったの一言だけでも、私たちの肉体的な力を倍増させる、もしくはそれを半減させるほど大

四人の男性がプラス思考になっている著者の腕を曲げようとする。

きな力がある。

自分の生活に大変革をもたらしたいと思うのであれば、簡単なチャレンジを引き受けてもらいたい。三十日の間、自分の会話からすべての否定的な言葉を追放し、何が起こるのか試してみることである。これだけでも、この本の価格をはるかに上回る価値がある。これはあなたの人生を変えるチャレンジなのだ。

非現実的になったり、楽天主義になったりするように勧めているのではない。ただ単に、自分の感情、自分の状態には人生を方向づける力があることと、言葉には私たちや他人の感情に多大な影響を与える力があるということを理解するように勧めているのである。

自分の言葉を変えることは、自分の人生を変えることなのだ。

肯定的な言葉を使う道を選ぼう！

成功させる魔法の言葉、それはインカンテーション

言葉の影響力は非常に大きい。聖書には、「初めに言葉があった。言葉は神とともにあった。言葉は神であった。すべてのものはこの言葉によってできた。できたもののうち、この言葉によらないものはひとつもなかった」という一句がある。また日本語では、昔から**「言霊《ことだま》」**という言

葉があり、言葉の力の大きさを示している。

また、科学を長い間勉強していれば、現象をコントロールする第一のステップは、その現象に**名前**を与えることであると学ぶだろう。

つまり、どういうふうにみても、言葉には計り知れない力と影響力があるのだ。

私は、企業の経営者たちを指導するとき、次のような質問を投げかけることがある。

「言葉だけで、一週間以内にあなたの会社を完全に破壊させることができると思いますか」

しばらく考えてから、ほとんど全員が「はい、できるはずだ」と答える。

考えてみてほしい。もし社長が朝から晩まで、会う人すべてにネガティブなことばかり言っていたら、どうなるだろうか。

「当社はもうダメだよ。出て行け！　君には価値がない。うちは間違いなく倒産するよ」

どうなるかは明らかである。言葉の力だけで、ほんの数日間で会社をつぶすことができる。

英語のことわざで、「棒と石は私の骨を砕くことができる。しかし、言葉が私を傷つけることはない」というものがある。聞こえはいいが、嘘なのである。

次に私はこう尋ねる。

「もし否定的な言葉だけで会社をつぶすことができるとしたら、肯定的な言葉を使ったらどうなると思いますか。肯定的な言葉を使うだけで、会社の業績と組織文化に抜本的な改革をもたらすことができると思いますか」

言っておくが、指導先企業でこの原則を試している社長はいるが、結果は腰を抜かすほどのものだ。

中村天風は、『運命を拓く』において次のように表記している。

「いやしくも人を傷つける言葉、勇気を挫《くじ》くような言葉、あるいは人を失望させるような言葉、憎しみ、悲しみ、嫉《ねた》みの言葉を遠慮なくいっている人間は、悪魔の加勢をしているようなものだ！　そういう人間は、哲学的にいえば、自他の運命を破壊していることを、平気でしゃべっている。だから何遍もいうように、人々の心に勇気を与える言葉、喜びを与える言葉、何とも言えず、人生を朗らかに感じるような言葉を、お互に話し合うようにしよう」

言葉は私たちの無意識をプログラミングするための強力な道具である。繰り返し、感情を込めて、あることを自分自身に言い聞かせていれば、やがてそれを信じるようになる。そして、無意識が作動して、自分の信じていることを毎日の生活において現実化させる方法を探し始める。

何度も繰り返し自分自身に言い聞かせる言葉は**「インカンテーション」**と呼ばれる。このインカンテーションはまさにまじないであり、それには魔法がある。問題は、Incantation（私はできる！）というまじないになっているか、Incan'tation（私はできないよ！）というまじないになっているかである。あなたは常日頃、自分に**「できる!」**と言っているだろうか、**「できない!」**と言っているだろうか。

インカンテーションとは、繰り返し自分に言い聞かせる言葉のことである。

私は学生時代、航空技術を学ぶ機会があった。私たちは、航空学に照らし合わせて、ミツバチの羽が、飛ぶのに十分な面積がないということを発見した。何回計算し直しても結果は同じ。どんなに速く羽を動かしても、飛べるはずがない。問題は、誰もミツバチにその事実を告げていないということである！

インカンテーションは、**自己達成予言**になる。自分の習慣化している言葉をよく聞いてみてほしい。常日頃あなたが心の中で自分自身に言い聞かせているインカンテーションは、どのようなものになっているだろうか。周りの人たちはどのようなインカンテーションを繰り返しているだろうか。職場の同僚たちはどうだろうか。「そんなことはできないよ」とか「知るか。私の責任じゃない」とかいうような言葉をよく聞くだろうか。それとも、「素晴らしい。是非やってみよう！」とか「あなたの問題を解決してあげよう！」というような言葉を耳にするのだろうか。

私の今使っているインカンテーションのいくつかは……

毎日の力の儀式

ここで知ってもらいたいことは、あなたは自分の成功をサポートしてくれる、よりパワフルなインカンテーションを意識的に選ぶことができるということだ。

私はこの本を書こうと思ったとき、自分のモチベーションを引き上げるために、次のインカンテーションを打ち出した。

「私は作家である。知恵に満ちた言葉の数々が努力もなく私の手から流れゆき、魔法のごとく全世界に影響している」

私はそれが文字通り真実になるまで、何度も繰り返し自分自身に言い聞かせているのである。

スポーツでは、「なるまで、なっている振りをしろ！」とよく言われる。私は言葉を換えて言いたい。「なるまで言い続けることだ！」

インカンテーションは、強い感情を引き起こすものが望ましい。肯定的なものにすべきだということは、言うまでもないだろう。そして、望んでいる状態がすでに手に入っているものとして表現されている方が効果的なのだ。

最も強力で、人生を変える力を持つインカンテーションは、**「私は○○である」**といった、あなたの**アイデンティティ**そのものを表現するものである。

私たちは、**自己イメージ**に沿って行動する強い傾向がある。

自分のことを「世界をより良くする強力なリーダー」と見ていれば、そのような行動を起こす。もし自分のことを「凡人」だと見ていれば、またそのレベルで行動するようになるだろう。

そして、自分のことを「貧しい、社会の被害者」と思っていれば、その通りの結果を生活に現すだろう。それなら、自分のことを「たまたま銀行残高が減っている大金持ち」だと考えた方が、よほどましなのではないだろうか。

自分の生活を改善したいと望んでいるのであれば、あなたのできる最大のことは、自分自身のために新しい「アイデンティティ」をもたらしてくれる「インカンテーション」を作り、それを毎日繰り返し唱えるようにすることである。

実際に感情を込めて口に出して言える場所を確保してほしい。私は毎朝、ジョギングをしながら、行なうようにしている。あなたは、あなたなりの時間と場所を確保して頂きたい。

この**毎日の力の儀式**は、想像以上に人生を変えるものである。いくら強調しても、まだ言い足りないほどだ。

ここで私の毎日のインカンテーションを紹介しよう。これはあくまでもひとつの参考材料に過ぎない。あなたの場合は、あなたに合った、より素晴らしいインカンテーションを作るように強くお勧めしたい。自分の感情にぴったり共鳴するような言葉を探してほしい。

「私は健康である。私はパワーである。エネルギーとバイタリティーが一瞬一瞬において私の身体の全細胞から爆発している！」

「私は会社を率いる上で導かれている。私の会社が毎日、すべての面において、成長し、拡大し、改善している！」

「無限の財産、健康、幸福、愛が今私に流れ込んでくる！」

「私は発明者である。無限の創造性が私の人生に流れている。私は、地上で行なわれるすべての経済的取引の一部をロイヤリティとして受け取っているのだ！」

「私はリーダーである。神に導かれながら、私は、私が会うすべての人に祝福を与え、彼らの人生に貢献している!」

「無限の財産が苦労もなく私の人生に流れ込み、神の偉大なギフトの数々がつねに私の人生において現れる!」

私の友人であるピーター・セイジは、次のようなインカンテーションを使うことで、群を抜いた結果を出すようにしている。

「私は無敵である。私は何でもできる。私に限界はない!」

「私はできる。私は存在する。私はやる。私は絶対に成し遂げるのだ!
自分自身を完全に信頼しているからである。
私は強く、自分の人生を最大限に活かし、決して引退しない。
燃える情熱を持っているからである」

「私はジェダイの騎士であり、善を成し遂げる力である。
義務から行なうのではなく、愛から行なうのだ。
私は啓発された行動を取る。究極の人生を今作るために！」

今日、新しいインカンテーションをいくつか書いて、新しい人生を歩み始めてほしい。これらの単純な言葉を、感情を込めて、繰り返し言うならば、それは最も深いレベルであなたの無意識のプログラムの一部になる。そして、あなたのまさに全細胞が一緒になり、**外の世界**（あなたの生活）があなたの心の**内の世界**（インカンテーションで表現している言葉）に合うように仕向けてくれるのだ。

私の新しいインカンテーションは……

自分の焦点をどこに投資するのか

焦点はあなたが持っている最も大切なエネルギーである。そのエネルギーをどこに投資するかが最終的にあなたがどのような人生を歩むのかを決定づけることになる。

テレビドラマの登場人物の細々とした話を把握することや、テレビゲームをマスターすることに焦点を当てていれば、その分野の専門家になれる。夢を実現することとは何の関係もないかも知れないが、その結果は入手できる（今私がこの原稿を書いている時点で、毎週世界でおよそ一億人もの人が『Wheel of Fortune（運命の輪）』というテレビのゲームショーを見ている!-）。

外国語を学ぶことに焦点を当てれば、その言語でコミュニケーションが取れるようになる。

健康を向上させることに焦点を当てれば、その方法を見つけるだろう。

問題に焦点を当てれば、もっと問題が出る。

チャンスに焦点を当てれば、それが見つかるだろう。

現代経営学の父、ピーター・ドラッカーは次のように述べている。

「優れた経営者は問題を飢え死にさせて、機会に餌を与える」

焦点を当てているものは実現されるのだ。

1927年10月、アメリカの黒人の指導者マルカス・ガーベイは、『You and Me（あなたと私）』と題される考え深い詩の中で、焦点の大切さについて次のように書いている。

人生の重荷を大きくしている、
さまざまな問題を考えれば、

年が早く過ぎゆき、
私たちの悲しい運命の書に、終止符が打たれるように願うだろう。
しかし、ちょっと立ち止まり、
その反対のことを考えるようにすれば、
人生はすべて笑顔になる、
毎日生活しながら。

幸せを手に入れるために必要なことはたったひとつ、考え方を変えることである。つまり自分の焦点を変えることなのだ。


焦点の力を使って、ビジネスで得ている結果も大きく変えることができる。

アフリカに赴任した二人の靴のセールスマンについての有名な話がある。

最初のひとりがアフリカに到着して、すぐ本社に報告した。

「すぐ帰ります。ここでは靴を履く人は誰もいません」

もうひとりは次のように報告した。

「大変な市場を発見！　もっと在庫を送ってほしい。ここでは靴を履く人は誰もいません」

どこに焦点を当てるか、それだけである。あなたは問題に焦点を当てているだろうか、機会に焦点を当てているだろうか。結局のところ、焦点を当てているものは、経験することになる。

僧侶についての禅講話がある。僧侶はある日、家に向かう道を歩いていた。そして、村に近づいたところ、突然、どう猛な虎に襲われた。僧侶は必死に逃げ始めたが、肩越しに見ると、一匹ではなく、三匹の虎が自分を追いかけてくるのだった。

虎は僧侶を村から追い出し、やがて彼は断崖の上にぶち当たり、もう、どこにも逃げられなくなった。そこで、僧侶は虎に食われるよりも、崖から飛び降りることに決めた。

しかし、驚いたことに、彼の落下は、一本の蔓《つる》にさえぎられた。

僧侶はその蔓に必死にしがみついた。しかし、下を見ると、崖の下にはさらに三匹の虎が彼を待ち伏せている。「まったくの苦境だ」そう思うや否や、ネズミがちょうど上方の手の届かないところで蔓をかじっているのに気がついた。

彼が周りを見回すと、崖に生えている野生のイチゴが目に留まった。手を伸ばせば、ぎりぎり届きそうな位置だった。そして、ちょうど蔓がちぎれて、虎のところに落ちる前の瞬間に、彼は手を伸ばし、その野生のイチゴを口の中に入れた。

それで話は終わりである！

私は、この話を火渡りの行を世界的に行なっているトリー・バーカン先生から初めて聞いた。トリーは、この話は焦点についてのものであると説明している。僧侶はイチゴに焦点を当てることに決めたから、虎に食べられるという経験の実感はない。彼の注意は別のところに行っていたからである。

これは、私たちの毎日の生活と非常に深い関係がある。誰しも生活の中に虎を持っている。それは私たちの生活に起こる不愉快な出来事のことだ。自分に起こっている不愉快な出来事に焦点を当て過ぎるため、私たちは悲しくも野生のイチゴ（同時に起こっているさまざまな良いこと）を見落としてしまう。何に集中するかが問題なのだ。

不幸なことを探していれば、確実にそれが見つかるだろう。一方、良いことを探すようにすれば、それも必ずある。私たちは完全に自由であるが、このことを人に納得させることは難しい。まるでカモメの群れに向かって話しているように感じるだろう！

質問ひとつで人生が変わる

自分の焦点を導く最も強力な道具は、自分や他人に問いかける質問である。私たちは答や解決策を見つけるために質問を使っている。新しいアイデアを得るために質問をする。そして最も大切なことに、私たちは自分の焦点を導くために質問を使うことができる。

もし私が、「あなたの好きな犬は何ですか」と問いかければ、どうなるだろうか。突然、あなたは犬について考え始める。それまで、あなたは犬について考えていなかったことだろう。しかし、今では考えている。ひとつの質問が一瞬にしてあなたの焦点を変えている。

私たちは頭の中で、一日中、質問を投げかけて、それに答えるようにしている。たった今、あなたは頭の中で次のような質問をしていることだろう。

「ジェームスはここで何を言いたいのかな……」

「本当にそうなのかな……」

「この概念ってどのように活用できるだろうか」

「これは私のビジネスとどのような関係があるのかな……」

「本当にそれほど簡単なことなのだろうか」など。

問題は、ほとんどの人は、自分の使う質問を意識的に選んでいないということである。朝起きたときに、一番最初にあなたが自分に投げかける質問は何だろうか。

「もう七時？」

「本当に起きなきゃいけないの？」

「今日は何をしなければならないのかな……」

「もう月曜か、まじかよ?」

「今日、部長はどんなくだらない仕事を頼んでくるのかな……」

これらの質問はあなたの本当にほしい焦点を生み出してくれるだろうか。仕事で問題が起きたとき、あなたはどんな質問をするだろうか。

「どうしてこんなことがいつも私に起こるのかな……」

「これは誰の責任なんだ……」

「これは誰かにやってもらえないかな……」

「こんなに忙しいのに、どうしていつもこんなことばかり起こるのだろうか」

「どうしてうちの社員はいつも間違いばかり犯しているの?」

「どうすれば自分の立場を守って、この問題の責任から逃れることができるだろうか」

より効果的な質問を意識的に選択し、それを習慣化するときなのではないだろうか。

ここで二つの質問のリストをあなたにプレゼントしてあげたい。

最初のリストは**「お目覚めの質問」**と呼んでいるものである。これは、あなたが目覚めたときに毎朝使うためのものだ。それを洗面所の鏡に貼ってほしい。毎朝声に出して実際に問いかけて、実際に答を出す時間を取ってもらいたい。このたったひとつの単純な習慣が文字通りにあなたの生活に大変革をもたらす。あなたの焦点を変える力がここにあるからだ。

二番目のリストは、**「ビジネスにおける問題解決の質問」**といって、仕事上で活用できるものである。これは、どんな状況になっても短期間で問題を解決し、仕事を次のレベルまで持っていくための道具なのだ。

最も優れたコンサルタントは、より優れた答を持っているというわけではない。より優れた質問を持っているのである。

お目覚めの質問

1. 今、私は何を感謝しているだろうか。
2. 今、私の人生のどこが素晴らしいのだろうか。
3. 今、私であることはなぜ素晴らしいのか。
4. 誰が私を愛し、私のことを大切に思ってくれているか。
5. 私は誰を愛し、誰を大切に思っているか。
6. 今日、私は誰を助けるか。その人のために何をするか。
7. 今日、自分の人生をより素晴らしいものにするために、私は何をしたいのだろうか。
8. 今日、最も大切なことがひとつだけあるとすれば、それは何だろうか。

9. それを突拍子もなく楽しむために、どうするか。
10. 必ず成功すると分かっていたら、私は何に挑戦するか。
11. 今日、自分自身を最高の状態に保つために、何をするか。
12. 今日、私は自分と他人にどんな贈り物を与えるだろうか。どんな思い出を作るだろうか。

ビジネスにおける問題解決の質問

1. 顧客を完全に喜ばせるために何ができるだろうか。
2. どうすれば単に注文をとるだけでなく、顧客との新しい関係が築けるだろうか。
3. この状況の何が素晴らしいか。どのようにそれを活かすことができるか。
4. どうしたらこの状況を楽しむことができるだろうか。
5. 競合相手を狂いそうなほど嫉妬させるために、どんな商品の特徴やサービスを加えることができるだろうか。
6. 私たちがどのようにすれば、この出来事を誇らしげに自分の子供たちに話せるようになるだろうか。ここでどんな貢献を遺したいと思うのだろうか。
7. このプロセスをどうすればもっと簡素化できるか。
8. どのようにこれをシステム化し、つねに同じ質の高い結果が出せるようにするのか。

9. どうすればさらに高い価値を提供することができるか。
10. さらにいろんな資源にアクセスし、もっと大きなスケールで行動するために、どうするか。
11. どうしたら、これをさらに改善できるか。
12. どうすれば、関係者全員にとってＷｉｎ（やって良かったと思う状態）にすることができるだろうか。

これらはとても強力で、役立つ質問ばかりであり、習慣化していけば、大きくあなたの役に立つだろう。しかし、もっと大切なことは、自分で効果的な質問を作り、それを使って自分の焦点をプラスの方向に転換させるようにすることである。

あなたは今までどういう質問を自分自身に投げかけてきたのだろうか。もっと素晴らしい質問として、どういうものが考えられるだろうか。

私がいつも自問している消極的な質問は……

私の新しく、より建設的な質問は……

感情ある人生の勧め

感情は人生そのものである。あなたがほしいものはすべて、突き詰めて言うならば感情なのだ。どんな感情も力の源になれる。それを使ってほしい。そして、自分の感情が力の源になっていなければ、その感情を違うものに転換させて頂きたい。

感情を変えることは簡単だ。身体の使い方（K）を変える。使っている言葉（A）を変える。よりプラスになるような言葉や比喩を使う。焦点（V）を変えるために新しい質問をする。それだけ簡単なことだ。それだけ強力なことだ。そして、それだけあなたの人生にとって、重要なことであるのだ。

著者のセミナーで参加者たちが自分の感情を変える。

自分の望んでいる感情を経験しながら人生を送るようにしよう！

この章で学んだこと

この章で学んだ重要ポイントは何か。

どんな決断を下したか。

今すぐ、どんな行動を取るか。

付録

あなたの目標心拍数は?

☆自分の目的に合った心拍数で運動しましょう。

"健康増進、ダイエット、体力アップ、スタミナ作り"
最大心拍数の65%～85%が最適。

●最大心拍数=220－自分の年齢

年齢	最大心拍数	最大心拍数の65～85%	年齢	最大心拍数	最大心拍数の65～85%	年齢	最大心拍数	最大心拍数の65～85%
20	200	130～170	42	178	116～151	64	156	101～133
21	199	129～169	43	177	115～150	65	155	101～132
22	198	129～168	44	176	114～150	66	154	100～131
23	197	128～167	45	175	114～149	67	153	99～130
24	196	127～167	46	174	113～148	68	152	99～129
25	195	127～166	47	173	112～147	69	151	98～128
26	194	126～165	48	172	112～146	70	150	98～128
27	193	125～164	49	171	111～145	71	149	97～127
28	192	125～163	50	170	111～145	72	148	96～126
29	191	124～162	51	169	110～144	73	147	96～125
30	190	124～162	52	168	109～143	74	146	95～124
31	189	123～161	53	167	109～142	75	145	94～123
32	188	122～160	54	166	108～141	76	144	94～122
33	187	122～159	55	165	107～140	77	143	93～122
34	186	121～158	56	164	107～139	78	142	92～121
35	185	120～157	57	163	106～139	79	141	92～120
36	184	120～156	58	162	105～138	80	140	91～119
37	183	119～156	59	161	105～137	81	139	90～118
38	182	118～155	60	160	104～136	82	138	90～117
39	181	118～154	61	159	103～135	83	137	89～116
40	180	117～153	62	158	103～134	84	136	88～116
41	179	116～152	63	157	102～133	85	135	88～115

第三部

成功のサイクル

The Success Cycle

Step 5

望む結果を明確にする（目的）

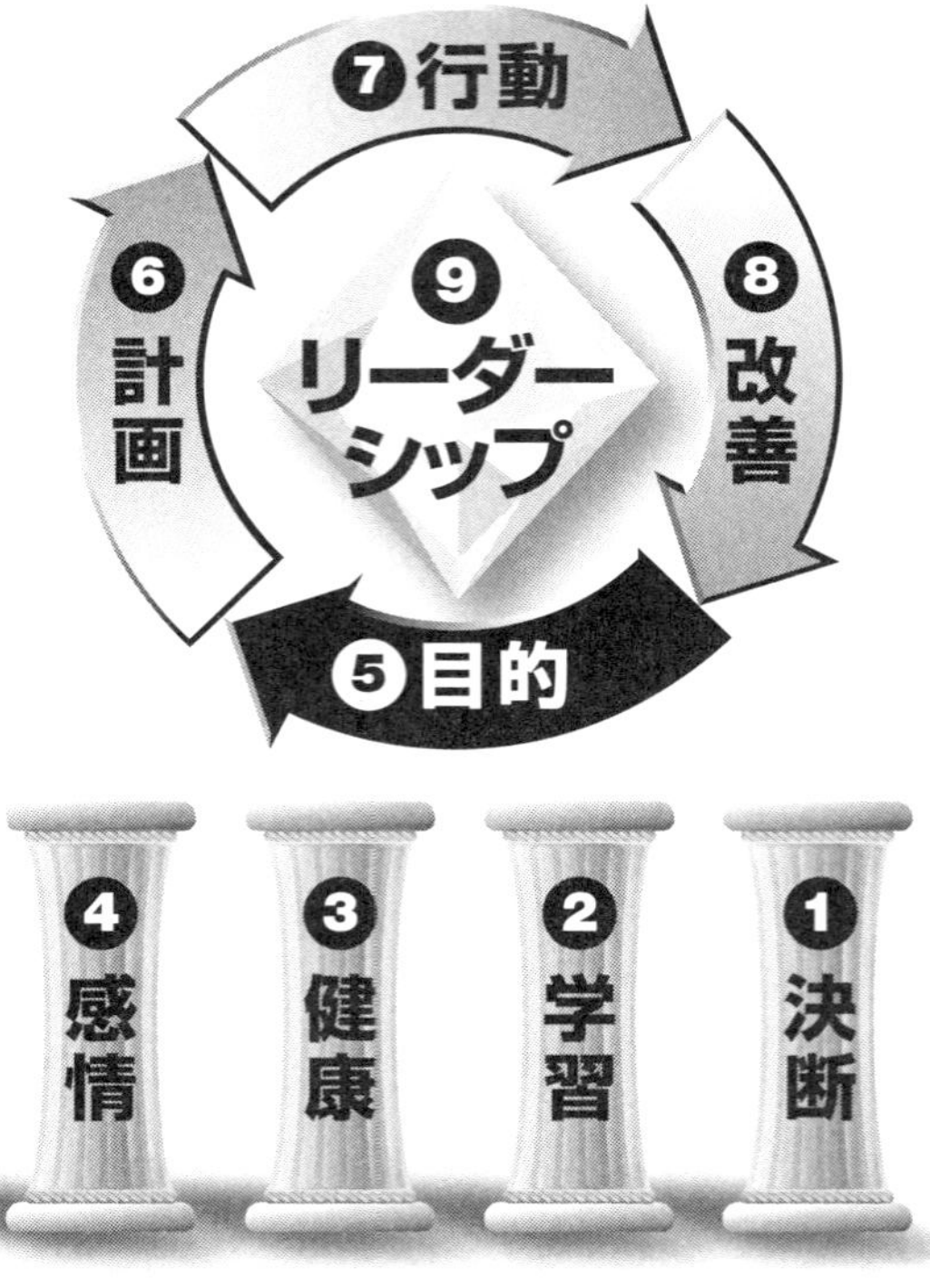

明確さは力である。自分が求めていることを明確にすることは、実際にそれを手に入れる第一歩である。旧約聖書には、「ビジョンのないところでは、民が滅びる」という一句がある。これほど真実をついた言葉はない。ただ、「ビジョンが明らかになれば、民が栄える」ということを言い忘れている。今、ビジョンを明らかにするときだ。自分の夢を知るときなのだ。

「成功のサイクル」を回してみよう！

今までの章を通して、あなたはパーソナルパワーの基礎を築き上げた。決断の力を身につけた。今までの想像をはるかに超えるペースで学習する方法も学んだ。身体の健康とエネルギーを作り出す方法も体得した。また、どんな状況におかれても、自分の感情を活用し、それをコントロールし、力強い行動を起こす方法も学んできているのである。

あなたにはパワーがある。行動を起こし、結果を出すことができる。どんなに悪い状況に直面しても、自分のパーソナルパワーを発揮し、その状況を転換させることができる。どんな出来事についても、自分にプラスになるような解釈をすることができる。自分の健康を維持し、活気あふれる毎日を送ることができる。実行力はあなたのものだ。つまり、あなたは究極の人生を送るための基礎を身につけているのだ。

そこで、実際にこのすべてを実現させるための**プロセス**が必要になる。今、実際に自分の夢を明確にするときだ。重要事項を後回しにするのではなく、それを最初に行なうことができるための時間管理の方法を学ぶときだ。思い切った行動を取るときだ。そして、自分のアプローチを改善する方法を学ぶときであるのだ。

プロセスはチャンピオンの朝食であり、昼食であり、夕食である。あなたはまさに**「成功のサイクル」**を回し始めようとしている。このサイクルは、これから毎日、あなたが自分のパーソナルパワーを発揮するために使う道具なのである。

さあ、早速自分の望む結果を明確にする方法について学ぶことにしよう。

私が、自分の本当に求めているものは何なのかを初めて明らかにしたときのことを紹介しよう。当時、私は小さな広報製作会社を経営していた。技術の資料、会社のパンフレット、年次報告書やプレス・リリースの製作、翻訳などの業務を行なっていた。

それはいい仕事だった。同年代の人よりも多くの収入を稼ぐことができていたし、多くの大企業からも仕事の依頼を受けていた。

そんなある日、個人の**ミッション・ステートメント**（個人の人生の目的を文章化したもの）を書くことを勧める一冊の本と出合った。

興味を持った私はペンと紙を取り出し、書き始めた。しかし、書けば書くほど、自分の毎日の生活は自分の本当に求めていた人生とは、何ら関係がないということを思い知らされた。私が本当にしたかったことは教えることだった。しかし、教えることでは、食べていけないと思って、諦めてしまっていた。教えることは夢だったが、それは不可能な夢のように思えていたのである。

ミッション・ステートメントを書いていると、自分が本当にしたかったことは、教えながら、生活に十分な収入を確保することだと気づき始めた。

二週間後、私は会社の顧客をすべてパートナーに譲り、永遠に広報業界に背を向けて、新しい人生の道を歩み始めた。

明確さは力である

明確さは力である。自分が求めていることが明確になれば、行動を起こすことは簡単である。あなたの人生が変わっていくスピードに周りの人たちが衝撃を受けるだろう。求めていることが明確になれば、あなたの生活が一種の芸術作品となり、無駄な動作がなくなる。

生活の出来事をすべてコントロールできるというわけではない。ただ、無駄がないということだ。たとえどんなことが起きても、自分の夢に最も近づくための行動は何なのかを考え、その行動を取る。そして、そのプロセスを楽しむということであるのだ。

自分は何がほしいのかを明確にせよ!

望む人生を求める勇気

アンソニー・ロビンズが、ボストンでの経験について次のストーリーを語っている。ある夜、彼は、遅くまでセミナーをしていて、そのセミナーが終了すると、歴史的でありながら近代的なその街を少し散歩してみることにした。

ちょうど街の広場を歩いていると、あるホームレス風の男性が彼に近寄ってきて、次のように言い出した。

「ね、旦那……二十五セントの貨幣一枚、分け与えてもらえねっすかね……」

ほとんどの人はこのような場面に遭遇したことがあるだろう。そこでアンソニーはしばらく考え込んだ。彼はその男性の生き方を肯定したくないという思いはあった、と同時に非常に心の大きい人間なので、不必要に苦しんでもらいたくないという思いもある。そこでこの男のためにできる最大のことは、彼に生き方が変えられるような教訓を与えることではないかと考えた。

アンソニーは自分の財布を手に取り、百ドル札を数枚取り出した。それを数え始めて、ふっと止まり、その男性を見ながら言った。

「あれ、二十五セントと言ったっけ？」

彼はその札束をたたみ、ポケットの中に戻し、その男性に二十五セントの貨幣一枚を手渡しながら言った。

「人生はあなたの要求に応える」

私はこの言葉についてよく考える。

「人生はあなたの要求に応える」

自分の求めていることが少な過ぎたり、また、不明確だったりするために、自分を安売りしてしまうということがなんと多いことだろう。

私の母は、机の上にひとつの詩を掲げている。作者は不明だが、その最後の一行を私は忘れることができない。

「彼は人生に多くを要求しなかった。人生は彼の要求に応えた」

あなたは人生に何を要求しているだろうか。

人生はあなたの要求に応える！

私のいとこのクリスティーヌは、この原則の名人である。十代前半の頃、彼女は父と二人でサンフランシスコに行ったことがあった。二人は路面電車に乗り、街を見て回り、「漁師の波止場」を訪れた。そこである店に入ると、彼女はとても魅力的な室内ブランコを発見した。彼女は父を見上げて、無邪気な表情で「これを手に入れるよ」と言った。

そのブランコは非常に高価なもので、教師の給料で娘のために買える代物ではなかった。二人は店を出て、旅行の続きを楽しんだのだった。

一年後、二人は再びサンフランシスコを訪れた。そこでクリスティーヌはまた父に言った。

「これから、ブランコを買いに行こう！」

「どういう意味だ？」

「去年見たブランコって覚えている？」

それからクリスティーヌは自分のポケットからその代金の全額を取り出した。彼女は一年間、ずっとそのお金を貯めていたのだった。

彼女は、ほしいものが分かっていた。彼女は目的意識をはっきりとさせていた。そして、それを実現した。そのブランコは何年もの間、彼女の部屋に吊るされた。そしてそれは、自分で実現した夢を誇る象徴になったのだ。

自分がほしいものを知り、それを実現せよ！

明確になれば、実現される

私は、長年にわたり、この原則について学んできている。求めていることが明らかになればなるほど、実現する可能性が高くなる。まるで神様が「ほしいものを言ってごらん、そうすれば、喜んで与えてあげよう」と言っているようである。

新約聖書には、**「求めよ、さらば与えられん」**という言葉が何度も出てくる。これは実に古い原則だ。

しかし、あなたのほしいものが明確になっていなければ、神様も、大自然も、無意識も、親友も、家族もそのほしいものを与えることが、どうしてできようか。

求めよ、さらば与えられん。

私は、何年間もメイドを雇いたいと思っていた。部屋の掃除は私にとって苦痛だし、何の満足感も得られない作業なので、散らかしたままになってしまうことが多い。あなたはどうかは知らないが、私は部屋が散らかっていると仕事がはかどらないし、その結果、自分の能率が低下し、自分の能力を十分に発揮できなくなる。

何年間もメイドがほしいと思いながらも、雇わずじまいだった。そこで、私は自分が何かしらの原則を破っているに違いないと思い立った。もしほしいものが得られていなければ、破られている原則は必ずあるはずだと、私は信じているからである。

そのことについて考えたとき、私自身、何を求めているのかを本当の意味で明確にしていないということを悟った。メイドを求めていたものの、どんなメイドに、何をしてもらいたいのか、また何を期待しているのかなど考えたことはなかった。

その頃、私はちょうどセミナーでこの原則を人に教えている真っ最中だった。そこで私は紙とペンを取り出し、セミナーの参加者たちと一緒に望む結果を明確にする作業に取りかかった。

「メイド。二週間に一度うちに来て、窓、台所、風呂を掃除し、掃除機もかけ、整理整頓《せいとん》をし、たまっている洗濯物を洗い、それを干してくれる」

このように書いた二分後、受講生のひとりが私のところに歩み寄ってきて、こう言った。

「私のメイドがもっと仕事をしたいと言っています。メイドを探している人を誰か知りませんか」

ほしいものを得ていなければ、もっと明らかにすることだ！

行動する前に、結果を知るべし！

ことを難しくする必要はない。明確さを確保する。望む結果を明らかにする。自分の求めている最終的な姿を知る。あなたは、この状況、この契約、この人間関係から、何を望んでいるのだろうか。今、そうなっていないことで、そうなってほしいと思っていることは何だろうか。

それを実現するために取ろうと思っている行動や使おうと思っている手段ではない。スケジュールでもない。結果なのだ。

多くの人は、実行項目と結果の違いについて混乱している。十人の顧客と会うことは、実行項目である。一億円の新規注文を取ることは、結果である。あなたが十人の顧客と会おうが、ひとりの顧客と会おうが、そんなことはどうでもいい。ひとりも会わなくてもいい。結果を得るために起こした行動は重要ではない。重要なのはその結果または成果である。

もっと分かりやすく説明しよう。もしあなたが机にただ座って、何もせずに一億円の契約が取れれば、それでも上司の私は喜んでいる。あなたが結果を生み出しているのだ。どうやって結果を生み出したかは知らないが、結局はあなたのやっていることが効果を発揮している。

ほとんどの人は、結果ではなく、活動を計画している。彼らはストレスの多い人生を歩むことになる。一日中行動しているが、充実感が得られない。なぜなら、成功の尺度を持ち合わせていないからだ。

行動ではなく、結果だ！

夢を実現するためには、結果を今までより、はるかに明確にする必要がある。そのためには、心の中で、頭の中で、その結果を見て、聞いて、感じなければならない。それが将来のビジョンなのか過去の記憶なのかが分からなくなるほど、鮮明にイメージを思い描くことだ！

私たちの心、私たちのマインドは驚嘆すべきものである。脳は「鮮明に想像したこと」と「実際に経験したこと」を区別することができない。自分は何がほしいのかを明確にすれば、無意識が自動操縦でそれを実現し始める。外の世界を、内なる世界、心の世界に合わせるのだ。

あなたは「そんなに簡単なはずないよ。もしそうなら、誰もが成功しているはずだ」そう言うことだろう。試してみてほしい。こんなに単純なのである。だからこそ成功する人はほとんどいないのだ。

周りの人に聞いてみてほしい。達成したい結果を紙に書き出し、それを定期的に見直している人はどれくらいいるだろうか。

今までの調査はすべて同じ結果である。**1％に過ぎない。**

そしてその1％が全社会のほとんどの財産を所有しており、人生のゲームに勝っている人たちであるのだ。

お金だけの問題ではない。ガンジーはインドを独立させるという明確なビジョンを持っていた。マーティン・ルーサー・キングは平等な市民権についての明確な夢を持っていた。ホー・チ・ミンは、統合されたベトナムの形成という明確なビジョンを持ち、そこにたどりつくために、世界最大の軍隊を乗り越えた。それができたのは敵軍であったアメリカが望む結果に対する明確なビジョンを持っていなかったからである。

事実、歴史上のすべての成功を研究すれば、これが共通要素であることが分かる。成功する人は、自分がしたいことを知っている。あなたはどうだろうか。

スティーブン・R・コヴィー博士は、「すべてのものは二度創られる」と言う。まず知的創造があり、次に物的創造がある。何かを実現しようと思えば、最初は頭の中でそれを作らなければならない。植えていないものは収穫できないのと同じように、このプロセスを逆にすることはできない。心にアイデアという種を植え、生活の中に夢という収穫を得よう!

その行動はどういう感情をもたらしてくれるのか

私たちが人生に求めているものはすべて感情である。しかし、私は、今までに感情そのもののために計画を立てるような時間管理のプロセスを見たことはない。人々は最終的にほしい気持ちを明確にすることなく、目標を設定し、人生を歩む。あなたの人生がエクスタシーや喜びの連続になっていれば、途中でひとつか二つの目標や実行項目が達成できなくても、気にならないはずだろう。

どんな感情を求めているかを明確にすれば、すべてが変わる。

二人の男性を想像してみることにしよう。二人とも時間管理をしっかりと実践している。二人とも良き父、良き夫になろうとしている。二人とも週末に家族旅行を計画しているし、手帳の中には「土曜の朝、午前七時、家族旅行」と書かれてある。

同じ役割、同じ目標、同じスケジュールである。

たったひとつの違いがある。二人のうちのひとりは、旅行から求めている感情を明確にしているということだ。彼は、旅行から家族との深い愛、リラクゼーション、楽しみ、愉快、平和、冒険を得る目的で計画している。

もうひとりの方は、そんなことについて考えたことはない。

二人とも六時半に起き、シャワーを浴び、出発の準備に取りかかる。しかし、案の定、子供たちはまだ起きてこない。二人の行動にどのような差が出てくるだろうか。夜と昼の差である！

男性1：「はい、そろそろ起きようかな……今日の旅行は楽しみだね。ちょっと疲れているのかい？　頑張ろうね！」

彼はすでに自分が求めている感情を得始めている。旅行がすでに成功している。彼は自分がほしいことは何なのかを知っており、だから、彼の行動は、その感情を得させてくれるものになっているのだ。

男性2：「お前たち、何しているんだ⁉　一回くらいは時間通りに起きられないのか。もうすぐ出発だぞ。まだ一日目なのに、もうスケジュール遅れだ。どうしてこんなことで頭を悩まさなくてはならないんだ？」

一週間の終わりに、二人の手帳を見るとどうなっているだろうか。役割も、目標も、スケジュールも、実行項目も、チェックマークもまったく同じである。二人とも家族旅行に出かけた。しかし、二人の人生はまるっきり違うものになっている。なぜならひとりはほしい感情について明確なビジョンを持っているからである。

時間管理を学べば、物事をする順番が変わる。目標設定を学べば、行なう中身も変わる。しかし、得たい感情を明確にすれば、物事のやり方そのものがまったく変わってしまうのだ。人生は元の形に戻ることはないだろう。

ここで得たい感情を明確にしよう！　人生を通して、あなたはどのような気持ちを味わいたいのだろうか。サラダバーのように考えてみてほしい。二、三の味に限定する必要はない。私たちは、豊かな感情生活を送るために生まれてきているはずである。人生を美味しくしよう！

私が定期的に感じたい、楽しみたい、経験したい感情は……

あなたの夢の一日

私自身が今まで行なった中で、また顧客に行なってもらっている演習の中で、最もインパクトのあるもののひとつは、理想的な一日（または一年）を思い描くことである。その一日はどこで始まるだろうか。どこで目を覚ますだろうか。ベッドはどんな感じのものなのか。誰と一緒にいるのだろうか。一日をどのように過ごしたいのか。できるだけ明確にしてみてほしい。

詳しく書いてほしい。そのとき、あなたの友達は誰だろうか。あなたはその一日の間に仕事をするだろうか。働くとすれば、どのくらいの時間働くのか。どこで、誰と一緒に働くのか。どんな結果を生み出したいのか。どんな職場環境になっているだろうか。

あなたは貢献するだろうか。どのように貢献するだろうか。あなたは遊ぶだろうか。どうやって、どこで、誰と？　どこで、何を食べるのか。誰がその食事を作ってくれるだろうか。どんな運動をするだろうか。身体の調子はどうか。家族はどういう状態になっているだろうか。

この演習が極めて大きな力を発揮するのは、無意識がその実行を引き受けてくれるからである。この演習を初めて行なってから一年後、私は紙切れを取り出し、大変驚いた。自分の書き出したことの80％はすでに実現していたのだ。ベッドの横のベンチ、壁にかかっている絵画、職場環境、こうしたものはすべて、私のビジョン通りのものに変わっていたのである。

これは私が特別な人間だからではない。私はすべて答が分かっているという意味でもない。これは、宇宙は豊かであるという意味なのだ。皆に十分なだけある。神の贈り物の数に限界はない。

試してみてほしい。明確にしよう。人生を望み通りに生きることができるのだ。

私の理想の一日は……

理想の人間関係を手に入れる

最高の人生を生きようと思えば、人間関係にも目を向けることになるだろう。最も大切な人間関係がぎくしゃくしているときは、心から満たされることはないからである。家族や恋人との関係は、日々の感情と行動に多大な影響を与えているのだ。

これは感情をコントロールできないということではない。最も大切な人間関係がうまくいっていれば、快い感情を味わうことはそれだけ簡単になるということである。

理想の伴侶について思い浮かべてほしい。すでに伴侶がいる人は、理想の家族について考えてみてもいいだろう。

どういうイメージが湧いてくるだろうか。理想の伴侶、理想の家族を想像したとき、どんな気持ちを感じるだろうか。その関係において、最も頻繁に感じる気持ちは何だろうか。コミュニケーションはどのようなものになっているだろうか。お互いにどのように接しているだろうか。どのように愛情を示し合うのだろうか。その関係の中にあってはならない姿を明確にすることも、役に立つことだろう。

明確さは、これらのものをあなたの人生に実現することの第一歩だということを思い起こしてほしい。

私の理想の伴侶または家族は……

参考材料を増やすようにしよう！

私の親友のひとり、エリック・クルーガーは「人生は思い出を作るプロセスである」と言っている。

どんな思い出を持ちたいと思うだろうか。何をし、見、聞き、感じ、経験したいのだろうか。

どこに行きたいのだろうか。どんなスキルを身につけたいのだろうか。もしすべてのことが可能で、どんな資源でも活用できるとしたら、何をするだろうか。何かを実現するための唯一の条件は、それをリストに書き込むことで、リストに書かれていないものは一切実現されないと分かっていたら、どういうことをそのリストに書き込むのだろうか。

自分の限界をすべて取り払ってほしい。それは幻想に過ぎない。視野を広げ、この演習を楽しんでみてほしい。

インドの砂漠をラクダで渡るだろうか。フィジー島の珊瑚礁に沿ってダイビングをするだろうか。サーフィンを学ぶだろうか。カメラを携えてアフリカのサファリに出かけるだろうか。バリ島のスパに行くだろうか。エッフェル塔を訪ねるだろうか。

学校に戻るだろうか。会社を設立するだろうか。一億円の財産を築くだろうか。

結婚するだろうか。再婚するだろうか。子供を作るだろうか。子供の成長する姿を見ているだろうか。両親に新築の家を買ってあげるだろうか。

宇宙に行くだろうか。テレビに出るだろうか。映画に登場するだろうか。歌を作曲するだろうか。

戦争を停めるだろうか。飢餓を撲滅させるだろうか。ガンを治すだろうか。世界中の子供たちの識字率を100%に引き上げるだろうか。

あなたは何をするだろうか。ほかには何をするだろうか。

私がし、見、聞き、感じ、経験したいことは……

私が初めてこのリストを作ったとき、百二十八項目を思いついた。そして、次の一年間で、そのうち二十項目以上が現実のものとなった。そのペースでいけば、六年間ですべてを達成してしまうことになる。今戻って、このリストにより多くの項目を書き加えてみてほしい。

子供の頃に抱いていた夢で、諦めてしまった夢はあるだろうか。他人を助けるためにできることは何だろうか。自分と家族のためにできることは何だろうか。

二、三分考え、思いが新鮮なうちに書き出してみてほしい。勢いをつけるようにしよう！

価値観に価値をおく

あなたの理想の一日、理想の伴侶（または家族）、そして望む経験のリストを振り返るとき、どんな人がこのような人生を送るだろうか、考えてみてもらいたい。その人はどんな価値観を持っているだろうか。その人の人生を導く原則、その人が最も頻繁に感じている感情はどのようなものだろうか。

正直で誠実な人間にならなければならないのだろうか。勇気はどうだろうか。冒険精神はどうだろうか。愛情や感謝や率直さはどうだろうか。その人は行動力に価値をおくだろうか、それとも安定に価値をおくだろうか。

今あなたがしていることは、自分自身の価値観を確かめることである。あなたにとって最も重要なものを打ち出しているのだ。なぜなら、これこそがあなたの本当の姿だからである。あなたの理想の一日、あなたの理想的な伴侶、あなたの経験したいことのリストから発生している価値観であるのだ。これはまさにあなたの人生なのだ。

私の最も大切な価値観は……

あなたがこの世にいる理由：ミッションのある人生への誘い

ここまでの演習はすべて、明確さに到達するためのものだ。そして、その終着点は、あなたがこの世に存在する理由そのものを発見することである。あなたは、何のために生まれてきたのだろうか。あなたに究極の意味を与えてくれるものは何だろうか。あなたのミッション、使命は何だろうか。あなたの目的は何だろうか。


彫刻家ヘンリー・ムーアは次のように書き記した。

「人生の秘訣は仕事を持つことである。自分自身の全身を注ぎ込むことのできる仕事。そして、そこで大切なことは、それが絶対に実現できないほど大きなものになっているということだ」


思い切って、今の自分をはるかに超えるミッション、人生の大仕事を持ってみてほしい。

あなたのミッション・ステートメント（人生の目的を明文化した文章）は、人生であなたが行なう最も大切なことを簡潔に書いたものである。それには、あなたも他人も関与しているだろう。それは時間という概念を超越している。一時的な目標などではない。それは、あなたの一生を通じて、あなたを導く羅針盤になるものである。

私のミッションは、「偉大な真理と原則を探し出し、それを分かち合うことにより、自分自身と他人のために永続する喜びを見出すことである」となっている。

これは極めて個人的なものである。すべての言葉が生きる。それは、私の存在の全細胞に刻み込まれている。それが私なのだ。

あなたは何のために生きているのだろうか。

それを知るための秘訣は、心の言葉を素直に書き出すことだ。フィルターを通してはならない。非難してはならない。ただ単に書くことである。自分にとってしっくりくるまで何度も書き直してほしい。

それはあなたのものだ。だから、自分自身についてより多くを発見するにつれて、再度見直したり、書き直したりするのも大いに結構なことだ。現時点で明らかになっていない人生のミッションもあるだろう。今見えることに対して忠実に生きていれば、最終的にはその残りが見えてくるに違いない。

これは宗教的な話などではない。単に自分をどう見るかに忠実になることであり、自分の中にある最も素晴らしいものを表現する許可を、自分自身に与えることである。自分の人生で最も大切なこと、自分独自の価値や貢献は何かを考え、それを紙に書き出すことである。それは自分自身を探すことなのだ。

難しく考えないでほしい。これは難しいことではない。書き出せばいいのだ。

私のミッションは……

この章で学んだこと

この章で学んだ重要ポイントは何か。

どんな決断を下したか。

今すぐ、どんな行動を取るか。

Step 6

時間を管理する(計画)

私たちは何を行なうにしても、時間を通してそれを行なっている。自分の時間をマスターすることは、成功の本質と言える。なぜなら、時間は私たちの人生に投資できる唯一の資本だからだ。

時間は出来事か感情か

『TQ―心の安らぎを発見する時間管理の探究』の著者ハイラム・スミスによれば、時間の基本的な単位は出来事だという。時間は秒、分、日、年で数えるのではなく、人生を作り上げていく出来事によって数えるべきだという考え方である。

時間が出来事で成り立っているのであれば、**時間管理は出来事の管理**ということになる。そして、ほとんどの人は、毎日の時間管理をそのようにしようとしているのだ。

人生の大切な出来事や目標のために計画を立てるという意味では素晴らしい考え方であり、あなたの能率を大いに向上させることだろう。

しかし、過剰に出来事の管理に集中する結果はどうなるだろうか。時間管理を行なおうとする人の多くはストレスで疲れ果てている。しなければならないことが多過ぎて、とてもそのすべてを処理することはできない。慌しい毎日を送っている。

いつもスケジュールの中にやらなくてはいけないことがひとつ多くて、それを成し遂げるには、一日が足りないという感じである。しかも、地平線の向こうから、次から次へとやらなければならないことがその影を投げ落としてくる。今のスケジュールを処理しても、同じ状況が続くだけだ。時間が足りない。まったく足りない。「どうして一日には二十四時間しかないのだろうか」と嘆く毎日なのだ。

出来事をコントロールしようとする考え方の問題点は、コントロールできない出来事も必ずあるということだ。これは、多くの人にとって時間管理が無駄な努力のように思える理由だろう。自分ではどうにもコントロールできない出来事がいっぱい起きて、どうしてもそれを処理しなければならない。

つまるところ、本当にコントロールできるのは自分自身だけである。出来事が起きたときの自分の**状態**をコントロールすることができる。出来事に対する自分の**解釈**をコントロールすることができる。そして、出来事に対する自分の**反応**をコントロールすることができるのだ。

この観点からすれば、**時間管理は感情の管理**であり、**エモーショナル・マネジメント**と言うべきだろう。

時間管理とは、エモーショナル・マネジメントなのである。

あなたは、時間が一定の速度で流れていくものだと思っているだろうか。一秒一秒はほかの一秒と均等であり、一分一分はほかの一分と同じスピードで流れていると思うのだろうか。私たちのほとんどがそう教えられてきた。しかし、それは本当のことだろうか。

アインシュタインの**相対性理論**によれば、答は「ノー」だ。時間は場所によって、流れるスピードが異なるのだという。「しかし、相対性理論などは、一体私たちの生活とどういう関係があるのだろうか」あなたはそう思っていることだろう。あまり関係はないかも知れないが、別の角度から考えてみよう。

一日が本当に長く感じられたことはあるだろうか。あるいは、一瞬にして過ぎ去ってしまった一日を経験したことはないだろうか。そう考えてみると、時計やカレンダーは私たちの経験する時間とあまり関係がないということがすぐ分かるはずだ。

あなたの実際の経験においては、時間はただの感情に過ぎない。私たちが過ごしている時間のすべてが、感情として脳の中に記録されている。問題は、望む気持ちを得て、目標達成を妨げるまたは自分自身を傷つけるような感情を避けながら生活することができるかどうかだ。

時間は感情である。そして時間は感情であるから、私たちはその時間を今までに想像もしなかったような方法でコントロールすることができる。最も高い効果性を発揮する人たちというのは、同じ時間、同じスケジュールの中で、他人よりもはるかに多くのことを成し遂げるために、時間（自分の感情）を曲げるようにしている。

プロ野球選手は、自分に向かって飛んで来る球をスピードダウンさせる方法を身につけている（結局のところ、速いか遅いかは、感情の判断である）。彼らが、わずか二十メートルしか離れていないところから、時速百六十キロで投げつけられた直径七十三ミリのボールをなぜ打てると思うのだろうか。

私が説く時間管理とは、ただ単に生活における出来事の順番を変えるだけのものではない。効率的なスケジューリングをしたり、作業を忘れることがないための手帳活用術を身につけたりするだけのものではない。人生におけるさまざまな役割のために目標を設定するだけでもない。

私が説く時間管理とは、自分のやっていることを変えるだけでなく、いつそれをするかを変えるだけでなく、毎日の活動をどのようにするかを根本から変えることによって、人生を最高の感情と気持ちで送るための方法なのである。

これから紹介するプロセスは単純で応用しやすいものである。新聞記者なら誰もがその鍵を知っているだろう。簡単な質問五つに答えるだけでいい。**何を？　なぜ？　どのように？　誰が？　いつ？**　というものだ。

しかし、その話をする前に時間の価値について考えてみることにしよう。

昇給しよう！

私はあるとき、時間管理のセミナーに参加していた。そこで、インストラクターがこう尋ねた。

「**『時は金なり』**　これは誰の言葉だか知っていますか」

私は答えた。

「誰か知りません。でもその人は馬鹿だった」

「ベンジャミン・フランクリンが言ったのですよ」

私は言い返した。

「それでも馬鹿だ」

私がこう言ったのは、青二才で無礼だったからということもあるが、時は金以上のものだと固く信じていたからだということもある。**時がすべてだ。**時こそが私たちの命そのものだ。


時間がお金に過ぎないのなら、私は瓶詰めにして全国のスーパーやコンビニで売ってみたい。人は皆「時間が足りない」と嘆いている。スーパーで瓶詰めの時間を一時間か二時間買えるとしたら飛ぶように売れるだろう。

しかし、そう言ったところで、フランクリンの考え方には長所もある。時間の価値を計算し、与えられた時間をもっと慎重に使うようにするという点では極めて有益である。

フランクリンは本当のところ、時間について素晴らしいことをたくさん教えている。彼の次の言葉も引用して、参考にしておこう。

「あなたは人生を愛しているか。もしそうなら、時間を浪費してはならない。人生は時間によってできているからである」

昔、ある人が次のように書き記した。

「毎朝、八万六千四百ドルのお金が振り込まれ、そして毎晩使い果たしていない残高がすべて取り消される銀行口座を持っていたら、あなたはどうするだろうか。毎日、そのお金の全額を使うに違いない！

しかし、実を言うと、あなたはそのような口座を今でも持っている。それは「時間」というものだ。毎朝、八万六千四百秒が与えられ、夜になると、使っていない部分はすべて消えて、永遠になくなる。残高を残すことはできない。クレジットもあり得ない。

毎日、新しい口座が開かれる。毎晩、その日の記録が処分される。その日の残高を使いきれていなければ、あなたはその損を被る。逆戻りはできない。明日の分を今日借りることもできない。今日の残高で生活しなければならない。健康、幸福、成功を手に入れるために投資しよう！」

では、あなたの時間にはどれくらいの価値があるのか、少し計算してみよう。

まず、現在の税引前の年収をここに書き出してみてほしい。

税引前の年収（A）（　　　　　　）

次に、一年の労働日数を記入してみてください。
労働日数（B）（　　　　　　　）
そこで、税引前の年収を労働日数で割ってみてください。
（A）／（B）＝一日当たりの収入（C）（　　　　　　　）

そして、一日の平均労働時間を書き出してみてほしい。
一日の労働時間（D）（　　　　　　　）

最後に一日当たりの収入を一日の労働時間で割ってみてください。
（C）／（D）＝時給（E）（　　　　　　　）

この数字は、現在あなたが自分の時間を売るときの単価である。
さて、ここで自分自身に昇給を与えてほしい。今までよりも自分の時間に価値をおいてもらいたいからである。自分の時給を少なくとも1・5倍にしてほしい。2倍にしてもかまわない。その方がいいのかも知れない。しかし、少なくとも50％は昇給してみることにしよう。

あなたの新しい時間の価値は（E）×（　　　　　倍）＝（F）（　　　　　　　）

この数字をしっかりと心の中に刻み込み、手帳やカレンダーのすべてのページの上に書き出してみてほしい。スケジューリングするものはすべて、少なくともこれだけの価値がなければならない。

例えば、1日8時間、220日働いた結果、あなたの年収が450万円になっているとしよう。450万円／220日／8時間＝時給2556円。最低でも50％の昇給をしなければならないので、1時間当たりの価格は3835円になる。

もし誰かが、「ちょっと五分ほどお時間を頂けますか」と聞いてきたら、その人と五分間話すことは320円の価値があるかどうか考えてみることだ。あなたはそれだけのお金をポケットから取り出し、実際にその相手に渡すだろうか。

例えば、誰かに食事に誘われたとする。その人と一緒に食事に出かけることは、7670円（二時間分）の価値があるだろうか。

考えてみてほしい。時間をもっと慎重に使うようになることだろう。

この考え方をあえてここで紹介している理由は、ほとんどの人は自分の時間を軽く扱っているからである。つまらないことに時間を浪費している。ベンジャミン・フランクリンは「永遠を傷つけることなく、暇を潰すことはできない」と叱っている。

価値のないことに時間を浪費していれば、あなたはより大きな目的、この世にいる自分の使命・ミッションから時間を盗んでいることになる。あまり重要でない課題に時間を割くことは、もっと重要なプロジェクト、家族、自分にしかできない貢献からその時間を奪うことになる。

私は「利己的になれ」と言っているのではない。私は「より大きく、有意義なことをするように」と言っているのだ。ゲーテは、「大事を小事の犠牲にしてはならない」と言った。あなたの"大事"は何だろうか。

最も重要なことのために時間を割いてほしい。それが鍵である。科学者ハーバート・サイモンは「『**最良**』の敵は『**良**』である」と言っている。まさにその通りだろう。その活動はいいものかも知れない。しかし、最良のものでなければ、時間の無駄になるのだ。

あなたの時間は、あなたが思っているよりも貴重である!

時間管理の大原則

私が今まで読んだ時間管理に関する本、参加したセミナー、受けてきたすべてのコーチングの中で、ひとつだけ際立つ大原則がある。それは、**「時間管理とは最も大切なことを実行することだ」**ということである。一番大切なことを一番最初に行ない、二番目に大切なことをまったく行なわないということだ。楽しいからという理由だけで、つまらないことを先に片づける誘惑に負けてはならない。

あるとき、私はハワイで湾岸戦争の総司令官ノーマン・シュワルツコフ将軍の話を聞く機会があった。シュワルツコフ将軍はベトナム戦争のとき、間違ったやり方とはどんなものかを学ぶ機会がたくさんあった。失敗は成功と同じくらい偉大な師になり得る。

ベトナムでは、米国の優先順位と目的が不明確だった。何を達成しようとしているのか、誰にも分からない。そしてその結果、多くの時間、労力、お金、人命が意味もなく浪費されてしまった。そういう観点からすれば、ベトナム戦争は、ほとんどの人が毎日送っている生活の縮図と言えるだろう。

シュワルツコフ将軍は、クウェートで同じような過ちを繰り返したくないと決意していた。そこで彼は、優先順位と目的を明確にし、多国籍軍をうまく管理するために、どんな状況にでも活用できるひとつの質問を打ち出した。

「これは、イラクをクウェートから撤退させることとどんな関係があるのだろうか」

トップのポストにいると、ほとんどの問題は最終的に自分のところに持ち込まれることになる。最終判断の座だからである。シュワルツコフ将軍も例外ではなかった。スタッフは問題をあれこれ彼のところに持ち込むのだった。

「問題があります。アメリカの兵士たちがアラブの兵士たちと文化的な衝突を起こしています」

「それは、イラクをクウェートから撤退させることとどんな関係がありますか」
「直接関係はないけど、大問題です。何とかしなくちゃ……」
「自分のポストに戻って、イラクをクウェートから撤退させる仕事を続けてください」

ベトナム戦争は二十年間続いた。湾岸戦争は六十日間で終了した。それこそが時間管理なのだ！

ここでの原則は**集中力**である。これはすべての成功、すべての偉人の特徴である。明確な焦点を持ち、集中力を発揮するようにしている。

トーマス・エジソンはこう言った。
「成功の秘訣は、自分の肉体的、精神的なエネルギーを、疲れることなく、つねにひとつの課題に注ぎ込むことである」

彼が成し遂げた偉業を考えてみてほしい。光を点《つ》けるたび、レコードやCDを聴くたび、それらはすべて彼のおかげで存在している。彼が設立した電力会社は、今でも何百万人もの家庭に電気を供給し続けている。

スティーブン・R・コヴィー博士が、「最も大切なことは、最も大切なことを最も大切にすることである」と述べている。あなたにとって大切なことは何だろうか。

セミナーの受講生に次の質問を投げかけるのは楽しい。

「結局のところ、人生の中で最も大切なものは自分の家族だと思う人は手を挙げてください」

たいてい、八割〜九割の人は手を挙げる。

「手を挙げた人のうちで、家族を最も大切にしている人は手を挙げ続けてください。家族の活動を一番最初にしていますか。それとも、ほかのことから余った時間でやっていますか。どちらでしょうか」

ほとんどの人は重要でないことに縛られてしまっている。それは緊急なのかも知れない。他人があなたにそうするように要求しているのかも知れない。締め切りがあるのかも知れない。しかし、あなたはそれをするために生まれてきたのではない。

ある大学教授は、「緊急だけど重要でない活動」について次のように述べている。

「それは何もしないよりも有害である。なぜかと言えば、彼らは実際は何もしていないのに、何かをしていると錯覚しているからである」

集中、集中、集中！　最も大切なことを最初にすることだ。**自分の運命とのアポ**をスケジュールに入れて、それを守ることだ。自分の夢を実現するための時間をスケジューリングすることなのだ。

自分の夢を実現するための時間をスケジューリングしよう！

「私は忙し過ぎて夢を実現する暇がないよ」

あなたはそう答えるかも知れない。

しかし、それは違う。あなたは「ノー」と言えないだけだ。「ノー」は、あなたが人生の中で学ぶ最も大切な言葉なのだろう。丁寧に「ノー」と言えるようになることは、ほかの人の優先事項をただ実行するだけの非効率的でつまらない人生を送っている人からあなたを区別させる鍵になる。

カレンダーを白紙に戻してみてほしい。すべてをキャンセルして、真っ白な紙から再スタートしてもらいたい。あなたがこれからの一年間で成し遂げたいと思っている三つか四つ、本当に大切なことは何だろうか。

ピーター・ドラッカーは、何千人もの経営者の時間管理を研究した末、こう言った。

「同時に三つ以上のことを優秀にこなせる人はまれである。モーツァルトは唯一の例外だった」

トム・ピーターズは次のように付け加えている。

「誰でも百項目を自分の活動のリストに書き入れることができる。問題は、そのリストを三つか四つ、本当に大切な活動に絞ることができるかどうかだ」

あなたにとってトップの三つか四つは何だろうか。その活動に必要な時間と集中力を注ぎ込んでいるだろうか。小事に集中してはならない。夢を生きる。夢をスケジューリングする。夢を計画する。夢のために時間を割くのだ！

私は、この二十年間アジアに生活してきて、アジア人が何千年にもわたって蓄積してきた知恵に、いつも感激している。

古い中国のことわざに「木を植える最も良い時期は二十年前である。次にいい時期は今である」というのがある。あなたはいつ自分の成功の木を植えるだろうか。

「ノー」は、人生の中で学ぶべき最も大切な言葉である。

充実領域：あなたのパワーの源

人生において、本当に充実感を得るために、何が必要だろうか。最高の人生を歩む条件は何だろうか。

ある朝ジョギングしながら、私はこの質問について考え始めた。そしてその答は、私にとって衝撃を与えるものになった。

私は生まれて初めて、充実した人生を歩むことは、難しいことでも何でもないということを思い知らされたのである。つまり、いくつかの大切な領域において、目標を設定し、達成感があれば、最高の充実感が得られるということだった。

本当に自分にとって、大切な領域は何だろうか。最高の気持ちになるために、ある程度の充実感を得ていなければならない領域には、どういうものがあるだろうか。

そこで、十個が私の心に浮かび上がってきた。それは、愛と人間関係、健康、想像力、貢献、成長と学習、独りの時間などであった。

これらは、そのときまで私が考えていた生活上の役割とは違い、単に目標を達成すべき領域ではなく、充実感などの気持ちを感じたい領域であり、私の毎日の感情、エモーションに多大な影響を与えるものばかりだった。

あなたの場合はどうだろうか。

あなたにとって、人生における大切な領域とは、何だろうか。

あなたの毎日の感情に最も大きな影響を与える領域には、どういうものがあるだろうか。

それは、あなたの**「充実領域」**というものになり、毎週の計画と実行のプロセスに大きな影響を与えることになる。

私の充実の領域は……

1.	6.
2.	7.
3.	8.

4.

9.

5.

10.

あなたの最も大切な目標は何なのか

さて、あなたは自分の「充実領域」を打ち出している。次にすべきことは、それぞれの領域における目標を明確にすることだ。

それぞれの領域におけるあなたの究極のビジョンを考えたとき、それに向けて、その領域における最も大切な目標は何だろうか。次の一年間において、成し遂げたいと思っていることは何だろうか。

例えば、「健康」の領域について考えてみよう。五キロ減量したいだろうか。フル・マラソンを完走したいのだろうか。割れたお腹の筋肉を身につけたいのだろうか。武道を学びたいだろうか。ダンスやスキューバダイビングを学びたいかも知れない。

「経済状態」についてはどうだろうか。あなたの目標は借金を返済することだろうか。投資と貯蓄を始めることだろうか。それとも、一億円を稼ぐことだろうか。

「人間関係」についてはどうだろうか。あなたの目標は素敵な伴侶と出会うことかも知れない。あるいは、自分の恋人に対して無条件の愛を示すことかも知れない。この領域で何を経験したいのだろうか。

ここで、あなたはセミナーに出ているという感覚を味わっているかも知れない。実はその通りである。この一連の演習をすることにより、あなたはこれまでに経験したことのないレベルでの明確さを手に入れることになるだろう。

これらの演習はとても重要である。実際に読書を休んで、今すぐに、自分の人生を設計してみてもらいたい。このプロセスを行なうようにあなたを導くことは、おそらく、私があなたのためにできる最大のことなのだろう。

あなたの目標は何だろうか。実際に目標を紙に書き出して、それを定期的に見直している人は、全人口の1％にも満たないということを思い起こしてほしい。その1％の人が奇跡を経験している。あなたにも仲間入りしてほしい。あなたも人生の勝利者になれるのだ！

人生というゲームに勝つためには、自分の目標を知らなければならない！

私の次の一年間における大切な目標は……

充実の領域	次の一年間における大切な目標
1.（例）健康とバイタリティー	1)体脂肪率を15％まで下げる。2)10キロ走れるようになる。

3）健康診断を受ける。

4）15回スノーボードに行く。

2.

3.

4.

5.

6.

7.

8.

9.

10.

おめでとう。自分が本当に求めていることを明らかにすることは大変な作業だ。だから、その対価を払ったあなたを褒め称《たた》えたい。あなたは、ほとんどの人が到達することのないレベルに到達している。

あなたは自分の求めている感情を知っている。自分の理想の一日を設計している。自分の伴侶、自分の家族関係をどのようにしたいのかを知っており、どのような人生経験をしたいのかも明確にしており、自分のミッション、人生の目的そのものも明確にしている。「充実領域」を明確にしているし、これから一年間の目標も設定し、それを決意している。

それでは、毎日自分にふさわしい人生を実現する時間管理のプロセスを早速紹介することにしよう！

エモーショナル・マネジメント：ブルース・リーの時間管理術

『燃えよドラゴン』はブルース・リーの最高傑作であり、今までの映画史上でも屈指の作品のひとつに数えられるだろう。

その映画の冒頭にブルースが弟子のひとりに教えを施すシーンがある。弟子は横蹴りを試みるが、ブルースは簡単にそれをかわす。それからブルースは彼の人生哲学を見事に示すセリフをその弟子に言う。

「それは何だ？　何かのショーか。**感情的な中身**が必要だ」

ブルース・リーは正しいのだと思う。私たちは感情的な中身を必要としている。私たちの行動に力を与えてくれるのは感情的な中身なのである。

あなたは職場にどのような感情を持ち込んでいるのだろうか。家族と一緒にいるときにどんな感情を持って彼らと接しているのだろうか。人間関係において、どのような気持ちを抱いているのだろうか。あなたの人生の根底にある感情は、どのようなものになっているだろうか。

私たちは感情的な中身を必要としている。しかし、このことを直接取り上げている時間管理のプロセスはどこにもない。今ある時間管理手法のすべては、「何を成し遂げようとしているのか」「いつそれをするか」だけである。

数年前、私はハワイで講演するように依頼された。ワイキキ・シェラトンのスイートルームに一週間滞在し、その会社の従業員に九十分だけ話せばいいという内容だった。こういうお客様は大好きだ！

おかげで、考える時間はたっぷりあった。画廊を観て回り、浜辺に座っていると、自分の時間管理のアプローチに欠けているのは、感情的な中身だということに気づき始めた。自分の人生から最大のエモーションを得るためには、まったく新しい時間管理のプロセスを開発しなければならないということを悟った。

そのプロセスが私の人生を変えた。そして、それはあなたの人生も変えるだろう。

まずはっきりさせておきたいことは、私はあなたに手帳などを売ろうと思っていないということだ。これから紹介するプロセスはすべて一枚の紙の裏表だけでできる。私はその様式を見せて、その使い方を教える。後はあなた次第である。

次のページより紹介している「目標設定シート」と「スケジュール表」を、あなた自身が使うために好きなだけコピーしてもらいたい。あなたのニーズに合わせて変更も加えてほしい。あなたの今使用しているプランナーの中で同じプロセスをやってもいい。この用紙にパンチで穴を開け、自分のバインダーに入れても良く、あなた自身の用紙を作ってもらってもいい。私が紹介するものを改良してほしい。自分だけのものにしてほしい。

たったひとつのお願いは、このプロセスを一カ月間、ステップ・バイ・ステップで、教わった通りに行なってみてほしいということだ。そうすれば、あなたはこのプロセスの影響力を理解できるようになることだろう。

11.	13.	15.	17.	19.
12.	14.	16.	18.	20.

5.	6.	7.	8.

11.	16.
12.	17.
13.	18.
14.	19.
15.	20.

委任できるかどうかを考える。)

活動	必須	委任	実行
21.			
22.			
23.			
24.			
25.			
26.			
27.			
28.			
29.			
30.			
31.			
32.			
33.			
34.			
35.			
36.			
37.			
38.			
39.			
40.			

目標設定シート

感情のサラダバー（ステップ1：今週感じたい気持ちを明確にする。）

1.	3.	5.	7.	9.
2.	4.	6.	8.	10.

充実領域（ステップ2：充実感を味わいたい領域を確認する。）

1.	2.	3.	4.

望む結果（ステップ3：年間目標などを参考にして、今週の望む結果を明確にする。）

1.	6.
2.	7.
3.	8.
4.	9.
5.	10.

活動計画（ステップ4：結果を出すための活動を明確にする。必須かどうかをチェックする。

活動	必須	委任	実行
1.			
2.			
3.			
4.			
5.			
6.			
7.			
8.			
9.			
10.			
11.			
12.			
13.			
14.			
15.			
16.			
17.			
18.			
19.			
20.			

／　（木）	／　（金）	／　（土）	／　（日）

スケジュール表

時間	／　(月)	／　(火)	／　(水)
早朝			
6:00			
7:00			
8:00			
9:00			
9:30			
10:00			
10:30			
11:00			
11:30			
12:00			
12:30			
1:00			
1:30			
2:00			
2:30			
3:00			
3:30			
4:00			
4:30			
5:00			
5:30			
6:00			
7:00			
8:00			
9:00			
10:00			
10:30			
深夜			

昔から日本の古武道に〝守破離《しゅはり》〟という言葉がある。最初は守る。次は破る。そして最後に、離れて、自己流を確立するという意味だ。

まずは、学んだ通りに、プロセスを守ってほしい。

その後は、それを破ってみてもらいたい。自分で役立たないと思うステップを取り除いたり、変更したりすることだ。そして、同じ結果が得られるかどうかを確かめてみてほしい。

そして最後に、離れてみてほしい。教えられたことを超越して、その土台の上に改善を施してほしい。このプロセスを、あなた自身のものにしてほしい。あなた自身のスタイル、あなた独自のやり方を発見してもらいたいのだ。

なぜ?

この時間管理のプロセスでまずしなければならないことは、一週間における**「感情のサラダバー」**を設計することである。今週、あなたはどんな感情を経験し、どんな気持ちを感じたいのだろうか。人間が求めるものはすべて感情であるということを思い起こしてほしい。

「実行項目のリスト」のすべてを行ない、求めている「感情」が得られなければ、成功者とは言えない。

「実行項目のリスト」のすべてができなくても、一週間を素晴らしい「気持ち」で過ごすことができれば、成功である。

どれだけの人がこの原則を忘れているだろうか。やることが忙しくて、やる理由を忘れているのだ。

時間管理の**「目標設定シート」**の一番上に、今週求めている感情を記入するスペースがある。その中身は毎週変わるだろう。レストランに行くたびに注文する料理が違ってくるのと同じように、毎週毎週、退屈で慣れ過ぎてしまった感情の五つか六つだけを経験しながら生活しなければならないという理由はない。

例えば、私がハワイで初めてこのプロセスを実践したとき、私の求めていた感情は、リラックス、芸術的気分、冒険心、発見、自信、集中、貢献などであった。

今週、私は愛、つながり、貢献、成長、自信、健康、活力、達成感に集中している。

私たちは感情的な中身を必要としている。「なぜ」が必要なのだ。

あなたの「なぜ」は何だろうか。このプロセスをすぐに実践してほしい。P.325の**「感情のサラダバー」**の欄に、実際に自分のこれからの一週間の中で感じたい気持ちをすべて書き出して頂きたい。


（著者の記入例）

感情のサラダバー（ステップ1：今週感じたい気持ちを明確にする。）				
1. 達成感	3. 能　率	5. 愛	7. 健　康	9. バイタリティー
2. 完　成	4. 自　由	6. 暖かさ	8. バランス	10. 幸　せ

何を？

このプロセスの次のステップは**「何を」**という質問に答えることである。つまり、あなたの「充実の領域」は「何」か、その領域において望んでいる結果は「何」か、ということだ。

「感情のサラダバー」の下の欄に自分の**「充実領域」**を書き写してほしい。「充実領域」を明確にすることで、生活の中のバランスが取れるようになり、本当に大切なことを忘れなくなる。意外と多くの人は十数年間が経ち、「ああー。そう言えば、私はお父さんだった！」とふっと気がつき、後悔する。

「感情のサラダバー」と「充実領域」を明確にしたら、次のステップは一週間の中で**望んでいる結果**を打ち出すことである。成し遂げようとしていることは何だろうか。今、実現していないことで、実現したいと思っていることは何だろうか。

私は、あまりルールを作る方ではないが、この「目標設定シート」を書く上では、ひとつだけルールがある。それは、**「結果の欄に活動を書いてはならない！」**ということだ。

多くの人は、〝結果〟と〝活動〟を混同している。彼らは、実行項目、取ろうと思っている行動、活動のリストで自分の手帳を埋め尽くす。しかし、その行動がど

（著者の記入例）

充実領域（ステップ2：充実感を味わいたい領域を確認する。）			
1. ひとりの時間	2. 愛とつながり	3. 健康とバイタリティー	4. 生活環境

のような結果を生み出すためのものなのかを、まったく明確にしていない。

「望む結果」の欄に次のようなことを書く人がいる。

「十人に電話をかける」
「母に手紙を書く」
「運動をする」
「デートをする」
「上司に営業報告書を提出する」

これらは望む〝結果〟ではない。〝成果〟ではない。目標達成にもならない。これらは〝活動〟なのである。これらは「何を」ではなく、「どのように」という質問の答なのだ。

「一千万円の新規売上を達成する」
「家族ひとりひとりの生活に大きな喜びをもたらす」
「ニキロ減量する」
「恋人と豊かな関係を築く」

「チームワークを向上させる」

これらが、結果なのだ。これらは、あなたが実現しようとする目標になる。

時間管理とは、新しい現実を生み出すプロセスである。結果を出すことだ。それは、行動や活動のリストとは何の関係もない。

時間管理は、新しい現実を生み出すプロセスである。

今週、あなたの望んでいる結果は何だろうか。「充実領域」のそれぞれにおける重要な「年間目標」を見直しながら、それに近づくために今週一週間、どのような結果・成果を出すのか、考えてみてほしい。

「目標設定シート」の次の欄**「望む結果」**にあなたの「何を」、つまり今週実現したい結果を書き入れてみてください。

今週、取り組まなければならない「充実領域」をすべてカバーしているだろうか。毎週このすべての領域を網羅しなければなら

（著者の記入例）

望む結果（ステップ3：年間目標などを参考にして、今週の望む結果を明確にする。）	
1. 『成功の9ステップ』を完成させ、ベストセラーの土台を作る。	6. タイのセミナーの参加者たちに大きな価値を提供し、彼らの資産形成に良い結果をもたらす。
2. 「経営者育成塾」のメンバーをサポートしてあげる。	7. 健康とバイタリティーを最高のレベルに維持する。
3. 「成功研究会」の蓄積を増やし、メンバーに貢献する。	8. 今年の確定申告に備え、今年の税負担を最低限に抑える。
4. スイスの会社をサポートし、新たな流通経路を確保する。	9. 東南アジア旅行を満喫する。
5. 金融セミナーに大きな改善をもたらす。	10. トロピカルな生活を確保する。

ないというわけではない。しかし、生活のバランスに違和感がないかどうかを確かめることが重要だろう。

どのように?

次は**「どのように」**という質問である。

ほとんどの人はここから始める。あなたは違う。あなたは自分の求めるものが「何」なのかを知っている。望む結果を明確にしている。その結果がどの「充実領域」と関係しているのかを知っている。そして、その結果を出すことによって、どのような感情を得ようとしているかも知っている。つまり、自分の「なぜ」を知っている。感情的な観点から、なぜこの結果が重要なのかを知っているということだ。

さあ、行動するときだ。望んでいる結果を得るために、今週どのような行動を取るだろうか。人に頼まれていることや、すでにスケジュールに入っていることを超えて考えてみてほしい。

母に電話をかけるだけで十分だろうか。バラの花束を贈ったらどうだろうか。来週素敵なレストランでの夕食に招待するカードを送ってから、愛を伝えるために電話してみたらどうだろうか。義務感で書いた「電話をかける」という〝実行項目〟にチェックを入れるよりは、はるかにいい結果になるとは思わないだろうか。

実行すべき項目のリストは増えるかも知れないが、感動と楽しみも倍増されるに違いない。

例えば、あなたがスポーツ・クラブに行こうと思っているとしよう。それによって得ようとしている結果は何だろうか。その結果は、「健康を向上させ、活気と活力を得る」ことかも知れない。どんな感情を得ようとしているだろうか。「エネルギー、やる気、活気、パワー、自信」である。

そこで、「スポーツ・クラブに行く」と書くかわりに、「ジューサーを買い、スポーツ・クラブに二回行き、マッサージを受け、早く就寝し、加工したジャンクフードを止める」と書く。素晴らしい気持ちになるだけでなく、健康そのものについても、はるかに良い結果が得られるだろう。

成功する人は、成功しない人のやらないことを実行に移す習慣がある。最低限の努力で済まそうとするかわりに、プラス・アルファーのことをしようとするのだ。新約聖書でイエス・キリストは、「もしある人があなたに一緒に一マイルを歩くようにと要求すれば、その人と一緒に二マイルを歩きなさい」と言っている。この原則は普遍である。頼まれた以上のことをすることだ。

ポリネシアで嫁をもらおうとしていた男の話がある。このストーリーは1969年に『ジョニー・リンゴ』という映画の題材になった。そこの村では、お嫁さんがきれいで魅力的な人である場合、牛三頭か四頭を相手の父親に結納として納め、村の男に人気がない女性の場合は、ヤギ一頭程度で済ますのが慣習だった。

この男ジョニーは、村の中で最も人気のない女性マハナーと恋に落ちて、結納の日になると、皆がせいぜいヤギ一頭あるいは野菜と果物しか持っていかないと思っていたところ、前代未聞の牛八頭を結納として連れていき、納めるのだった。

数カ月経ってから、友人のひとりがジョニーの住んでいる小屋を訪れると、びっくりしてしまった。その奥さんのマハナーが村一番の美人に変身していたのである。

最低の努力で済ますのではなく、最高の愛情を彼女に注ぐ彼の姿勢が、彼女の内なる美しさを引き出し、大きな変化をもたらしたのである。

自分の努力に合った結果を手に入れるのは、つねである。あなたはどのような結果を手に入れるだろうか。

もっと心が躍るような素敵な結果を得させてくれる刺激的で楽しい行動を取ってほしい。楽しくて、他人を驚かせるようなやり方で行なってもらいたい。そのプロセスを楽しんでほしい。大胆になってほしい。遊び心を持ってほしい。精一杯頑張ってみてもらいたい。死ぬ間際になって、人は自分のやったことを後悔するのではない。やらなかったことを後悔するのだ。

それでは、今すぐ、「目標設定シート」の**「活動計画」**の欄に自分の「どのように」という行動のリストを書いてみよう。

これらの項目を書き出したら、それを見直し、チェックしてみてほしい。望んでいる結果を得るために絶対に必要な項目は、その中のどれだろうか。求めているものを得るためにしなければならないことはその中のひとつか二つかも知れない。

私がハワイでこのプロセスを初めて試したとき、望む結果のひとつは、「一生涯残る思い出を作る」ということだった。そこで、私は行動計画のところに、サーフィンを学ぶことからスキューバダイビングに行くことまで、たくさんのやりたいことをリストアップしていた。

「必須」という観点からこのリストを見直したとき、確実に「一生涯残る思い出を作る」ためには、ヘリコプターの体験レッスンを受けるだけでいいということが分かった。私にとっては、それが決して忘れることのできない経験になるということを知っていたからである。

「実行項目のリスト」に書いてあることの多さにストレスを感

（著者の記入例）

活動計画（ステップ4：結果を出すための活動を明確にする。必須かどうかをチェックする。			
活動	必須	委任	実行
1. 本の表紙をチェックする。	○		
2. 原稿の最終校正をする。	○		
3. 推薦文を集める。	○	寺田、斉藤	
4. 書店と良い関係を作る。	○	ユージン	
5. 今月のCommitment Sheetを確認する。	○		
6. 「成功研究会」のCDを録音する。	○		
7. 今週の電話会議に参加する。			
8. タイで金融セミナーを行なう。	○		
9. ケンジとのミーティングを開く。			
10. バンコクと香港のセミナーを準備する。	○		

じるかわりに、この最も大切な「必須項目」を最初にスケジューリングした。すぐにホノルル空港に電話をかけ、レッスンを予約した。望んでいる結果を一日目に得られた私は、その残りの一週間も快適に過ごすことができた。

あなたの「必須」の行動項目を今チェックしてみよう。

誰が？

私たちは何をするにしても時間を通してそれを行なっているということを思い起こしてほしい。しかしここでのポイントは、それはあなたの時間である必要はないということだ。

あるとき、自分の恩師のひとりと話していたら、彼が衝撃的なことを私に言った。

「気がついてみたら、私はこの二十年間、一回たりともスーパーマーケットに足を踏み入れていない」

「じゃ、食べ物はどうしているんですか」と聞くと、「家に帰ると、自分の好きなものはすべて冷蔵庫の中に入っているんです。車のガソリンも満タンになっているし、修理も終わっている。玄関に入ると、出張に持っていくカバンが置いてあって、必要な服もすべて入っているし、そのクリーニングも済まされている」

これぞ、デレゲーション（委任）の達人なのだ！

その話を聞いてから、私は生活の中で、さまざまな仕事を委任することにした。今まで、「自分でやっても、たいした時間はかからない」と思い込んでいたことを、アシスタントなどに任せ始めてから、大きな自由を感じた。

飛行機とホテルの予約、請求書の支払い、クリーニング、洗濯、部屋の掃除、郵便物の確認、ちょっとしたギフトの買い物、確定申告の書類整理、クリスマスカードの製作、切れた電球の取換え、車検、保険、銀行とのやり取り、旅行の計画などなどを、今となってはすべてほかの人に委任している。

「塵《ちり》も積もれば山となる」というのは、まさにこういうことなのだ。

また最近になっては、社長を雇い、自分の会社の運営そのものもほかの人に任せ、執筆活動や講演、テレビの出演などに集中できるようにしている。

委任＝自由。この計算式はあなたの人生を変えるだろう。「自分でないとできない」というウソにだまされないこと。ほかにできる人を見つけて、十分な指示を与え、後は任せる。そして、それで自由になった時間を使い、自分独自の貢献に集中するのだ。

私が今まで自分でやっていたことで、これから人に委任することは……

あなたが本当に人にさせようと思ったら、委任することが可能な活動をできるだけ委任してほしい。誰に委任するだろうか。目標設定シートの**「委任」**の欄に、その人の名前を記入してみてください。今まで委任していないようなことも、委任する方法を考えてみてほしい。これはあなたの能率に計り知れない影響を与えるに違いない。

大手化粧品の創立者メアリー・ケイは、委任の大切さを次の言葉で表現している。

「メイドを雇いなさい。それは贅沢《ぜいたく》ではない。単なる経済的選択である」

しなければならないことで、楽しくないものを、人に委任しよう！

いつ？

「誰が」を明確にしたら、次は「いつ」である。多くの人はまたここから始める。

彼らの望んでいる結果は「何か」「なぜ」それが重要なのか、「どのように」するのか、「誰が」それをすべきだろうかを考えることなく、スケジューリングだけを行なっている。

スケジュールがその人の主人になっていて、まったくその人に仕えるものになっていない。スケジュールはあなたに仕えるためにあるのだ！

「何を」「なぜ」「どのように」「誰が」があって、初めて**「いつ？」**があなたの効率を高めてくれるのだ。

さて、今あなたは一週間のスケジュールを立てる準備ができている。一週間の**「スケジュール表」**を記入してみよう。大切な活動のために十分な時間を割き、「必須項目」を先にスケジューリングするといいだろう。大切なアポやそのための準備もスケジュールに入れてみてほしい。

後はスケジュールを実行するのみである。それを楽しむ。「必須事項」を先にやる。大切な結果をまず出しておく。自分自身のためにも時間を割いておくようにする。

「何を」「なぜ」「どのように」「誰が」「いつ」を知っていれば、成し遂げられないことは何もない。世界はあなたのものだ。あなたは成功への道を歩んでいるからである。

このプロセスを実際に実践するために、毎週、時間を割いてほしい。それはあなたの成功と充実の基礎になるのだ。

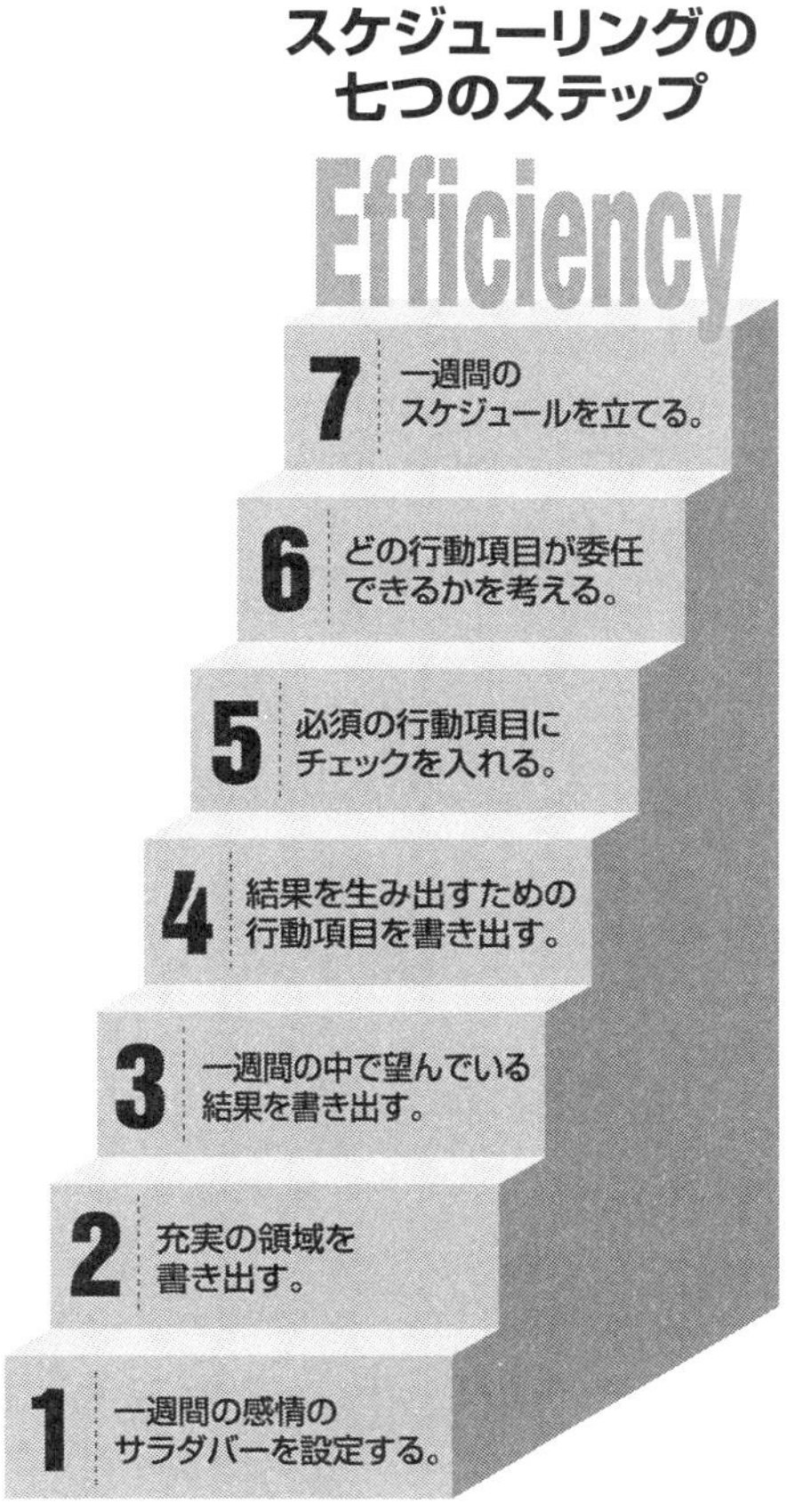
スケジューリングの
七つのステップ
Efficiency
7 一週間の
スケジュールを立てる。
6 どの行動項目が委任
できるかを考える。
5 必須の行動項目に
チェックを入れる。
4 結果を生み出すための
行動項目を書き出す。
3 一週間の中で望んでいる
結果を書き出す。
2 充実の領域を
書き出す。
1 一週間の感情の
サラダバーを設定する。

11. リラックス	13. 満足感	15. 遊び心	17. ユーモア	19. 創造的
12. トロピカル気分	14. わくわく	16. 楽しみ	18. 豊かさ	20. 安 心

5. 金銭的豊かさ	6. 創造性	7. 生活の楽しみ	8. 学習と成長

11. 大切な関係を深める。	16.
12. 家族の絆を強める。	17.
13. 能率の良い環境を確立する。	18.
14. 次の本の勢いを作り出す。	19.
15.	20.

委任できるかどうかを考える。)

活動	必須	委任	実行
21. スキューバダイビングの日程を確認する。	○		
22. 現地にいる間、毎日海で泳ぐようにする。			
23. ジェットスキーを借りて、楽しむ。			
24. 現地の物件を視察してくる。	○		
25. 一緒に時間を過ごし、食事を楽しむ。			
26. 映画を観る。	○		
27. 家族のハワイ旅行の最終的計画を確認する。			
28. マンションの掃除。		メイド	
29. 本のタイトルを決め、目次を作成する。			
30.			
31.			
32.			
33.			
34.			
35.			
36.			
37.			
38.			
39.			
40.			

目標設定シート

（著者の記入例）

感情のサラダバー（ステップ1：今週感じたい気持ちを明確にする。）

1. 達成感	3. 能　率	5. 愛	7. 健　康	9. バイタリティー
2. 完　成	4. 自　由	6. 暖かさ	8. バランス	10. 幸　せ

充実領域（ステップ2：充実感を味わいたい領域を確認する。）

1. ひとりの時間	2. 愛とつながり	3. 健康とバイタリティー	4. 生活環境

望む結果（ステップ3：年間目標などを参考にして、今週の望む結果を明確にする。）

1. 『成功の9ステップ』を完成させ、ベストセラーの土台を作る。	6. タイのセミナーの参加者たちに大きな価値を提供し、彼らの資産形成に良い結果をもたらす。
2. 「経営者育成塾」のメンバーをサポートしてあげる。	7. 健康とバイタリティーを最高のレベルに維持する。
3. 「成功研究会」の蓄積を増やし、メンバーに貢献する。	8. 今年の確定申告に備え、今年の税負担を最低限に抑える。
4. スイスの会社をサポートし、新たな流通経路を確保する。	9. 東南アジア旅行を満喫する。
5. 金融セミナーに大きな改善をもたらす。	10. トロピカルな生活を確保する。

活動計画（ステップ4：結果を出すための活動を明確にする。必須かどうかをチェックする。

活動	必須	委任	実行
1. 本の表紙をチェックする。	○		
2. 原稿の最終校正をする。	○		
3. 推薦文を集める。	○	寺田、斉藤	
4. 書店と良い関係を作る。	○	ユージン	
5. 今月のCommitment Sheetを確認する。	○		
6. 「成功研究会」のCDを録音する。	○		
7. 今週の電話会議に参加する。			
8. タイで金融セミナーを行なう。	○		
9. ケンジとのミーティングを開く。			
10. バンコクと香港のセミナーを準備する。	○		
11. マニュアルを見直す。			
12. 資産形成の5つの鍵をまとめる。	○		
13. ケンジと合同セミナーの計画を立てる。			
14. 毎日有酸素の運動を30分以上する。	○		
15. タイに出発する前にジムに行く。			
16. エネルギーを支える食生活を続ける。	○		
17. 旅行中も、毎日運動をする。	○		
18. 寺田さんが整理した記録をチェックする。	○		
19. 必要に応じて、追加情報を依頼する。		寺田	
20. Team Jamesに最終的なデータを出しておく。		寺田	

／29 （**木**）	／30 （**金**）	／31 （**土**）	2／1 （**日**）
		運動(ビーチで)	セミナーの準備
マニュアルの見直しと	9:10 BKK TG203	ダイビング	
セミナー改善			
			セミナー
	プーケット		資産形成の
	チェックイン		5つの鍵
	昼　食	昼　食	昼食 プーケットタウン
	AMANPURI	AMANPURI	
財務と税務関連		現地物件の視察	
	現地慣れと		テニス
	準備		
	ジェットスキー		プール
成田へ			
			お祝いのParty
18:45 JL707	夕　食	ケンジとの	
	ルームサービス	ミーティング	
		AMANPURI	
次回の本の		夕食込み	
目次を作る		バンコクと香港の	
		準備	
BKK　到着			

スケジュール表

（記入例：著者の実際の1週間）

時間	1／26　（月）	／27　（火）	／28　（水）
早朝			
6:00			
7:00	運　動		
8:00			
9:00	Commitment Sheet		
9:30	を読む		
10:00			
10:30	表紙のチェック	校　正	校　正
11:00			
11:30			
12:00		編集者と一緒	
12:30			
1:00	委任を行なう		
1:30			
2:00	CDの録音		
2:30			
3:00	成功研究会メール		
3:30			
4:00	電話会議		
4:30	（スイス·香港）		
5:00	夕　食		
5:30			
6:00	映　画		
7:00			
8:00			
9:00			
10:00			
10:30			
深夜			

ブロッキングの奇跡

私が今まで教えてきた時間管理の原則の中で、ブロッキングという考え方ほど、私や私の受講生の人生に大きな衝撃を与えたものはない。

数週間前、私は東京の自宅の居間で三十二人の経営者たちにこのアイデアを説明していた。

「仮にあなたのスケジュールが真っ白だとしよう。今のところ、一週間の中に何も予定が入っていない。そして、私があなたとミーティングをしたいと言ったとしよう。あなたはいつそれをスケジューリングするでしょうか」

面白いことに、ミーティングをスケジューリングするための一貫した戦略を持っている経営者はほとんどいない。

「月曜の午後ですね」
「水曜日だな」
「分かりません」
「だからあなたは生活がないんですよ。月曜日の朝一番にスケジューリングするのです。なぜだかは今言いません。なぜだか自分で気づいてほしいからです。さあ、あなたのスケジュールは月曜の朝九時から十時半まで埋まりました。別の人が会議の予約を取りたいと言ってきました。ではいつスケジューリングしましょうか」

「午後の一時ですね」

「火曜日ですね」

「だからあなたの生活はないんです。月曜の朝十時半にスケジューリングするのです。それが無理なら、月曜の午後四時か金曜の午後四時にするのです」


原則が分かってきただろうか。

まだ見えてきていないかも知れない。しかし、これは本当に単純なことだ。出来事やアポをスケジュールに入れるとき、何もスケジューリングされていない**時間のブロック**ができるだけ長くなるようにスケジューリングすることである。


邪魔されない時間のブロック（区切り）が最長になるように、すべての出来事やアポをスケジューリングすることだ。

この原則は一日でも、一週間でも、一カ月でも、一年でも応用することができる。

例えば、私の会社では、会議はすべて月曜日に行なうようにしている。そうすることによって、毎週、重要な仕事やプロジェクトに邪魔されない時間を四日間も確保できる。どれだけの経営者たちが、一週間のうち、連続四日間、邪魔されない時間のブロックを持っていると言えるだろうか。まずいないだろう。

ピーター・ドラッカーは、「自分の時間の半分以上を重要事項に費やしていると言っている経営者はウソつきである。もしくは、実際に自分の時間の使い方を調べたことはない。二つにひとつである」と言っている。

年間計画も同じようにしてブロッキングすることができる。

私はセミナーや他の重要な出来事を一緒にまとめることで、仕事が入らない長い時間のブロックを確保するようにしている。今も私は、この単純な原則に沿ってスケジューリングを行なったおかげで、まったくほかの作業に邪魔されないまとまった四十日間で、この本を執筆している。

ハイラム・スミスは「中断から回復するのに必要な時間は、その中断の時間よりも長い」と言っている。その通りだと思う。仕事が流れに乗ったときにこそ、最もいい仕事ができる。邪魔が入ると心が乱され、なかなかその流れを取り戻すことができないし、できたとしても、相当な時間がかかる。

時間をブロッキングし、自分の効率が爆発的に向上されるのを経験してみてほしい。邪魔されない長時間のブロックは確保できないときもあるだろうが、そのようなブロックを作り出すたびに、自分の夢の実現に近づく大きな機会になるだろう。

さあ、ブロッキングを早速活用してみよう！

私はまとまった時間のブロックを作るために……

私がその時間のブロックを使って取り組むプロジェクトは……

時間管理における三大アイデア

ブロッキングに加えて、効率を劇的に向上させる強力な時間管理のアイデアが三つある。それは、**「後先事項《こうせんじこう》」「ゼロベース思考」**、そして**「政治家の選択基準」**である。

優先事項よりも後先事項

誰もが優先順位について考えているだろうが、後先事項について深く考えたことのある人はほとんどいない。優先順位は簡単である。誰もが優先順位を決めることができる。何が重要で、どの仕事に焦点を当てるべきかは簡単に見分けられる。

本当の問題は後先事項の方である。あなたは何を取りやめる用意があるだろうか。必要な時間を確保するために、どの仕事を無視するなり、手放すなりするだろうか。それが後先事項である。

現代経営学のまさに父であるピーター・ドラッカーはこのことの大切さについて次のように述べている。

「大切なのは、優先事項を設定することではない。それは簡単だ。誰にでもできる。集中できるマネジャーがほとんどいないのは、後先事項を設定する難しさにある。つまり、どの仕事に取り組まないかを決めて、その意思決定を守ることである」

億万長者の起業家マイケル・デルは、「『すること』それを決めるのは簡単である。難しいのは『しないこと』を決めることだ」と説明している。

私は先日、時間管理の問題を抱えている男性をコーチングしていた。彼はたくさんの仕事を抱え込み、圧倒されていた。そこで、彼と何をやめるべきか（後先事項は何か）について話し合った。彼は、人生で本当に望んでいる結果を得るために、テレビを見ることをやめることにした。

彼はそれまで一日平均三時間テレビを見ていた。つまり、一年間で千時間以上、週に四十時間働くとして二十七週間、すなわち六カ月半もテレビを見ることに浪費していたというわけだ！

彼はその後の人生において毎年、労働時間の半年分を、自分のミッション、目標、夢に集中するためのものとして、確保することができる。これが後先事項の力なのだ！

同じことがビジネスについても言える。ビジネスにおいて、最も難しい意思決定は、どの商品を売るかとか、どの顧客層を開拓するかではない。ビジネス上の最も難しい決断とは、どの顧客の、どのニーズを無視するかである。それはビジネス上の後先事項になるのだ。

あなたは自分の夢を実現するために、どの活動をやめる勇気があるか。

私が数年前に働いていた会社は、米国海軍のためのコンサルティングと研修を行なっていた。プロジェクトが順調に進み、担当者も、私たちが提供しているリーダーシップと組織開発の研修にとても満足していた。

当時、ベンチマーキングが流行語としてもてはやされ、多くの組織がベンチマーキングに取り組み始めていた。そこで、米国海軍の担当者が、私に電話をかけてきて、次のように言い出した。

「ベンチマーキングのプログラムをやって頂けないでしょうか。御社がやってくれるなら、何をしてもお任せしますよ」

問題は、私たちがベンチマーキングのプログラムを持っていなかったし、それを提供することは、私たちの強みではないということだった。また、当時私たちがミッションとして掲げていたリーダーシップや組織開発にも合致していないものだった。ベンチマーキングのプログラムを開発するために費やす時間と予算はすべて、核になっているサービスのさらなる開発から奪うことになる。

私たちは、丁重に断ることにした。それは難しいことだった。海軍は我が社の最大の顧客だった。彼らを満足させたかった。しかし、ベンチマーキングは後先事項だった。それはもっと重要なことから気をそらすものに過ぎない。私たちはそれを犠牲にして、最も重要なことに引き続き集中することにした。

私の恩師のひとり、ディー・グローバッグ博士は、数年前テキサス州にある証券会社を指導していた。彼が、優先事項と後先事項について教えたところ、その会社は大きな案件に集中するために、五万ドル以下の取引をすべて断ることに決めた。

これは勇気のいる決断だった。小口顧客はたくさん抱えていたし、彼らの取引から発生する手数料は、毎月の収支表に大きな割合を占めていたからだ。しかし同時に、小さい取引をさばくための日常業務に追われて、なかなか大口をまとめる時間がないというのも実情だった。

この後先事項を設定した結果はどうだったろうか。次の一年間で、売上が四倍になり、利益も記録的なものになった。優先事項よりも、後先事項である！

すべての人のすべてのニーズを満足させようとすれば、結局のところ誰のニーズも満たすことができない。ある機会を手放すことによって、本当に満たそうとしているニーズに集中し、必要な時間を投資し、そのニーズを一流のレベルで満たすことができるようになる。

どんな事業にも後先事項がある。個人的なサービスを要求する常連の企業役員などのニーズに応えるために、安く済ませようとする旅行者のニーズに応えないホテルがある。企業または大口の個人顧客しか扱わない証券会社もあれば、小口の個人投資家を専門にしている証券会社もある。自分の戦場を自分で選択することだ。後先事項を選ばなければならない。

皆を満足させようとすれば、誰も満足できなくなる。

私の後先事項、成功するために取りやめることは……

ゼロベース思考

ここで紹介するこの一概念を理解するだけで、誰もが経営コンサルタントとして食べていけると思う。それほど重要である。これは単純な概念であり、ひとつの質問を投げかけるというだけのことだ。

「このシステム、提携、人間関係、スケジュール、構造、手法、プロセスがまだできていなかったら、今それを新たに作るだろうか」

もし、すでにこうなっていなかったら、今からでもそうするだろうか。

もし答が「ノー」であれば、白紙に戻って、実際にほしいもの、最適なものを計画し、創造し、すぐに実行に移すことだ。

いつでもゼロに戻れる。自由だ。あなたにはその力がある。あなたはそう言われて反発を覚えるかも知れないが、事実これはあなたの人生であり、あなたのビジネスであり、したがって、あなたが好きなように選択することができるのだ。望み通りの状況を手に入れることができる！

もし今、あなたのスケジュールに、この予約がすでに入っていなかったら、それを今からでも入れるだろうか。もしそうでなければ、丁重にキャンセルすることだ。

この人間関係をすでに持っていなかったら、今その人との関係を築くことを選ぶだろうか。もし選ばないのなら、丁寧に、あなたの優先順位が変わって、将来は、その人が幸せになるように望んでいるということを説明して、その関係から脱出するのだ。

もしあなたが今この仕事をしていなかったら、それはあなたが新たに選択する仕事または職業なのだろうか。もしそうでなければ、あなたが選択したいものに今日応募してみよう。

無意味な人間関係、スケジュール、システム、仕事の慣性ほどの無駄はない。いったん始めたからという理由でやり続けなければならないことはない。

始めたからといって、やり続けなければならないことはない。

もう一度言うが、あなたに我の強い、自己中心的な人間になるように勧めているのではない。自分の中にある最善のものに対して忠実になるように勧めているだけである。あなたの人生、あなたの会社にとって正しいと思うことに対して忠実になるだけの誠意を持ってほしいのだ。正しいことを行なってほしい。正しいことは何かを迷っていれば、それはきっとあなたに与えられている選択肢の中で、最も難しいと思われるものなのだろう。

流れに流されるのは簡単だ。慣性の力に任せる人が多い。自分が正しいと思うこと、自分の信念を貫き、そのために立ち上がることは難しいことなのだろう。しかし、そうするだけの価値は絶対にある。

映画を観に行って、まったくつまらなかったという経験はないだろうか。私にはある。そんなときは帰ることだ。誰が最後まで観なければならないと言った？　最後までいなければならない理由はない。始めたからといって、やり続ける誘惑に負けないでほしい。やり続ける価値があると思うから、やり続けるのだ。そうでなくなったとき、白紙に戻し、もう一度最初からスタートするのだ。

最近、私は、あまりにも厳しいスケジュールに圧倒されていた。できるだけ顧客のニーズに応え、できるだけ多くの人を助けたいと深く決意しているが、私のスケジュールはその支えになっていなかった。

私は、自分の一年間をまったくゼロから計画し直した。出来事をブロッキングすることで、ほかの活動をする余裕も確保できた。新たに九日間のセミナー日程を捻出することができたし、豊かな私生活も確保できるようになった。前のスケジュールの中で調整しようとするだけでは、到底できるはずもなかったのだ。

白紙を取り出して、始めてみてほしい。このゼロベース思考は、さまざまな側面であなたの生活に革新をもたらすことだろう。

アメリカ合衆国そのものも、この「ゼロベース思考」の産物である。建国の父たちが白紙を取り出して、「もしゼロから国と政治体制を構築するとすれば、どのようなものを本当に創りたいのだろうか」と考えた。その質問の答が合衆国憲法であり、現在の世界における民主主義国家の原型と言えるだろう。

今生活の中で、望んでいる結果が得られていない領域は……

それをゼロベースで考えたとき、私のすることは……

政治家に学ぶ選択基準

私が「世界で最も忙しい人は誰だと思いますか」と尋ねると、多くの人は「アメリカ合衆国大統領」だと答える。それは非常に限られた時間で信じられないほど多くの要求に応えなければならない、きつい仕事である。

事実、ほとんどの政治家についても同じことが言える。あまりにも多くの人や出来事が自分の時間を要求してくるが、そのすべてに応えるのはとても不可能である。

そこで、「どう選べばいいのか」という質問にぶつかる。

政治家はこれに対して非常に面白い回答を打ち出している。彼らは「この人は私を助ける力をどれだけ持っているだろうか」と考えるようにしているのだ。

ボーイスカウトのグループと会うことは、時間を割くだけの価値があるかも知れない。特に、夕方のニュース番組に取り上げてもらうということになれば。党の選挙資金の担当者からかかってくる電話は、言うまでもなく重要事項である。

この選択基準は多少利己的に聞こえるかも知れない。私も同感である。そこで、私が提案しておきたいのは、「この人、あるいはこの時間の使い方は、私の夢の実現を助ける力をどのくらい持っているだろうか」という質問を自分自身に対して投げかけるようにすることだ。

この出来事はどれだけ私の夢の実現に貢献するだろうか。

もしあなたの夢が他人を助けることであれば、ホームレスの人と一緒に昼食を食べることはとても有効な時間の使い方になるだろう。それは自分の夢の実現を助けるものだからである。まだやったことのない人は、弁当を持って、友達と一緒に近くの公園に出かけてみることを強くお勧めしたい。とても勉強になる感動的な経験になるだろう。

自分の夢の実現に貢献する活動に時間を費やすことだ。贅沢に時間を使ってほしい。最も大切な事柄のために時間をとっておくことは素晴らしいことだ。

数年前、アメリカのある団体がこの概念をうまく要約するテレビ広告を出した。「子供にすべてを与えよ。あなたの時間を与えよ」と言っていたのだった。

問題や、気をそらせるような邪魔がすべてなくなるのを待たないでほしい。決してなくなることはないからだ。最も忙しい政治家と同じくらい、自分の時間に価値をおくようにするということだ。自分の時間を貴重なものとして取り扱い始めれば、周りの人も同じように扱ってくれるようになるだろう。

ほとんどの場合、世界は私たちの姿を映し出してくれる鏡に過ぎない。自分の思いが、自分の生活の現実に反映されている。もし自分の時間が大切なものだと思っていれば、ほかの人もそう思う。自分の時間を大切に扱わなければ、他人もそのように扱うに違いない。

ジェームス・アレンは、『考えるヒント生きるヒント』の中で次のように述べている。

「心はすべてのものを形づける偉大な力である。そして、人は心である。自分の思いの道具を手に取り、自分の志すものを形づけて、その結果、一千もの喜び、また一千もの災いを自分の身に引き受ける。隠れた場所において思いを発する。それは現実となって現れてくる。環境はその人の心の鏡に過ぎない！」

イエス・キリストは同じことをもっと簡単に言っている。

「人間は心に思うごとくになる」

時間を大切にしてほしい。人生を大切にしてほしい。夢の実現のために時間を投資してほしい。その見返りは大きな価値があるに違いない。

夢にすべてを与えよ。あなたの時間を与えよ。

今、私の夢を実現する上で、最も役に立つ活動は……

それらにより多くの時間を割くために、私のすることは……

この章で学んだこと

この章で学んだ重要ポイントは何か。

どんな決断を下したか。

今すぐ、どんな行動を取るか。

Step 7

思い切った行動を取る（行動）

私のセミナーでは、参加者たちに真っ赤に燃える木炭の上を裸足で歩いてもらうことがある。これは、自分の人生においてどれだけのことが可能なのかを意識させる素晴らしい比喩になる。この演習について特に気に入っているところは、どっちつかずの行動はあり得ないということだ。歩くか、歩かないのか、二つにひとつである。思い切った行動を取ることは、あなたの人生を変えるに違いない！

「やってみる」はダメだ！

ここまでの道のりは長かった。あなたは自分のパーソナルパワーを大きく伸ばしてきたはずである。基盤はできている。望んでいる結果も明確にしているし、そのための計画もできている。そして、そのための時間管理をどのようにすればいいのかも学んできた。さあ、今はやるときだ。行動を起こす！　**思い切って、行動をする**ことだ！　揺るぎない決意を持って、行動することだ！　それ以下の気持ちでやることは、意味がない。自分が何者であるのか、自分の夢にはどんな価値があるのか、それが大切なのだ。

映画『スター・ウォーズ』の中に、ヨーダがルーク・スカイウォーカーに対してジェダイ騎士になるための訓練を施す素晴らしい場面がある。

その中でヨーダは、ルークに対してとても不可能だと思うような課題を与える。そこでルークは「分かりました。やってみます」と言う。

ヨーダは答える。

『やってみる』はダメだ。やるか、やらないのか。『やってみる』はない」

数年前、私はネットワーク・マーケティングで、月に数十万ドルを稼ぐ人物に出会った。彼はまだ若かったが、とても幸福そうで、成功している様子だった。

私はこのような人に非常に興味がある。そして、彼がその成功の物語を分かち合ってくれた。

二十八歳のとき、彼はごく平凡な生活を送っていた。不動産の販売員として働き、そこそこの収入を得ていたが、夢を生きているわけではなかった。いや、それどころか、夢を生きることは不可能だと思っていた。しかし、それは自分だけではなく周りの人も皆そうだと言って、自分自身を慰める毎日だった。このような思いについて、あなたも身に覚えはないだろうか。

そんなあるとき、知人のひとりが、彼にネットワーク・マーケティングの概念を紹介してくれた。このビジネスの素晴らしいところは、もし経営が健全で、優れた商品を持っていれば（多くのネットワーク・マーケティングの会社はそうであるが）、普通の企業組織でなかなか成功できない人にとって、非常に大きな機会を提供していることだと思う。

高い学歴は必要ない。社長の娘や息子と結婚する必要もない。髪の分け目などを気にする必要もない。結果さえ出せばいいのだ。十分に大きな販売組織を作り上げることができれば、想像するだけの収入を手に入れることができる。

この男は、これがまさに自分の待っていたチャンスだと悟った。どういう生活を望んでいるのかを思い描いていた。そして、ネットワーク・マーケティングが、それを実現するための方法と計画を自分に与えてくれた。

そこで彼にとって必要だったことは、たったひとつ。行動。自分の成功を保証するだけの大胆で、思い切った行動を取ることだ。

彼は、知人という知人に電話をかけまくった。何年も音信不通になっている人たちにも声をかけた。ガソリンスタンドで働く男性にも、スーパーのレジにいる女性にも、そのビジネスを紹介した。彼の行動は、決意のある思い切ったものだった。

彼が構築した組織は、世界有数のネットワーク・マーケティング会社の販売の文字通り半分の売上を占めるに至った。

あなたの夢について、思い切った行動とは、どういうものをいうのだろうか。もし本当に全力を投じるとすれば、どういうことをするだろうか。失敗はあり得ないと分かっていたら、何に挑戦するだろうか。あなたは成功するために生まれている、あなたの夢をかなえるために神様はどんな資源も手段も与えてくれるということを確信していたら、あなたはどのような大胆な行動を起こすのだろうか。

ひとり決断している人がいれば、それだけで過半数である。

何を待っているのだ？　すぐ行動しよう！

夢を実現するために、私が取る思い切った行動は……


人から少々過激に見られるかも知れない。しかし、成功者は皆そうだ。

ある国際会議の席で、ひとりの男性と話していた。後になって、彼はビザ・カードの創立者、ディー・ホックだということを知った。

ディーは、ビザ・カードを思いついたとき、決意のある、思い切った行動に乗り出した。彼はたったの三週間で、三千もの銀行にその新しいシステムへの加入を呼びかけた。それこそ思い切った行動なのだ！　その行動の結果が史上最大の企業の創設だったのである。

彼は、回顧録『混沌と秩序』の中で、そのときの思い出をこう語っている。

「今となってはすべてがぼんやりしてしまった。一生懸命な質問、懐疑心、熱意、批判、混乱、説得、空港へ気が狂ったように駆け込むこと、眠れるときにわずか眠り、時間がない、時間がない。十二日間で、十二の都市、二百の銀行、何百という人々」

この経験を受けて、彼は次の座右の銘を打ち出した。「良い環境さえ与えておけば、ごく平凡な人たちは、ちょっとした夢、確固たる決意、そして試してみてもいいという気持ちから、非凡なことを成し遂げることはつねである」

マーク・トウェインは、次の簡潔な文章の中で、思い切った行動の本質を見事に表している。

「それは十日間の仕事だ。そして、何かが壊れなければ、五日間で終わるだろう」

あなたには夢がある。それを試してみる自由もある。問題は、確固たる決意があるかどうかだ。失敗することがもはや不可能になってしまうほど、死に物狂いで思い切った行動を起こす用意ができているだろうか。

あなたにはそれができると私は信じている。なぜなら、それはあなたがここまでこの本を読んでいる理由だからだ。あなたは中途半端で終わるような人ではない。あなたには物事を完成させる情熱があり、最後まで自分の夢を成し遂げるに違いない。

シェイクスピアは「私たちの疑いは、反逆者であり、やろうとしないから失敗してしまうという安易な道に私たちを誘い込むのである」と言った。

インドネシアで大手直販組織を率いる友人ジョン・ランキンズと一緒に、バリのベガワン・ギリ・リゾートでバカンスを楽しんでいたときのことである。夕食の席で、ジョンが突然に言い出した。「私がここまで成功した理由は分かる？　それは、ＰｈＤを持っている人しか雇わないからだ」

正直言って、私は驚いた。なぜなら、私はＰｈＤ（博士号）を持っている人で、ちゃんと仕事ができる人をほとんど見たことがないからだ。

そこで、ジョンが続いて言った。「そのＰｈＤじゃないよ。私の言うＰｈＤというのは、Poor, Hungry, and Determined という意味だ。つまり貧乏で、お腹が空いていて、決意しているやつ。成功しないという オプションはないから、皆頑張って売るんだよ。ほかのやつは、皆使い物にならない」

このような人たちこそが、思い切った行動を取るのだ。

その翌日、ジョンと一緒に川くだりに出かけた。そしてちょうど接岸したときに、彼の言うＰｈＤを持っている現地人と出会った。

現地の民芸品を販売しようとする女性である。私たちの帰り道についてきて、ひたすらその商品の良さを説明するのだった。川の渓谷から登っていく長い階段もずっと一緒だった。車までの500メートル以上の道のりも、最後まで歩いた。そして、車に乗ろうとしても、まだ売り込みを続けていた。

私もジョンもＰｈＤを持つ人を大いに尊敬しているから、最後はその商品を買ってあげたのである。

あなたも本当にＰｈＤを持っていたら、どういうことをするだろうか。どんな成功を自分の手に入れるだろうか。成功者は皆、心の中のどこかにＰｈＤを持っているに違いない。

恐れを追い払うときがきた。疑いをしまい込むときがきた。あなたの人生に良いことが必ず訪れると信じるときがきた。成功はまさにあなたの運命だと信じるときがきた。

さあ、行動しよう！

成功はあなたの運命である！

あなたの行動は重力を生み出す

物理学では、物体が加速すると、その**質量**が増えると教えている。また、質量が増えると、その物体が周りに対して及ぼす**引力**も増加するという。物体を光速まで加速させれば、理論上では、その質量と引力が無限になる。

さあ、物理学の話をこのくらいにしておこう。私がここで言いたいのは、人間についても同じ原則が作用しているということだ。あなたが行動を起こすとき、あなたの器はそれだけ大きくなり、周りに対して、ある種の引力を及ぼし始める。そして人や資源は、自然にあなたの夢をサポートする形で、どこからともなく現れてくる。

あなたは**「実物より大きい」**という表現を聞いたことはあるだろうか。それは、目的や夢に向かって思い切って全力投球で行動している人のことを指す言葉である。それをするあなたはまさに、実物よりも大きい存在になるのだ。

自分の夢に到達するまでの道が見えていなければ、行動を起こせばいい。あなたを支援しようと現れてくる資源の多さに驚くに違いない。あなたの行動は、周りの人々にとってのインスピレーションになる。人々は、物事の中心地にいたいと思うものだ。あなたがまさにその中心になる。あなたは自然のひとつの力になることができる。

英国人劇作家ジョージ・バーナード・ショーは、このことを次の言葉で表現している。

「これこそが人生の真の喜びである。自らが偉大と認める目的のために働くことである。世界があなたを幸せにするために働いてくれないとつねに文句を言い続ける、興奮したわがままと不平の小さな塊ではなく、自然のひとつの力になることである。私の人生は社会全体のものであり、命ある限り、それに仕えることが私の特権である。死ぬときになって私は、ことごとく使われ果てていたいのだ。なぜなら、熱心に働けば働くほど、私は生きてくるからである。私は生きてい

ることそのものを喜んでいる。人生は私にとって短いろうそくなどではない。それは今の瞬間にかかげる素晴らしい松明であり、次の代にそれを渡すまで、できる限り赤々と燃やし続けていきたいのである」

人生を最大限に生きよう。熱心に働けば働くほど生きることになるからである。行動をすればするほど、あなたの存在が大きくなり、あなたの松明《たいまつ》はそれだけ明るく燃えることになるのだ。

動き出すことだ。必要な資源は後からついてくるに違いない。

レーザー思考で障壁を切る

私のセミナーを楽しくし、参加者たちのエネルギーの高さを保つために、さまざまな映像や照明器具を活用している。状態がスキルを生み出すということを思い起こしてほしい。高いエネルギーの状態にいれば、それだけ学習能力も高まることになる。

そこで活用している装置のひとつに、五十ミリワット（50／1000ワット）のレーザーがある。百ワットの電球を一日中見つめていても何の支障もない。しかし、五十ミリワットのレーザー光線を一瞬直視しただけで、目は永久的な損傷を受けてしまうことがある。

百ワットの電球は、五十ミリワットのレーザーの二千倍ものパワーを持っている。では何が違うのだろうか。なぜレーザーはそれほどまでに凄まじい破壊力を持つのだろうか。答はもちろん、**集中力**である。レーザーのエネルギーはすべて、一点に集中しているが、電球のエネルギーは拡散している。

ほとんどの人が、電球のように生きている。彼らのエネルギーがさまざまな活動に分散している。焦点がない。効果が上がらないのはそのためだ。

たとえあなたのエネルギー、知識、技量、能力が他人の二千分の一しかなくても、それを一点に集中させれば、大きな成果を生み出すことができる。

レーザーは、思い切った行動の良いたとえと言える。レーザーは鉄板でも切ることができる。あなたが自分のエネルギーを集中させれば、何ができるだろうか。あなたは、五十ミリワット以上のパワーを持っているに違いない。

エネルギーを集中させれば、どんな障壁も切り抜けることができる。

ピーター・ドラッカーは、名著のひとつ『経営者の条件』の中でこう述べている。

「効果的な経営者の共通点は、ひたすらひとつの作業に集中する点にある。彼らは、最も大切なことのみを行ない、そのことが完了するまで、ほかに目を向けないという集中力を持っている」

より多くを得るために、より多くを与える

多くの人は最低限の努力で物事を済まそうとしている。要求される以上のことは決してしない。そして、なぜほしい結果が得られないのかを不思議に思いながら生活している。

エルバート・ハバードは「給料以上のことをしない人は、今以上の給料は得られない」と叱っている。

若いときの恩師のひとりに、ポール・ダンという人がいた。ポールがスーパーマーケットのマネジャーをやっていたときのことである。

新しい店舗を開店することになり、店員の募集をかけた。そして、ちょうど採用が締め切りとなり、新しい店員が決まったところで、ひとりの青年が店に現れて、応募した。

そこでポールは「もう募集が終わりましたよ」と言って断ったが、この青年は動じないで言い返した。「私はあなたの必要としているものを持っています！」

ポールはこの面白い発言に興味を持った。「私の必要としているものって、何なのかね……」

「サービスです」彼はまた答えた。「私はサービスを持っています。あなたの店が成功するか失敗するかはそれにかかっているでしょう。給料は要りませんから、一週間使ってみてください。それで分かって頂けると思います。一週間経って、店が私を必要としているということをまだ納得されないのなら、私を解雇してもかまいません」

ポールは彼を採用することにした。そして、二日後にはほかの青年二人を解雇した。この坊やが三人分の仕事をしていたのである！　走り回って顧客にしてあげられることが何かないかと、つねに探していたのだった。「取ってきますよ！」「奥様、私にそのバッグを運ばせてください」「車まで運んであげましょうか」「もちろんやらせて頂きます」

二カ月後に、そのスーパーは成功を収め、近くにもう一店舗を出店することになり、誰がその店の店長に就任したと思うだろうか。そう「サービス」を持っている、この青年だったのである。

成功と富を手に入れるための大原則は、**「より多くを得るために、より多くを与えよ」**ということである。

より多くの売上を望むなら、顧客により多くの価値を与えなければならない。より多くの愛を望むなら、自分からより多くの愛を与えることだ。より高い給料を望むなら、より質の高い仕事をし、自分自身を捧げることだ。学校でより素晴らしい成績を望むのであれば、より勉強に注意を払うことだ。やる気のある社員がもっとほしければ、成長と貢献の機会をもっと彼らに与えることだ。より多くを得るためには、より多くを与えなければならない。

ルイーズ・ニーザーは言っている。

「私は毎年、エール大学やハーバード大学で法律を学ぶ学生諸君に講義するとき、次のように忠告している。『君たちにひとつの言葉を教えてあげよう。この言葉は鈍った知性を天才に変える。

この言葉は、優秀な人を確固とした頼りになる人にする。この言葉は、君たちのために機会のドアを開けてくれる。この言葉は、君たちのために歓迎の赤い絨毯《じゅうたん》を敷いてくれる。この言葉は、世界中の最も美しく力を持つ人々を君たちに紹介してくれる。この言葉は、すべての人に成功をもたらす。その奇跡的な魔法の言葉は、は・た・ら・け、である』

エルバート・ハバードは、1899年に『ガルシアへの手紙』と題するエッセイを執筆した。このエッセイは、数十カ国語に翻訳され、日露戦争のとき、天皇の命令により日本国政府で働く公務員全員にも配布され、合計四千万部以上も出版されている。

行動力と率先力を発揮する成功者の特質をよく表しているので、ここでその要約をあなたにも紹介しておきたい。

私の記憶の地平線に、大きくそびえ立つひとりの男がいる。

スペインとアメリカの間に戦争が勃発したとき、反乱勢力のリーダーに連絡を取ることが必要になった。そのリーダーのガルシアは、キューバの山奥にたてこもっており、誰もその所在地を把握していなかった。郵便も電報も、彼のところには届かない。しかし大統領は、早急に彼の協力を確保しなければならないのである。どうすればいいのだろうか。

そこで、ある人が大統領に助言した。「ロワンという男がいる。彼ならガルシアを見つけるだろう」

ロワンが呼ばれて、ガルシアへの手紙を渡された。どのようにこの「ロワンという男」が、その手紙を手に取り、油布のパウチにしまい込み、肩からぶら下げて、四日後の夜中に小さな船からキューバの海岸に上陸し、ジャングルに姿をくらまし、三週間後にガルシアにその手紙を手渡し、敵に占領されている島の向こう側に現れたのかを、ここで詳しく述べるつもりはない。

私が言いたいのは、マッキンリー大統領が、「ガルシアへの手紙」をロワンに渡したとき、ロワンが大統領に向かって「ガルシアはどこにいる？」と聞かなかったということだ！

天の父なる神よ！　これぞ、ブロンズの彫刻を起こし、すべての大学に飾られるべき男なのだ。若き青年たちが必要としているのは、本からの知識ではなく、忠実に信頼に応えること、素早く行動を取ること、エネルギーを集中させること、つまり「ガルシアへの手紙を届ける」ことなのである。

人の手を借りて事業を営む人なら、普通の人の愚かさ、集中力の欠如、実際にことを成し遂げるということに対する気力のなさを見て、嫌になることだろう。

読者の皆さんにこのことを試してみて頂きたい。あなたは事務所に座っている。従業員六人が呼べる範囲にいる。その誰かを自分のところに呼び、次の仕事を要求してみる。

「百科事典で調べて、コレッジョの人生について、短いメモをまとめてみてください」

その従業員は、「はい、かしこまりました！」と言って、その仕事をしてくるだろうか。賭けてもいい。そうはしない。彼はあなたを横目でにらみつけて、次のいずれかの質問をするに違いない。「その人って誰？」「どの百科事典？」「百科事典はどこにありますか」「私は、そのために雇われたのかしら」「ビスマルクのことですか」「チャーリーにやらせたらどう？」「その人って、もう死んでいる？」「お急ぎですか」「百科事典を持ってこようか」「なぜ知りたいのですか」

そして、また賭けてもいい。その従業員はほかの従業員の手を借りて、コレッジョを探しにいき、最終的に戻ってきて、「そのような人は存在しない」と報告するに違いない。私はこの賭けに負けるかも知れないが、しかし「平均の法則」でいけば、勝てるはずだ。

そこで、あなたは、「コレッジョはKではなく、Cで始まるよ」ということをその従業員に説明せず、親切な笑顔を浮かべて、「もういいよ」と言いながら、自分で調べてくるだろう。

「ガルシアへの手紙」を渡されて、バカバカしい質問をすることもなく、それを受け取り、確実に相手に届ける人は、解雇される心配はなく、より高い給料を得るために、ストライキを起こす必要もない。

文明の歴史は、そのような人たちを探し求める長い探求の連続だ。このような人の要求することは、何でも与えられる。すべての街、すべての村、すべてのオフィス、店、工場に求められている。世界が泣き声をあげて、そのような人を捜し求めている、「ガルシアへの手紙」を運ぶことができる人を。

最も大きな報い（お金と名誉の双方）は、率先力を発揮する人に与えられる。率先力とは何だろうか。それは、言われなくても、正しいことをすることである。あなたはそのような人になれるだろうか。

より多くを得るために、より多くを与えよ。

人生のたったひとつの領域において、この原則を実践すれば、どれだけの影響があるかを考えてみてほしい。相手から「何かを得よう」と思って、その人と関係を組めば、どうなるだろうか。最終的に、あなたは落胆することになるだろう。最初から、失敗の種を蒔《ま》いているからである。では、自分の焦点を変えてみよう。その人との関係において、何を与えられるだろうか。どうしたらその人にもっと愛を示すことができるだろうか。どうしたらその人を幸せにすることができるだろうか。

このアプローチを取れば、もっと充実した人間関係が保証されるのは言うまでもない。

大切な人間関係をより充実したものにするためにできる素晴らしいことのひとつは、**予期せぬときに、予期せぬ贈り物**を贈ることである。

企業や経営者を指導するとき、この素晴らしい原則を活かそうとしない人の多さに驚く。多くの会社の従業員は、非常に高い給料が保証されているのにもかかわらず、意欲が非常に低いものになっている。どうしてこうなるのだろうか。

基本的に言えば、システムに組み込まれて、定期的に与えられる報いは、当たり前なものになってしまう。つまり、人はその報酬を権利として考え、それを取り上げると、不平不満を述べたてるが、それを提供したからといって、特別に喜びの声が聞こえてくるというわけではない。

多くの会社において、ボーナスや賞与はもはや〝ボーナス〟ではない。それは当然のものとして、従業員に期待されている。それは特別な報酬ではなく、権利と見なされている。

他人を動機づけるための秘訣は、予期せぬときに予期せぬ報酬を与えることだ。

孫子は『兵法』の中で、「規則にない報酬を与えなさい。規約にない指示を与えなさい」と戒めている。

最近、私のセミナー会社が立て続けにセミナーを開催していた。一日の講義の時間は長く、スタッフの皆が疲れていた。二つの大規模なセミナーの間に二日間が空いていたので、スタッフはこの間に家に帰っても良いかを私に尋ねた。

「ダメだ。スタッフのための訓練集会を予定しています」と私は答えた。

彼らは残念そうにしていたが、文句を言う人はいなかった。

「どんなトレーニングをするのですか」

「スタッフ・ストレッチをやろうと思っています。サバイバル体験を用意しているから、そのつもりで。今までやってきたどんなことよりも、すごい限界にまで君たちを追い込むことになるからね」

彼らは喜んでいる顔ではなかった。

最初のセミナーが終了し、翌日の朝になった。皆の荷物をバンに詰め込み、山へと車を走らせた。誰もが、人里離れた場所に置き去りにされ、帰りの道を探し出さなければならないことになるか、どこかの洞穴《ほらあな》の中で一夜を過ごすことになると考えていた。

山道から左折して、突然美しい日本庭園に囲まれた駐車場に入った。ドアを開けると、きれいな着物を身にまとった女性が私たちを迎えてくれた。

スタッフ全員を、皇族の古い夏の別荘で二日間を過ごすよう手配していたのだった。それを知った彼らは、まさに仰天したのである。

予期せぬときに、予期せぬ贈り物を！

予期せぬときに、予期せぬ方法で、予期せぬ贈り物を贈ることだ。あなたの伴侶や恋人に試してみてはいかがだろうか。従業員に対してやってみてはどうだろうか。大金をかける必要はない。一本のバラが非常に喜ばれることもある。きちんと計画する時間を取れば、効果が出るだろう。あなたの心遣いが伝わる。カードを書いてみてほしい。相手に自分の気持ちを伝えてみてほしい。

私が計画している予期せぬ贈り物は……

この贈り物を贈る相手は……

出し惜しみをやめよう！　あなたの与えるべき贈り物を世界に与えてほしい。あますところなく与えてもらいたい。迷わず、躊躇《ちゅうちょ》することなく、与えてほしい。より多くを得るために、より多くを与えよう。

人は、思い切った行動を取れば疲れてしまうのではないかと恐れ、出し惜しみをすることがある。しかし、これほど間違った考えはない。大胆に行動をすればするほど、翌日はより多くのエネルギーが得られる。

これは、健康に関する秘訣でもある。ディーパック・チョプラ博士は、「健康とエネルギーは深い眠りの結果であり、深い眠りは活気ある活動の結果なのだ」と教えている。私は経験上、それが真実だと確認している。全力を出し切ってみてほしい。赤ん坊のように眠り、次の日には、エネルギーに満ち溢れて目が覚めるだろう。思い切った行動を起こさなければ意味はない。

ビジネスでの成功について心配していれば、顧客が絶対に期待できないほどの価値をその顧客に提供することだ。そうすればライバルはこわがり、あなたの業界に新しい規準を設けることになるだろう。

競合相手がやっていれば、あなたの会社が廃業に追い込まれてしまうことは何だろうか。それを先にやることだ。自分たちの手で今のやり方を廃業に追い込むことだ。思い切った行動により、業界の第二の創業を成し遂げるのである。

競合相手にやられる前に、自分の今のやり方を廃業に追い込もう！

この考え方と行動の仕方があなたの生活にもたらす影響を感じてほしい。心配することをやめて、生き始めることだ。使い切ってしまえば、新たなエネルギーがあなたに流れ込むことになる。自然界は真空空間をとことん嫌っているからである。

アラジン効果：聞くだけでいい

多くの人は大きなプロジェクトに取り組むとき、どこからスタートすればいいのか、分からないで悩み込む。自分の目標が達成されるために起きなければならない出来事は、自分の**「影響の**

輪」のはるか外にあるように見えることもある。

アラジンと魔法のランプの話を覚えているだろうか。アラジンは魔法のランプを見つける。それを擦《こす》るとジーニーという名のランプの精が現れ、アラジンの望みを何でもかなえてくれるという物語だ。

あなたはそんなランプを手に入れたいと思ったことはないだろうか。驚くな！　あなたはすでにそれを持っている。ほとんどの人は、擦ることを忘れているだけだ。人に何かを頼むことを恐れ過ぎて、断られる前から諦めてしまっているのだ。

人は、人生を複雑にしてしまうきらいがある。しかし、人生は複雑ではない。求めさえすれば、自分の思う通りの人生を送ることができる。

私がある会社の売却交渉をしていたときのことである。その交渉はほぼ成立し、取引の条件が整えられた。そこで、私は買収先の社長に電話をかけ、次のように言った。

「取引は大詰めです。してほしいことがあとひとつだけあります。今まで話している金額に別途二十一万ドルを上乗せしてほしい。そうすれば、株主全員に今回の取引を承諾して頂けると思います」

すると彼は次のように即答した。

「分かった。差し上げよう」

電話一本かけて頼めば、二十一万ドルが作れるのだったら、あなたはその電話をかけるだろうか。「もちろんだ、かける！」と言うだろう。しかし、実際にそれを最近したのはいつのことなのだろうか。

ほとんどの営業マンが抱えている最大の問題は、顧客に注文を頼むことを恐れているということだ。また、注文を頼んだとしても、一言でも拒否されれば、もう二度と頼むことはしなくなる。勇気を出してほしい。人にものを頼むことは、力強い行動なのだ。それは、魔法のように、物事を動かす力を秘めている。

本来、「ノー」と言いたい人はまずいない。皆「イエス」と言いたいのだ。それが人間の習性である。少し考えてみてほしい。誰かから電話で夕食に誘われたときに、「私は絶対にあなたなんかと一緒に夕食を食べに行きたくないよ」と軽々しく言えるだろうか。

あなたは人に頼むのを恐れていないだろうか。値引きを要求することを躊躇しているだろうか。より良いサービスをしてもらうことについてはどうだろうか。あるいは、本当に好きな人をデートに誘うことはどうだろうか。

ほとんどの人がものを頼むことを恐れる理由は、「ノーと言われたらどうしよう?」と思っているからだ。その可能性も確かにある。「ノー」とは絶対に言われないと言っているのではない。

しかし、歴史上の偉人のほとんどが、しょっぱなから「ノー」と言われたことも覚えておいてほしい。

『アンネ・フランクの日記』など誰も読まないだろうと、出版社が言った。だが、多くの人はそれを読んだ。

大勢の人が、カーネル・サンダースのレシピは要らないと言った。そんな彼がやがて世界最大のファーストフード・チェーンのひとつを設立した。

ブランズウィック氏は、「最低水準賃金を支払えば手作業でボウリングのピンをセットしてもらえるのに、わざわざ自動ピン設置マシンを買う人はいない」と告げられた。彼はその特許を一ドルで買い取り、ボウリング場の経営で巨万の富を築いた。

ジョージ国王は、植民地の住民たちに、彼ら自身でその地を統治することはできないと言ったが、合衆国は誕生した。

銀行家たちは、ウォルト・ディズニーが提案する〝バカげたテーマパーク〟に来るお客などいないと言って、彼の融資依頼を断った。彼は、融資を取りつけるまでひたすら請願を出し続け、そのテーマパークを建築してしまった。

人々はライト兄弟たちに、「もし飛ぶことが神の意思なら、神は人間に翼を与えただろう」と言った。しかし、ライト兄弟たちは私たちに翼を与え、今では誰もが空を飛ぶことができるようになったのだ。

「ノー」という言葉を聞いたとき、あなたは素晴らしい仲間と一緒にいることを思い起こしてほしい。

ここで大切なことは、聞くことには何のコストもかからないということだ。

顧客に注文するように頼んだのに、顧客は注文してくれない。あなたはまだ注文を受けていないわけだけれど、頼む以前にも、あなたは注文を受けていなかった。ということは、状況は頼む前も後もまったく変わっていないということだ。

つまり、どういうことだろうか。何も失っていないということである。

さて、あなたがカジノに入ったとしよう。そのカジノが、どのスロットマシンも無料で使えるようになっているとしたら、スロットマシンのレバーを引くだろうか。もちろん引くだろう。失うものは何もないのだから、引かない人はいないはずだ。相手が「イエス」と言えば、あなたの勝ちとなる。「ノー」と言えば、あなたは以前の立場にただ戻るだけだ。

私は頼むことに病みつきになっている。

私は、初めて本を出版したとき、新聞社に広告の割引を頼んだ。彼らは、価格を千七百五十万円も下げてくれた。また、書店に対して、その本を良い場所に陳列してくれるように依頼した。そこで多くの本屋が店の前に平積みにしてくれた。その本は、連続二十五週もの間、ビジネス書分野で一位のベストセラーを記録した。

「求めよ、さらば与えられん」それだけ簡単なことだ。

さあ、習慣にしていこう！　あなたが頼みたいことは何だろうか。魔法のランプを擦ってみることにしよう！

私が頼むことは……

思い切った行動にも手順があった

大胆で思い切った行動を取るには、いくつかの鍵がある。

行動が取れる状態を作る

最初の鍵はやはりあなたの状態を整えることである。思い切った行動を取るには、自分自身を**決意の固い状態**にしなければならない。誰も自分を止めることなどできないと確信する状態だ。

焦点（V）、言葉（A）、身体（K）を使ってその状態を作る。必ず成し遂げると確信することだ。自分が成功するために生まれたのだということを知ることだ。

「望み」という言葉は、英語で「Desire」というが、その語源は「De」と「Sire」の二つの部分からなり、「父から授かったもの」という意味である。あなたの望みは、満たされるためにあなたに与えられたものであるのだ。「この通りになる！」と心に決めておこう。

責任をとる

次のステップは、**責任**をとることである。歴史上の偉人を見てみるとすぐ分かるが、彼らはつねに責任をとる人々だった。その問題をどうにかしろと、誰かに指示されたわけではない。ガンジー、マーティン・ルーサー・キング、ホー・チ・ミン、誰かが彼らに責任をとらせたのではない。彼らは、物事を変えることが自分の責任であると自分自身で決めて、それを行なっただけだ。

以前に、テレビの連続番組『ロザンヌ』の中で、次のセリフがあった。

「誰かがあなたに力をくれるのではない。あなたが自分でそれを取るのだ」

どんな問題に直面しようが、「これを変えるのは私だ！」と決めてほしい。あなたがそう決めるから、そうなのだ。ほかの人が何をするか、何をしてくれないかについて、不平不満を言ってはならない。「あなた」がしようとしていることは何かを決めることだ。「成るなら、私が為すからだ」である。

ガンジーは、「世界に変化を望むのであれば、我々自らその変化にならなければならない」と説いている。

率先力を発揮する

次のステップは**率先力**を発揮することである。外へ出て、ことを起こしてほしい。平地に波乱を起こす。状況や環境や他人が変わるのを待っていてはならない。

パットン将軍はあるとき、新兵たちに挨拶して、次のように述べた。

「『今の場所を守っている』というようなくだらない報告を聞きたくない。私たちは何も守っていない。私たちはつねに前進しているのだ！」

率先力を発揮してほしい。今あなたができることはと言えば、国会議員に手紙を出すことだけかも知れない。ならば、手紙を出すことだ。次にすべきことは、署名運動を始めることかも知れない。ならば、それをすることだ。いつのまにか、あなたは立候補し、新しい政党を作り、本来の持ち主であるはずの国民に政権を返してくれているに違いない。

　世の中のすべてのものは、率先力を発揮した人によって作られているのだ。

安心領域を出る

　思い切った行動を取る四番目の鍵は、あなたの**「安心領域」**を越えて行動することだ。

古い地図を見ると、境界線あたりに**竜**の絵が描かれているものがある。

「そこへ行ってはダメよ。竜がいるよ。あなたは二度と戻って来れなくなる。そこに何があるのか誰も分からない」

　そこで、あなたのような冒険家が、そう言われながらも、そこに行ってしまう。そして、地図が広げられ、新しい境界線を支配する新しい竜（やってはならないこと、タブー、犯してはならないルール）が誰かの手によって作り上げられる。

　心理学で、〝竜〟は、「自己」の比喩である。あなたが新しいことに挑戦するとき、あなたの安心領域を押し広げるとき、あなたは自分が一体何者なのか、どれほどの強さを持っているのかということに直面することになる。

ヘレン・ケラーは「人生は勇敢な冒険か、あるいは無意味なものか、どちらかである」と言っている。

自分の「安心領域」を越えた活動に挑戦してほしい。竜なんてどこにもいないということを悟ったら、次は自分の境界線を押し広げることがそれだけ簡単にできるようになるだろう。

1954年5月6日まで、一マイルを4分以内に走ることは不可能だと思われていた。しかし、ロジャー・バニスターがその壁を破ってみせた。この「竜」も、私たちが自らに課しているそのほかのすべての限界と同じように、錯覚に過ぎないことを証明したのだった。彼は、3分59秒4で完走した。彼の記録はそのわずか二カ月後に、ジョン・ランディによって破られた。心の中から障壁を取り除けば、人は驚くほどの成果を出すことができるのだ。

思い切った行動を起こすためには、自分の通常しないようなことをしよう。能率のエキスパート、ブライアン・トレーシーは「自分自身に課する要求に従って、人間として成長する」と説明している。

結局、目標を設定する目的は、目標に到達することではない。それは、人として何者かになることである。もし目標があなたを人として成長させるのなら、それは素晴らしい目標だ。もしあなたの目標や行動が、今の「安心領域」の中でもできるものなら、結局その目標は何の役にも立たないだろう。「安心領域」を越えて、自分の地図を広げよう!

1852年に、ダニエル・ウェブスターは次の言葉を書き記したが、これは後にラドフォード大学のモットーになった。

「大理石に細工をすれば、それは滅びる。真鍮《しんちゅう》に細工を施せば、時がそれを錆びさせてしまうだろう。神殿を建てれば、それは塵となる。しかし、私たちは人間の不滅の魂に働きかけ、高度な原則を教え込み、神に対する恐れと同胞に対する愛を抱かせるようにすれば、それは時によって風化されない、永遠にわたり、その輝きも増し続ける働きをすることになるのだ」

仏陀の思いはこうだ。

「大工は板を曲げる。矢羽職人は矢を曲げる。賢人は自らを躾《しつ》ける」

目標を設定する目的は何らかの結果を得ることではなく、言うなれば何らかの寺院を建てることではなく、自分自身を磨くことである。そして、私たちは自分の限界に挑戦し、自分の境界線を広げるたびに、自分自身を磨くことになるのだ。

竜はいない。いるのはあなただけだ！

失敗はあり得ないという前提で行動する

最後のポイントは、**失敗は不可能**だという前提で行動することだ。成功と勝利は必ず自分のものになるという確信を持って前進せよ！　聖書には、「カラシ種子ほどの信仰を持っていれば、山をも動かすべし」と記されている。これは真実である。土木技師は毎日それをやっている。あなたもできるはずだろう。

勇敢になってもらいたい。人は死ぬ間際になって、やってきたことを後悔するのではない。後悔するのは、やらなかったことである。人生の最大のリスクは、リスクのない生活を送るリスクなのだ。

人生を精一杯生きてほしい。アルバ・サイモンは、「死は、自分の命を失ってしまう数多くの方法のひとつに過ぎない」と書いている。思い切った行動を起こさないことも、命を失う方法のひとつだろう。今日から生き始めることにしよう！

思い切った行動の五つの鍵

1. 思い切った行動が取れる状態を作る。
2. そのことを自分の責任にする。

3. 率先力を発揮する。
4. 「安心領域」を越える。
5. 失敗はあり得ないという前提で行動をする。

エラ・ウィラー・ウィルコックスは、このことをその素晴らしい詩の中で要約している。

「どんな出来事も、偶然も、意志の強い人の強固な決意を妨げることも、阻止することも、押さえつけることもできない」

思い切った行動を取る用意があれば、何もあなたを止めることができない。あなたの夢は必ず実現されるに違いない！

今すぐ思い切って行動をせよ！

この章で学んだこと

この章で学んだ重要ポイントは何か。

どんな決断を下したか。

今すぐ、どんな行動を取るか。

Step 8

アプローチを改善させる（改善）

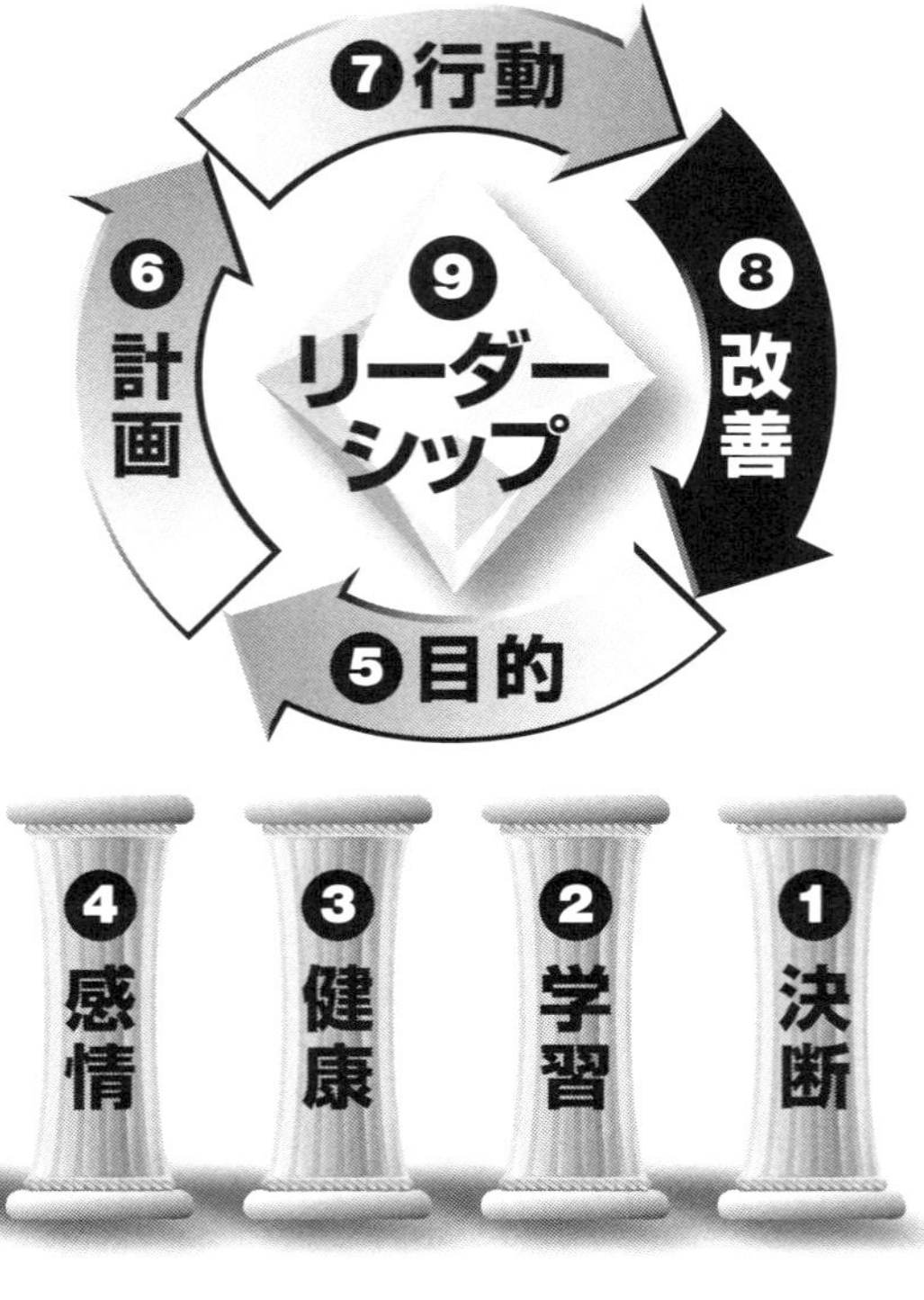

第二次世界大戦後、日本は、「常なる改善」という考えに基づいて、世界第二の経済大国を作り上げた。やることすべてがうまくいくとは限らない。アプローチを変えることも必要だ。つまるところは、人生には二種類の経験しかない——成功する経験と学ぶ経験である。エジソンは電球を発明するまでに何回失敗したのだろうか。答はゼロだ。彼は毎回の実験から学ぶようにしていたからである。

エジソンを模範としよう！

電球のない生活を一度想像してみてほしい。なかなかできないことだろう。車にはライトがなく、家の灯《あか》りはろうそくのまま。夜道は暗く、ネオンサインや明るい広告看板もない。オフィスビルで夜に働く人など、誰もいない。懐中電灯すらないのである。

エジソンがそのすべてを変えた。エジソンはほかのすべての成功者と同じように、自分のアプローチを**改善**するようにしていた。そして、その改善の結果、私たちの生活を一変させることができた。

ある日、エジソンは、電球を開発するまでに行なった数々の実験のひとつに取り組んでいたが、その実験は「失敗」に終わった。文字通り、爆発してしまったのだ。

エジソンの助手は、実験の「失敗」の繰り返しにいら立ち、怒りを抑え切れなくなり、エジソンに向かって次のように叫び出した。

「私たちを殺すつもりか！　いいかげんにしろ！　もうそろそろやめたらどうなんだ？　できるわけないだろう！　あなたは失敗したのさ」

あなたも今までに、このような言葉を何回も聞いたことがあるだろう。

しかし、エジソンはまったくそれを気にする様子はなかった。彼は猛然と自分のノートに書き続けるだけだった。

それを見ていた助手が気を取り直し、尋ねた。

「何をしているのですか」

「今、爆発を起こす新しい方法を発見しました。そして、電球を作らないもうひとつの方法を学んだのです」

なんという素晴らしい心構えなのだろう。成功するのは当然である。

最初から成功しなかったら、自分のアプローチを変えればいい。いずれは、ほしい結果を手に入れるに違いない。

１９８２年に、氣の研究会の宗主、藤平光一氏がオレゴン州のポートランド市にセミナーを開くためにやってきた。そこで宗主は集まってきた受講生たちにこう言った。

『『できない』と言うな！　できないと言えば、できなくなる。『やります』と言いなさい！　そして全力でやりなさい。最終的にできなければそのときになって、本当はやりたくなかったと言えばいいのだから」

ロバート・シュラーは「成功に終わりはない。失敗が終わりではない」と述べている。秘訣は、自分のアプローチを改善することだ。

生物学の大教訓：予測と改善である

生物学では、生命には必要不可欠な要件が二つあると教えている。それは**予測とフィードバック**である。

微生物から始まって、すべての生物は、これら二つの活動に携わっている。

微生物が高濃度のブドウ糖に向かって動くようにすれば、生き延びて、繁殖するために必要な栄養が得られるという予測を立てる。この予測が当たっていれば、万事良しである。しかし、予測が外れてしまえば、窮地に陥る。

ここでフィードバックが不可欠になる。フィードバックがなければ、物事がうまくいっていないということを知らないままである。測定し、観察し、自分のやっていることがうまくいっているかどうかを把握しなければならない。

フィードバックが得られたら、微生物は二つの選択肢を持つ：**アプローチを変える**か、**絶滅するか**である。

自分のアプローチを改善するということは、生きるか死ぬかの選択であるのだ。望む結果が得られていなければ、アプローチを改善するしかない。

数年前、セールスにおけるコミュニケーションの天才、マハン・カルサーのセミナーに出席するため、私はマレーシアのクアラルンプールに出かけた。そこで、マハンは私たちに向かって、次のように言った。「難しい顧客は存在しない、柔軟性のないコンサルタントがいるのみだ」

もっと良い結果をもたらしてくれる新しいアプローチを見つけるほどの柔軟性を持たなければならない。

夢は必ずかなえられる。ただ、あなたが当初思い描いていた方法ではないこともある。

マハンの話は続く。

「すべての失敗は、**意識の欠如**か、**選択肢の欠如**による」

あなたが今、顧客と話し合っているとしよう。そして、あなたのやり方はうまくいっていない。もし、自分のやっていることがうまくいっていないことに気がついていなければ、ビジネスを成功させることはできないだろう。つまり、あなたの意識は欠如しているというわけだ。

さて、同じ話し合いで、あなたは顧客がどうも納得していないということに気がついているとしよう。しかし、いったいどうすればいいのかは分からない。自分のコミュニケーションの道具箱を使い果たしてしまっている。次の打つ手はもうない。この場合は、選択肢の欠如に悩んでいるということになる。

すべては、意識と選択肢の問題である。
今やっていることがうまくいっているだろうか。でなければ、どうするか。

結果を改善するため、私が取れる新しいアプローチは……

五感の感度を研ぎすませる

どのくらい正確に周りの世界を意識し、把握できるかは、あなたの**五感の感度**によって決まる。分かりやすく言えば、あなたがどのくらいの**観察力**を持っているのかということである。

もう一度VAKの話に戻ってみよう。うまくいっているかどうかを教えてくれる何かを、見ている、聞いている、あるいは感じているということである。周りの動きに**注意**することだ。私たちの直面する問題の多くは、注意を怠ることにその端を発している。よく見て、よく聞いて、よく感じるようにしなければならない。

次に自分の言うことについて考えず、完全に相手と一緒にその場にいるようにする。耳を傾ける。注意深く見る。相手は何を感じているのかを感じ取るようにする。

子供の頃に聞いた話である。もともとアメリカの牧師ラッセル・コンウェルが語ったものだそうで、今となってはさまざまなバージョンで語り継がれている。

あるところに貧しい農夫が住んでいた。大金持ちになり、もっと楽に暮らしたいという思いを抱きながら、毎日自分の農場を横切る小川で足を冷やし、ぼんやりと白日夢を見ていた。

「こんなところでは話にならない。田舎の街で、成功などできるはずもない」そう思って、彼はよそから引っ越してきたばかりの他人に農場を売り渡し、成功を求める旅に出かけた。

あちらこちらに旅してみたのだが、どこにも成功できるような話はない。お金を使い果たし、一文無しになった彼は、自分の故郷に帰ることに決めた。街に到着して、友達と話していると、非常に裕福な紳士が通り過ぎる姿が目に留まった。

「あれって誰だい？」

「あなたの農場を買った人だよ。覚えていないのか」

「どうしてあんなに大金持ちになって……？」

「あなたが街を出て一週間後、彼はあの小川で足を冷やしていたら、輝いている石を見つけて、それがダイヤモンドだったんだよ。あなたのあの古い農場は、実は全国一のダイヤ畑なのだ」
まさに五感の感度があなたの成功の鍵を握っているのである！

業績を測れば、業績は改善される

偉大な宗教家トーマス・モンソンは「業績を測るとき、業績は改善される」と言っている。その理由は簡単だ。自分の本当に得ている結果を知っていれば、それはアプローチを改善する動機づけになるからだ。

私の最初の会社がまだ財政的に悪戦苦闘していたとき、私は、事務所の壁のよく見える位置に、現金の収支表を画鋲《がびょう》で留めた。会社の収支がどれくらい厳しいかを従業員が知ったとき、彼らはありとあらゆる方法で節約し始めた。それで、私の会社は倒産を免れることができた。

ある意味で、現代の経済社会はすべて、ひとりの男のおかげで存在していると言える。それは、ベニスの商人、ベネデット・コトルリという人物である。１４５８年に、彼が『Della Mercatura et del Mercante Perfetto（取引と完璧な商人に関する）』という題の出版されなかった原稿の中で、複式簿記の方法について記述している。そしてそれが、後に、レオナルド・ダ・ビンチの友人であるルカ・パチオリによって広められた。

この複式簿記の活用によって、企業はその業績を正確に測ることができるようになり、それ以前の原始的な会計手法では到底あり得ないようなやり方で、アプローチを改善することができるようになったのだ。

業績を測る方法を探せ。業績を改善する方法を探せ。

業績を測る方法を探せ。業績を改善する方法を探せ。

改善は永遠なり

アプローチを改善することとは、**完璧主義**とは正反対である。アプローチを改善させることとは、改善は永遠であり、我々は必ず物事を改良できるということを認めることである。サクセソリーズの言葉を借りれば、「品質の競争には、ゴールラインがない」ということだ。

松下幸之助はおそらく、今まで生きた人間の中で最も熱心にこの概念を提唱した人なのだろう。彼は「改善は永遠なり！」を繰り返し述べるようにしていた。

ある日、松下さんは、松下電器産業の洗面所に入り、そこで蛇口から水が漏れていることに気がついた。彼は洗面所に総務課長を呼びつけて、三十分にわたって、「これを直せ、改良しろ」

と説教したのだった。それはもはや執念の領域だ。

松下さんの、「改善」への情熱の結果はどうだっただろうか。氏が亡くなったとき、松下グループが千五百八十二社を構成していた。しかも、日本で新しい電気製品が発売されるたびに、松下グループは市場の半分のシェアを占め、残りの会社が後の半分を分かつというのが常識になっていた。すべてを改善したのである。

トヨタ自動車は、現在日本で最も収益を上げている会社のひとつであり、世界でも最も成功している企業のひとつと言えよう。

トヨタの工場を見学する機会があれば、工場の中央に改善課という部署があることに気がつくだろう。これは、生産工程を改善する以外に何の仕事も持たない部署である。品質検査をする人たちではない。あくまでもプロセスの改善なのだ。

ラインで働く従業員が、製造工程をさらに効率良くするアイデアを思いついたら、その人は、改善課に行って、そのアイデアを実施するために必要な工具などを、製作してもらうように要請できる。改善は継続的に行なわれており、それは最終的な収益に見事に現れている。

数年前、私は世界の一流リゾートのトップ五十を列挙した雑誌の記事を見ていたが、そのうちの五カ所がリッツ・カールトン・ホテルになっているということに気がついた。五十カ所のうちの五カ所とは見上げたものだ。

私は、そのホテルのひとつを訪ね、どのようにしているのかを尋ねた。

ゲストがホテルのサービスに完全に満足していない場合、そのことに気がついた従業員自らが「お客様の問題解決レポート」を書くことになっている。ほかのホテルと違って、顧客が自分で苦情を書く必要はない。従業員自ら、それを書くのだ。「常なる改善」に対する決意の表れである。

このレポートはすぐにクオリティー・リーダーのところに送られる。そこでクオリティー・リーダーは、そのお客様がまだホテルにいるかどうかをすぐチェックし、まだホテル内にいる場合、その「お客様の問題解決レポート」が全部署に転送され、全従業員が、その不具合を知らされ、ゲストに最高の滞在時間を提供するようにフォローを依頼される。

驚くべき結果である。すべての従業員が、ホテル内のすべての問題を把握しており、その解決に参加している。

さらにクオリティー・リーダーは、同じ不具合が再発して、ほかのゲストに不便をかけることがないように、ホテルのシステムやプロセスを改善する責任を担っている。

マリオットが、このリッツ・カールトン・ホテル・カンパニーを買収すると決めたとき、「金額がいくらかかってもかまわない。この買収を必ず成し遂げたい」と言ったほど、リッツ・カールトンの強いブランド・イメージと質の高さに感銘を受けていたのだった。

改善の価値は無限である！

アプローチの改善をやめてはならない。改善し続ければ、最終的に目標に到達する方法を必ず発見するだろう。

どんなレベルに到達しようと、改善するか死ぬかに変わりはない。それは永遠に続く課題なのだ。

この衝撃的な事実について考えてみてほしい。１９８０年代だけで、フォーチュン五百社（世界最大手企業のランキング）のうちの46％の企業が完全にそのランキングから落ちている。二十世紀初頭にアメリカのトップ百社に数えられた企業のうち、現在存続しているのはわずか十六社に過ぎない。改善するか死ぬか、二つにひとつである。

エドムンド・ヒラリーが、初めてエベレストの登頂を試みて、失敗（学習）したとき、彼は山を見上げて、次のように叫んだと言われている。

「今度は必ず征服してみせる。おまえは成長できるところまで成長してしまったけれど、私の成長は決して止まらない」

１９５３年に彼はテンジン・ノルゲイと共に戻ってきて、見事にその征服を果たしたのである。

ニューロ・リングイスティック・プログラミング（NLP）の創始者リチャード・バンドラー氏は、「失敗は存在しない。結果があるのみ」と言っている。自分のやっていることがうまくいっていなければ、違うことをやれ！　ほしい結果がすぐに得られなければ、アプローチを変えてみることだ。それでほしい結果が得られなかったら、またアプローチを変えればいい。いずれは、望んでいる結果を手に入れるし、その過程で多くのことを学ぶことになるだろう。

経営コンサルタントのレス・ブラウンは、社会人になったばかりの頃の経験を次のように語っている。

職を求めて地元のラジオ局に行った。局のマネジャーに近づき、尋ねた。

「仕事の空きはありますでしょうか？」

「ありません」きっぱりと断られた。

次の日、レスはまた同じ局を訪れた。

「仕事の空きはありますか？」

「ない……あれ、君は昨日来た子じゃないのか。もう、仕事はないと言ったはずだろう……」

「はい。確かにそう言われました。しかし、昨日、誰かがお辞めになったり、解雇されたりしていないのかなと思いまして……」

「うちに仕事の空きはないよ」

次の日、レスはまたラジオ局を訪れた。

「仕事の空きはありますか」

「また君か。昨日、ないと言っただろう」

「はい、確かにそう言われました。でも、あの、誰か昨夜お亡くなりになったのかなと思いまして……」

「仕事はないよ」

また次の日、案の定、レスは局に現れた。

「また君か。何か役に立つことでもしろよ。いいかげんに皆のお弁当でも買ってきたら……」

やり続けることだ。アプローチを改善することだ。時には、あなたのしつこさだけで、事がうまくいくこともあるのだ。

続けること、やめること、始めること

アプローチを改善する方法には、スティーブン・R・コヴィー博士が提唱する「続けること、やめること、始めること」というものがある。考え方としては、あなたの顧客、従業員、伴侶、そのほか大切な人々のところに行って、次の質問をする。

1．私または私の会社が現在行なっていることで、やり続けてほしいことは何か。

2. 私または私の会社がしていることで、是非ともやめてほしいことは何か。
3. 私または私の会社がしていないことで、やり始めてほしいことは何か。

フィードバックは、生き延びるための二つの必須要件のひとつだということを思い起こしてほしい。これは、フィードバックを得るための簡単で衝撃的な方法になる。

私が指導していた不動産会社の経営者が、このアイデアを社員に試してみたらしい。彼は社員のフィードバックから立ち直るのに二ヵ月もかかってしまった！　しかし、それは、皆隠れたところであなたの陰口を言っているのに、物事はうまくいっていると錯覚し続けるよりも、よほどましである。

あなたの顧客が苦情を言ったら、その顧客に感謝しよう。あなたが変わることができる、改善ができると思っていなければ苦情は言わない。お客様が苦情を言わなくなったら、そのときこそ心配すべきだろう。

フィードバックを受けるようにしよう！

私は業績を改善するために、次の人々からフィードバックをもらう……

自分の基準を引き上げる

群を抜いた業績を記録する組織の特徴は、他人の考えも及ばないほど高い基準を持っているということである。優れたスポーツチームもそのような基準を掲げている。偉大な宗教もそうだろうし、業界をリードする企業にもある。基準がなければ、偉大さはない。

不可能と思えるほど高い基準は、高業績の第一法則である！

私の会社がセミナーを実施するたびに、全従業員が百六十二項目の評価基準に照らして、そのセミナーを評価し、見直すことにしている。セミナーの参加者にも全員アンケートを記入してもらっている。その一部としては、セミナーに参加してどうだったかを五点満点で評価してもらうことになっている。

多くのイベントでは、参加者ひとり残らずが五点の評価をくれる。これは実にいい気持ちだ。スタッフからの評価が返ってくるまでは……。

スタッフは百点満点でイベントを評価するようになっているが、これまでは五点を上回る評価をもらったことがない。

新しいスタッフはこの評価を聞くと、混乱してしまうことが多い。そして「なぜこんなに評価が低いのですか」と尋ねる。

一番最初のセミナーが終わったとき、私はスタッフと一緒に反省会を開いた。その席で私はスタッフに対してあることを指摘した。

「このイベントに対して下す評価は、これから私たちの達成する将来の姿を決定づけることにもなる。もし、七十点の評価を下せば、私たちは後三十点分しか改善できない。つまり、将来は今のレベル＋三十点ということで終わる」

彼らの評価は現在の評価だけではなく、自分たちの将来のビジョンを表すものにもなっているのだ。彼らは自分たちの将来を信じているので、セミナーに対して五点以上の評価をつけたことがないというわけだ。

「私たちはもっともっとうまくできるはずだ。創造力を発揮し、頑張るようにすれば、今と比べて少なくとも二十倍素晴らしいセミナーにする方法が見つかるはずだ」

コンサルタントの私にとって興味深いことは、評価の点数が低いのに、これほどに士気とモラルが高い組織をほかで見たことはない。

もし、学校が生徒に対して下す評価を、生徒がたまたま今いる状況を判定する道具として使うかわりに、その生徒の潜在能力を考える指針として見るようになったら、学校はどういうふうに変わっていくことになるだろうか。

改善は永遠である。

あなたのアプローチを改善し、ほしい結果を得るまで改善し続けることだ。

成功する企業の方程式

私は経営コンサルタントとして、企業における「違いをもたらす違い」を発見することに、つねに情熱を燃やしている。そこで私は、継続的に成功する企業には、ひとつのパターンがあるということを発見した。これを**「成功する企業の方程式」**と呼んでいる。まさに成功の青写真だと言っても過言ではないだろう。

より高い品質を提供することにはお金がかかるだろうか。「イエス」か「ノー」？　この答のいかんに、あなたの会社の将来がかかっている。どちらだろうか。あなたはどう思うのだろうか。じっくり考えてみて頂きたい。

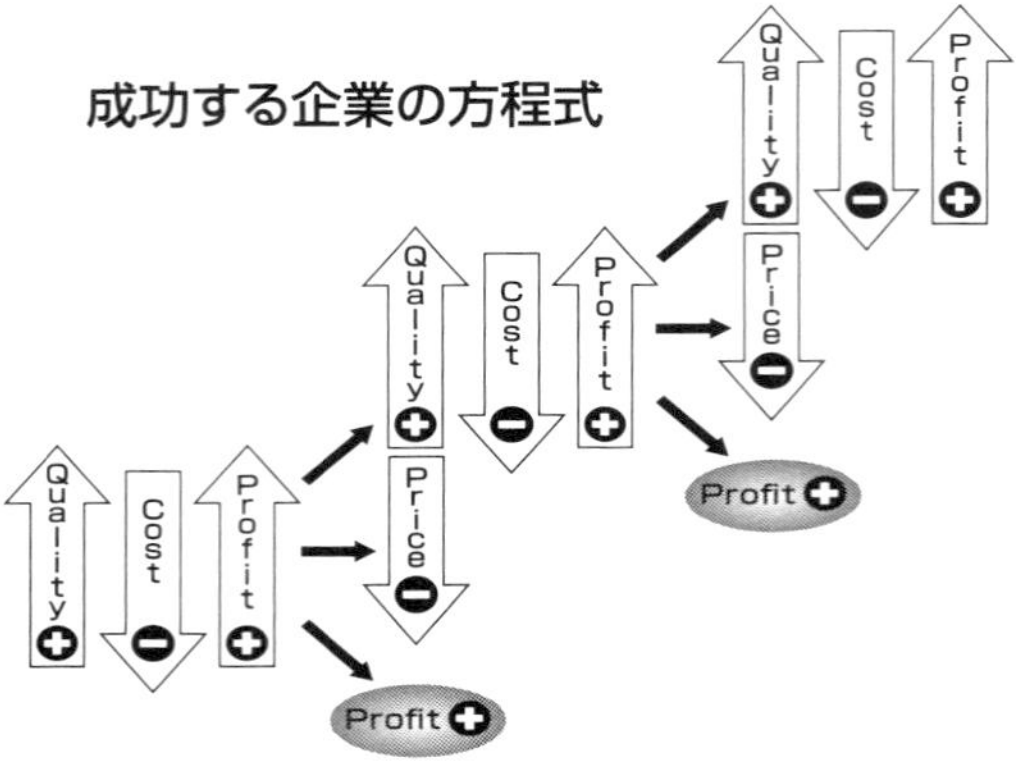

答は「ノー」だ！　より高い品質を提供することの方がずさんな品質を提供するよりも安い。デミング博士が日本にやってきて、品質管理を指導するときに、この一パラダイム転換・発想の転換を私たちの先輩たちに教え込み、それにより今の日本経済が可能になった。しかし、最近になって、忘れ始めている人が多いようだ。

では、なぜ高品質の方が安いのだろうか。理由はたくさんあるが、一番大きな理由は、品質の高いものはよく売れるから、数が出て、量産体制は確保でき、プロセスが安定し、クレーム処理のコストも省けて、新規顧客の獲得が容易にできるようになるからである。

この新規顧客の獲得がすべての企業にとって、最も大きいコスト項目になっている。そして、このコストを省くことができれば、利益が増えるのは言うまでもない。

成功する企業はこれを意識している。そこで方程式が誕生するわけだ。

まずは品質を高めるようにする（Quality＋）。すると必要なマーケティングや販売の費用が低下する（Cost－）。これを受けて利益が高まる（Profit＋）。

そこで、成功する企業はある一定のやり方でこの利益を分配するようにしている。三分の一は、さらなる品質の改善に投資している（Quality＋）。

また三分の一は、価格の引き下げに回している（Price－）。そして、最後の三分の一は従業員や株主に分配している。つまり、利益の確保なのだ（Profit＋）。

成功する企業の方程式はこうだ。

Quality＋、Cost－、Profit＋ → Quality＋、Price－、Profit＋。

あなたの会社にもお勧めしたいと思う。まさに改善がすべての成功の鍵なのだ。

「常なる改善」の四つのステップ

改善を図るために活用できる簡単なプロセスがある。

改善の最初のステップは、五感を働かすことだ。自分の情報アクセスモードのすべて（VAKOG）を使い、自分の今やっていることがうまくいっているかどうかを見極めることである。あなたは望み通りの結果を手に入れているだろうか。

次に、あなたの今のパターンを中断させることだ。物事がうまくいっていなければ、一歩下がって、その状況を客観的に見つめるようにする。

三番目は、根本から自分のアプローチを変えてみることだ。そう、根本から！　変化が思い切ったものになればなるほど、早く改善し、学習することができる。今までと違う感情で作業に当たる。違う人の意見を聞くようにする。違う分野で際立った成果を上げている新しいモデルを探す。計画を変えてみる。目標を変えてみる。システム、プロセス、構造を変えてみるのだ。

四番目は、再度うまくいっているかどうかをチェックすることだ。あなたのニーズはすべて満たされているだろうか。

もしうまくいっていなければ、根本からアプローチを変えることだ！

私の人生の中で、今すぐ改善が必要な領域は……

私は以下のことをすることにより、自分のアプローチを根本から変える……

改善の
四つのステップ
KAIZEN
4 新しいアプローチがうまくいっているかどうかを確かめる。
3 アプローチを根本から変えてみる。
2 自分のパターンを中断させる。
1 今のやり方でうまくいっているかどうかを確認する。

この章で学んだこと

この章で学んだ重要ポイントは何か。

どんな決断を下したか。

今すぐ、どんな行動を取るか。

第四部

リーダーシップのテコ効果

The Leverage of Leadership

Step 9

ほかの人を自分の夢に参加させる（リーダーシップ）

「パーソナルパワー」を持って、「成功のサイクル」を回すことで、あなたは大きな成果を収め始めることだろう。しかし、それだけでは不十分である。なぜなら、人生最大の結果はすべて、他人と協力して手に入れられるものだからである。そのような偉業を成し遂げるには、人間関係、チームワーク、組織形成が必要となる。つまり、リーダーシップを発揮しなければならない。

ほかの人を自分の夢に参加させる

さて、あなたは「パーソナルパワー」も「成功のサイクル」も体得している。ここまでの八つのステップを通して、あなたは自分自身が願う人生と成功を築き上げ始めているに違いない。しかし、ひとつだけ足りないものがある。それはリーダーシップ、つまりほかの人を自分の夢に参加させる力なのだ。

あるとき、東京の品川で『金持ち父さん貧乏父さん』の著者ロバート・キヨサキと一緒に資産形成について講演していた。そこで、ロバートは参加者たちにとても面白い演習をさせた。三つの不動産物件の資料を渡し、昼食の時間を利用して、どの物件が最も魅力的な投資なのかを判断するというものだった。

そこで問題はひとつ。資料はすべて英語で書かれていたのだった！

ロバートと一緒に昼食を取り、会場に戻ってきたところ、ロバートは参加者たちに尋ねた。「できた人はどのくらいいますか」数人しか手を挙げる人はいなかった。

そこでロバートは厳しく叱り始めた。「あなたたちは成功する希望すらない。英語で書いているのを見て、すぐ諦めてしまった人はどのくらいいますか」今度は、たくさんの手が挙がった。「じゃ、また聞きます。英語ができる人はどのくらいいますか」部屋のあちらこちらで数人が手を挙げた。

「あなたのところに助けを求めに来た人はどのくらいいましたか」答は沈黙だった。

ロバートは続けて説明した。「自分はできないからと言って、諦めるのは人生の敗北者のやることだ。成功者は自分でできなくても、できる人を探し、その人の助けと協力を受ける」

つまり、ほかの人を自分の夢に参加させるのである。

リーダーシップとは、自分の夢に他人を参加させるプロセスである。

ほかの人を自分の夢に参加させる上で、三つの能力が必要になる。それは、1)コミュニケーション、2)相乗効果（自分にない他人の能力を活用すること）、そして、3)組織作り（チームを形成し、役割分担を決めて、大きなプロジェクトを進めること）なのである。

この『成功の9ステップ』では、コミュニケーション能力に集中し、相乗効果と組織作りを別の本のためにとっておきたいと思う。

コミュニケーションの名人になる

コミュニケーションは、人生の中で最も大切なスキルである。これは明白なことだろう。しかし、自分が受けてきた学校教育を振り返ってみると、ほかの人と効果的なコミュニケーションを取る方法について学ぶために、どのくらいの時間を費やしてきたのだろうか。

国語の文法の学習を言っているのではない。それももちろん重要だろう。しかし、人生を成功させる上で必要なコミュニケーション・スキルは、それだけではない。他人との関係を築くこと、他人を理解すること、そして、他人に行動を起こすように説得することが必要である。

私は、学生時代に一時間たりとも、この人生最大のスキルについて勉強させられた記憶はない。コミュニケーションは、ことの本質だ。人生の中で得る結果すべてが、コミュニケーションによって得られているからである。他人に対してコミュニケーションを取って、その人にやってもらうか、自分自身に対してコミュニケーションを取り、自分で行動を起こすか。二つにひとつである。それ抜きには、何も始まらない。

コミュニケーションのスキルはまさに、夢の扉を開けてくれる鍵である。コミュニケーションをマスターしている人にとっては、お金、地位、影響力、業績のすべて、簡単に入手できないものはない。

しかし、コミュニケーションのスキルを体得することは、業績やお金だけの問題ではない。人生の中において、最も大切なことはすべて、「人間関係」に関係しているからである。

あなたの家族はあなたにとってどのくらい大切だろうか。友達はどうだろうか。一緒に仕事をしている同僚たちと深い信頼関係を持つことは、あなたの人生においてどのくらい重要だろうか。顧客との関係はどうだろうか。恋人との関係はどうだろうか。

人間は社会的な生き物であり、だからこそ「人間関係」がすべてなのだ。

とはいえ、ほとんどの人は、ごく限られたコミュニケーションの道具しか持ち合わせていない。相手に対して優しく話しかけてみて、それがうまくいかなかったら、命令を下す。また、罪悪感の戦略を持ち出してみて、それがダメなら、威嚇に打って出ることもあるだろう。選択肢の幅は非常に限られている。

実際、ほとんどの人は、最初に試すことのひとつか二つうまくいかなかった場合、コミュニケーションそのものを諦めてしまっている。

これでは選択肢の幅が狭すぎる。本章を通して、あなたのコミュニケーションの道具箱を大幅に広げていきたいと思う。世界で最も影響力のあるリーダーたちが活用しているコミュニケーションの道具をモデリングし、**人間関係**、**理解**、**説得力**を築く方法を学ぶことにしよう！

このプロセスは刺激的なものであり、解放的なものである。このプロセスは、あなたの人生を変えるに違いない。そして、ほかの人の人生にも大きな影響をもたらすことになるだろう。

リーダーになるなら、相手の成功に集中せよ!

いざリーダーになると決意すれば、あなたの焦点を変えるようにお誘いしたい。つまり、自分自身のことばかり考えるのをやめて、ほかの人のニーズに集中するようにお誘いしたいのである。リーダーになった瞬間、あなただけの問題ではなくなる。リーダーシップとは、ほかの人の人生を転換させることだからである。

マイクは小さいときから、非常に優しくて、いい子だった。身体も丈夫だったし、スポーツは苦手な方ではなかった。ひとつだけ問題があるとすれば、それは声のトーンが高く、女性っぽい感じがするということだった。

そのため、マイクは周りからからかわれることもよくあった。しかし、「大人になれば、そういうこともなくなるだろう」という思いを励みにして、頑張って勉強し、やがていい大学に入ることができた。

しかし、大学に行っても、皆が彼の声を聞くと、からかうなり、遠ざけるなりして、普通には接してくれない。

そんなある朝、私の同級生がジョギングしている最中、フットボールの練習場の後ろを通って、横を見ると、心臓が止まるほどショッキングな様子を目にしてしまった。観客席の後ろで、マイクが首吊り自殺をしていたのだった。

近寄ってみると、マイクのシャツに一枚のメモがピンで留められていた。そこに、「私には友達がいない」とだけ書いてあったのだ。

リーダーシップは、難しいことではない。友達になってあげるだけでも、人の人生の行方を大きく変えることができるだろう。

リーダーシップとは他人を成功させることである。

ここで、あなたに立ち上がり、リーダー、つまり自分の限界を打ち破る人、他人の成功を応援する人、不可能なことを敢えて可能にしてしまう人、ほかの誰もその人のことを大事に思ってくれないときに、手を差し伸べて、その人を大事にする人になるようにお誘いしたい。

これから紹介するコミュニケーション・スキルを体得することにより、あなたは今までにないレベルでほかの人を助けることができるようになるだろう。ほかの人が直面している問題などを一瞬にしてプラスの方向に転換させるために必要な道具を手に入れることになるのだ。

私は、これから紹介するコミュニケーションのツールを初めて見たとき、がく然とした。自分の師匠のひとりがこれらのツールを使って、子供の頃にレイプされ、三十五年もの間そのトラウマを背負ってきた女性を指導し、たったの十分間でそのトラウマをすべて取り除いてしまう場面を自分の目で見てしまったのである。それが、コミュニケーションの力なのだ！

社会の中で多くのコミュニケーションが行なわれている。そして、その多くは、人のためになっていない。リーダーと呼ばれる人の中でさえも、自身の狭い私利私欲のためにコミュニケーションを図っている人たちが多く見られる。私たちはその事態を変えなければならない。お金儲けのために、これらのスキルを使うこともできる。自分の夢を実現するために、これらのスキルを使うこともできる。それはあなたの権利であり、あなたにそうするように奨励したい。しかし、そうした上で、これらの道具を活かし、周りの社会に変化をもたらし、周りの人たちを助けるようにして頂きたい。それこそ、私が本書を執筆している本当の理由なのである。

私たちは、この世界をより良い場所にしなければならない。そして、そのために、強力なコミュニケーション・スキルを身につけていかなければならない。

なぜコミュニケーションのスキルを極めることが、あなたの人生において必要なのだろうか。それはあなたにどのような利益をもたらしてくれるだろうか。それができなければ、あなたの人生から何を失うことになるだろうか。その理由をすべてここに書き出してみてほしい。自分のやる気をまず引き出すようにしよう！

コミュニケーション・スキルを体得することは、次の理由により私にとって必須である……

ラポール：一瞬で人間関係を築く秘訣

ほかの人と非常にウマが合ったという経験はあるだろうか。その人となら、まったく努力しなくても、すぐに分かり合える。会ったばかりなのに、ずっと昔からの友達のような気がする。誰にでもこのような経験はあるだろう。

毎日、それを経験できたらどうだろうか。それは可能である。難しいことでもない。その秘訣は、**「ラポール」**と呼ばれるコミュニケーション・スキルにある。

あなたはすでにこのスキルの威力を見たことがあるだろう。部屋に入って来たというだけで、その部屋にいる全員と関係ができるような人を見たことはないだろうか。マザー・テレサにはそれができた。マーティン・ルーサー・キングもジョン・F・ケネディもできた。ダイアナ妃もできた。あなたにもできる。それはラポールの力なのだ！

まず定義を明確にしておこう。**ラポールとは、開かれたコミュニケーションが行なわれ、お互いに影響し合うことが可能な状態である。**それだけのことだ。

ラポールとは、開かれたコミュニケーションができる状態である。

周りを鋭く観察すれば、ほかの人とラポールが築けているかどうかは、感知することができるだろう。また、心の扉が閉ざされ、コミュニケーションが警戒心に満たされたものとなり、相手に対して影響力を発揮できなくなる瞬間も見分けることができるだろう。

コミュニケーションにおいて、相手との関係はどういう状況にあるのか、もっと意識する必要がある。ラポールができるまで、何の影響も及ぼすことができないからである。

さあ、ラポールはどこから来るのだろうか。どのようにして他人とのラポールを築くことができるだろうか。さっそく、勉強することにしよう!

結局のところ、正気なのは誰か

私とあなたが一緒に座って会話を交わしているとしよう。そこで私は、犬をなでようと手を伸ばす。ビスケットを与えようとするが、犬は興味がなさそうにしている。そこで、私は犬の吠え声について文句を言い始める。しかし、あなたには犬などどこにも見えないのである。

ここで大きなジレンマが起こる。私たちのうち、ひとりの頭がおかしい。どこにもいない犬が見えている私なのか(これを**陽性幻覚症状**という)、それとも実際に犬がいるのに、いないと信じ込んでいるあなたなのか（これを**陰性幻覚症状**という）。どちらかがおかしい。正しいのは、どちらだろうか。

人間以外の動物の多くも、意識が非常に発達している。しかし、これまでの実験データによれば、意識していることを認識できる動物は人間しかいないということになる。その結果、人間はほかの動物には見られないいくつかの問題を抱えることになるのだ。

その最たるものは何かと言えば、人間は自分の意識を見つめることができるので、それを疑うこともできるということである。自分の五感によって収集した情報の正当性を疑うことができる。

他の動物はそんなことはしない。自分の噛んでいる骨が実在するかどうかを討論したり、ドッグフードを食べることが倫理にかなっているかどうかを議論したりするような犬を見かけることはないだろう。犬はそれをすべてありのままに受け入れるだけだ。

しかし、人間は自分の意識を認識しているので、その意識が正しいかどうかを、どうしても確かめたくなってしまう。つまり、自分の五感が現実を正しく映し出していて、自分の知覚が正常であるということを確かめたいのだ。

そこで、人類は何千年、いや何百万年もの歳月をかけて、この目標を達成するために複雑な社会構造を発達させた。そして、この構造こそがラポールの土台になっている。

先の犬の話に戻ってみよう。私とあなたのどちらが正しいのだろうか。その答は誰にも分からない。そこで、私たちは他人の意見を頼りにするだろう。何人かの友達を部屋に呼び、もし彼ら全員に犬が見えるとすれば、正しいのは私の方だということになる。しかし、もし私以外に誰も犬が見えないとなれば、白衣を着た人たちを呼んで、私を精神科まで連れて行ってもらうだろう。

つまり、正気であるかどうかは、まさに、**自分の経験を他人と共有できるかどうか**という問題である。他人があなたの経験を共有してくれることで、あなたの五感が与えてくれている情報が正常だという確信を持つ。これこそ、人間の最も深いニーズと言えるだろう。

簡単に言ってしまえば、人間誰しもほかの人に認めてもらうことに必死であり、自分の見方を肯定してくれる人なら誰とでも関係を築くのである。

私たちは人生経験を共有してくれる人なら誰とでも人間関係を作る。

「おや、君もゴルフするのかい」

「そうだよ。昨日もコースを回ったばかり。でも、パットはうまくいかなくてね……」

「僕にもそんな経験があるよ。『見せるためにドライブを、お金のためにはパットを！』ってやつだね」

「その通りだよ。皆に夕飯をおごるはめになっちゃったよ」

こんな会話を聞いたことがあるだろうか。地球上の至るところで、毎日行なわれているのである。この会話をしている人たちはゴルフという経験を共有している。彼らは自分たちの経験と認識の妥当性を確認し合っている。まさにお互いの正気を確認し合っているのだ。

あなたは、ゴルフなんかする人はそもそもおかしいと思っているかも知れない。なぜ芝生の上に開けた穴に白いボールを入れるために、あれだけの時間とお金を浪費するのか、と思っているかも知れない。

しかし、このことについて考えてみてほしい。なぜ私たちは自分と同じ趣味、宗教、信念などを共有する人に魅力を感じるのだろうか。母校や故郷が同じというだけで話しやすくなるのはなぜだろうか。話し始めたら、私たちは何をするだろうか。すぐに共通の話題を探し始めるのだ。

「田中君って知ってる?」
「噂くらいは聞いたことがあるけど……」
「彼と四年間ずっと同じクラスだったんだ。じゃあ、恵子さんは?」
「知ってるよ。すごい美人だったよね」

これはリーダーシップとコミュニケーションにおいて、とても重要なことである。つまり、私たちは、ほかの人の認識や経験を共有しているということをその人に示すことができれば、即座にその人と開かれたコミュニケーションができる。効果的な関係を作ることができるのだ。

ラポールを築くひとつの方法として、他人の趣味などに興味を示すことについて書かれてある文献は跡を絶たない。しかし、コミュニケーションの名人はより早く、より優雅に、ラポールを築くことができる。

共通点が関係の鍵

他人とラポールを築く方法は数限りなくある。前述したように、何らかの方法で相手の考えなり経験なりを共有するだけでいいのだ。誰もが他人とラポールを築き、自分の知覚の正しさを確認したいと思っているから、ほんの少しでも同調をすれば、コミュニケーションの扉が開かれる。

これは人を操るための手法ではない。これは、相手の現実に入り込み、相手が世界を見るように世界を見て、相手が感じるように感じて、相手が聞いているように聞く努力をすることで、相手を思いやることなのだ。

アメリカン・インディアンの格言を言い換えれば、「相手のモカシン靴を履いて一里を歩いてみるまでは、その相手をリードしてはならない」ということになるだろう。

ラポールは相手の現実に入るだけの思いやりを持つことである。

では、具体的にどうすればいいのか。

まず理解して頂きたいことは、あなたは今でも常日頃、周りの人たちとラポールを作っているということだ。あなたの無意識は、どんな人とでもラポールを作る方法を知っているし、それを自然にやるようにしている。

もしあなたが心から開かれたコミュニケーションを取りたいと思っていれば、共通の話題を打ち出したり、相手と共有できるものを探したりすることだろう。ごく自然なことである。必要以上に難しくしないでほしい。だって、馬に乗るとき、前と後ろとどちらを向いて乗るだろうか。前向きに乗る方が簡単なのだから、後ろ向きに乗る人はまずいないはずだ。

ラポールを作る鍵は「この人と何を共有できるだろうか」を考えることである。お互いに関心事や趣味を共有できれば最高だろう。しかし、そうだからといって、そのような振りをする必要はない。ラポールに関する多くの書物や研修が批判されるようになったのは、人を操るテクニックとして「振りをする」などの上辺だけのラポールを築く手法を教えているからだ。

共通の関心事がなければ、共通の言葉を使うことができる。人は自分の人生の経験を表現するために、その人にとって極めて重要で特殊な言葉を使う傾向がある。相手と同じような言葉を使えば、コミュニケーションを成功に導くことができる。注意深く聞いていれば、会話の中からその人の大切にしている言葉を拾い上げることができるだろう。

「マジっすか、おもしれぇ……」
「すげぇ、かっこいい」
「イケてる」
「ほんま?」

こうした言葉はその人の特定の感情を引き起こす引き金のようなものであり、それを会話の中で活かすことによりラポールを簡単に築くことができる。ウソだと思うなら、若者たちの会話を聞いてみるといいだろう(十代の若者にとっては、周りの子供たちとのラポールがすべてだ)。自分たちの経験を確認したり、関係を保ったりするために、どれだけの〝俗語〟を共有しているか、耳を傾けてみれば、この真実はすぐ分かるに違いない。

同じような服装をすることによってもラポールを築くことができる。

日本では、サラリーマンが同じようなスーツを着たり、同じようなネクタイを締めたりするのはなぜだろうか。狭い国土の島国に一億三千万人が住んでいる環境の中では、ラポールを保つことが必要不可欠だからである。農村で村八分にされてしまえば、事実上、死刑の宣告を受けたのと同じだ。したがって、話し方、お辞儀のしかた、衣服の着方などを含み、ラポールを築くための儀式が非常に多くなってくるのである。

共有できるものはすべて、ラポールを築くための基盤となることをもう一度確認しておいてほしい。

ラポールの上級編

コミュニケーションの名人は、意識的にせよ、無意識的にせよ、これらのテクニックを知っており、それを活用しているが、実はもっと優雅に目立たない方法でラポールを築き上げることもできる。

例えば、相手の話すテンポに合わせることは、ラポールを築く上でとても有効な方法である。人は異なった方法で、異なった速度で情報を処理するようにしているから、そのテンポや思考のプロセスに合わせることで、相手の世界を共有していることを示すことができる。

もし、相手が主に**視覚的な情報（V）**に集中していれば、視覚に訴える方法でコミュニケーションを図ることができる。**聴覚的な情報（A）**に集中していれば、それに合わせるといいだろう。**触覚的な情報（K）**がその人にとって大切であれば、それを活用することができる。

仮にあなたが営業の仕事をしているとしよう。そこで、あなたは顧客に対するプレゼンテーションを行なう準備をしている。図やスライド、見せる書類をばっちり用意している。それらは色彩豊かで、実に魅力的に出来上がった。あなたは顧客にお会いして、最善の努力を尽くす。あなたは、いきいきしていて、元気よくその情報を伝えている。しかし、顧客はまったく興味を示してくれない。何が悪いのだろうか。顧客とのラポールができていないということであるのだ。

その顧客が「触覚系の人間」だとしたらどうだろうか。つまり、触ることで、周りの世界を理解する人である。思考の基本的な単位は、感情であり、気持ちである。あなたの視覚に訴えかけるプレゼンテーションは何の役にも立たない！

「触覚系の人間」にモノを売るには、その商品を手に取らせることが大切である。**「触らせて」**ほしい。それで遊んでもらうことだ。それがどれくらい「しっかり」したものかを説明してあげる。製品に対して、またそれを作った会社に対して、あなたがどう「感じている」のかを話すことだ。この商品がどのように役立つかを「実感」できるように助けて、そのときの「感触」を説明してあげるようにするといいだろう。

「視覚系の人間」にモノを売るときは、その商品を見せてあげることだ。それを「見て」もらうことだ。その商品がその人の「イメージ」に合っているということを確認してもらい、どんなに「素敵」なものかを説明してあげる。あなたの言いたいことが**「見える」**ようにすることだ。他社の製品と比べた利点をその顧客に「見せる」ことである。

「聴覚系の人間」にモノを売る場合は、商品について話してあげることだ。まずその商品の特性を**「聞かせて」**あげるようにする。プレゼンテーションを音楽に合わせて行なうのも効果的だろう。彼らにあなたが話していることを「聞いて」もらうことだ。

あなたが、相手の**主な情報アクセスモード**に合わせることができれば、一瞬にして強力なラポールを作ることができるのである。

相手にそれを見てもらい、聞いてもらい、感じてもらうことだ。

相手の考え方を知る

では、どうすれば相手の主に使っている情報アクセスモード（VAK）を知ることができるだろうか。まず手がかりになるのは、その人の**使っている言葉**である。

「視覚系の人間」は視覚的な言葉を使う。
「私の話が見えますか。もっと明確に描いてあげましょうか」
「聴覚系の人間」は、聴覚的な言葉を使う。

「あなたが言っていることはよく聞こえる。私たちのチームは良いハーモニーを奏でているように思う」

「触覚系の人間」は、より触覚、あるいは感覚に焦点を当てた言葉を使う。

「はかどっているように感じる。あなたの言っていることは手にとるようにわかる。しっくりくるのだ」

もちろん誰もがこれら三つのモードすべてを活用して、生活しているし、そのひとつをよく使うからと言って、ほかの二つが使えなくなるというわけではない。「視覚系の人間」でも聞いたり感じたりするし、「触覚系の人間」も頭の中に絵を描いたりするだろう。

ここで言っていることは、人は往々にして、このひとつのモードに集中する傾向があるということだ。そしてその人とのラポールを築くには、その人の好むコミュニケーションの方法を使う方が簡単だということである。

相手が好むコミュニケーションの方法を使用すると、コミュニケーションが取りやすくなる。

相手の主な情報アクセスモードを知るもうひとつの手掛かりは、**話すスピード**である。

「視覚系の人間」は、考える基本的な単位が**イメージ**である。「百聞は一見にしかず」という言葉があるが、絵の速度で話をするのは非常に難しい。だから「視覚系の人間」はつねに追いつこうとする状態になる。彼らは頭の中に絵を想像し、その絵を説明している間に次の絵が浮かんでくる。したがって、非常に早口になる。早口でまくし立てている人がいれば、その人は間違いなく頭の中に絵を描いているだろう。

「聴覚系の人間」は、話のテンポが平均している傾向がある。彼らは頭の中で**言葉**を聞き、それと同じスピードで話す。この人たちの話は聞きやすく、急いでもいないし、のろのろもしていない。

「触覚系の人間」は、非常にゆっくりとしゃべる傾向がある。言葉だけで人間の感情をすべて表現することは不可能である。したがって、思考の基本的な単位が**感情**になっている人は、適切な言葉を探しながら話すことになり、話すのには時間がかかる。

このコミュニケーション・モードの違いは、教育現場においても多くの問題を引き起こす。教師の多くはひとつのモードでしかコミュニケーションができないから、ほかの方法に依存している生徒に対してフラストレーションを感じる。

教師が「視覚系の人間」になっている場合、「触覚系の人間」である子供がゆっくり話し、熟慮して答えているとき、理解力に欠けている、あるいは知的障害だと思い込みがちである。しかし、これは大きな間違いである。こういった生徒は、より複雑な概念（感情）を処理しているだけなのである。

歴史上の偉大な科学者や数学者の多くは、教師から鈍い生徒だと思われていた。しかし、彼らは私たちよりも宇宙の相互関係を直観的に把握しており、より優れた「感性」を持っていた。アインシュタインは、「光線の先に乗っかったらどんな感じがするだろうか」という質問を考えているときに、相対性理論を打ち出したのである。

自分と違うコミュニケーションの方法を使うからといって、その人が馬鹿だというわけではない！

大人数との関係作り

さて、グループとのコミュニケーションを図るときに、まさに磨き上げた技が必要になる。例えば、顧客企業の役員会に対して商品説明をしているとしよう。あなたならどのモードでそのプレゼンテーションをするだろうか。

答はもちろん、ＶＡＫ（視覚、聴覚、触覚）のすべてを使って、やるということである。相手にその商品を見せる。その特性を聞かせる。そして商品に触らせて、感じてもらうことだ。そうすれば、相手全員がその購買の意思決定に必要な情報を手に入れることができる。

突き詰めて言うならば、ラポールとは、相手が必要としているコミュニケーションの方法で、その相手とコミュニケーションを図ることである。

マーティン・ルーサー・キングのかの有名な「私には夢がある！」というスピーチにおけるＶＡＫ（視覚、聴覚、触覚）の見事なバランスを見てほしい。

「私たちが自由の鐘を鳴らすとき、すべての村とすべての水田に響かせるとき、すべての州とすべての街にそれを奏でるとき、すべての神の子たち、白人も黒人も、ユダヤ人も異教徒も、プロテスタントもカソリック教徒も、皆互いに手を取り合い、あの古い黒人霊歌の言葉で歌うことができる日が来るのを早めることになるだろう。『自由だ、ついに自由だ、全能の神よ、感謝する。ついに私たちは自由になったのだ』と」

「自由」は感情（Ｋ）である。「鐘を鳴らす」ことと「歌を歌う」ことは音（Ａ）である。村や水田、黒人や白人はイメージを思い起こす視覚（V）の情報である。そのスピーチが世界を振動させた。もう一度読んでみてほしい。イメージが浮かんでくるだろうか。鐘の音やコーラスの歌が聞こえてくるだろうか。解放と自由の感覚がつかめるだろうか。コミュニケーションにおけるパワーは、強力なラポールから生まれるものである。そしてそのラポールは、VAKからくるものなのだ。

グループとのコミュニケーションをするには、三つの方法（VAK）のすべてを使うことだ。

ボディーランゲージが心の鏡である

目立たずにラポールを築くもうひとつの強力な方法は、相手と同じ**ボディーランゲージ**、姿勢、表情や動きを共有することである。あなたが相手に与えられる最高の抱擁は、相手があなたにしてくれている抱擁であるのだ。

だからこそ、ダンスが、歴史上のすべての文化において、大切な位置を占めている。私たちは、踊るとき、動きやリズム、身の振り方を共有している。そして、それがラポールを築くことになる。コミュニティ全体が踊りに参加するとき、お互いにつながっているという実感が湧いてきて、連帯感を作り上げることができる。

しかし、これを実践するためにはディスコに行かなければならないというわけではない。同じように座り、同じように微笑み、同じように歩く、これだけで信じられないほど強力なラポールを築くことができる。

私は、セミナーの舞台上で参加者全員を大笑いさせてしまう、ちょっとした実験を行なっている。舞台に二人の参加者を呼び、向かい合って座らせ、二人にマイクを渡し、彼らが選ぶ話題についてお互いに会話してもらう。

三十秒も経たないうちに、彼らがそっくりになる！　同じように座り、同じ角度でマイクを持ち、頭を同じように傾け、同じ形で足を組む。背中の反らせ方や息遣いもまったく一緒になる。観客全員がこの様子を見るわけだが、それが実におかしい。

この相手の身体の使い方を真似るテクニックは、**「マッチングとミラーリング」**と呼ばれ、開かれたコミュニケーションを確立し、相手を心地よくさせるために驚くほどの効果を発揮するものである。

人間はつねにラポールを築こうとしているということを忘れないでほしい。あなたはすでにその方法を知っている。ここで説明していることは、あなたがすでに無意識のうちにやっていることを意識することで、思いのままにラポールが築けるようになるというだけだ。意識的にアクセスできる道具箱を広げることによって、関係がまずくなり始めたときや、初めて人に会うとき、素早く、しかも優雅にラポールを作り上げることができるようになるのだ。

あなたが人に与えられる最高の抱擁は、
その人があなたに与えている抱擁なのだ。

千人と関係を築くラポールの神技

ちょっと考えただけでも、ラポールを築き、他人とのコミュニケーションの道を切り開く方法が何百も浮かんでくるだろう。直接経験を共有するには、一緒に作業をすることである(これが、最も尊敬されているリーダーが腕まくりをして、部下と一緒に働く理由のひとつである)。私たちは、共通の言語、興味や趣味を共有し、話すテンポ、ボディーランゲージや息遣いを合わせ、相手が情報収集のために使っている情報アクセスモードを使うことができる。

これらはそれぞれに大切な場合があり、非常に強力なものと言える。しかし、それよりも早く、しかも上品にラポールを築く方法がある。もし、何百何千という人がいる部屋に入って来て、その全員と即座にラポールを築くことができるとしたら、どうだろうか。歴史上の優秀なリーダーの秘密は、まさにここにあるのだ。

あなたの出会うすべての人に必ず共通しているものがひとつある。そして、あなたは一瞬にしてそれを共有することができる。

　それは何だろうか。それは、あなたが出会う人すべてが、自分自身の成功と幸福を望んでいるということであるのだ。だから、あなたもその人の成功と幸福を望めば、あなたはすぐさまにその人の経験と現実の一部を共有することになり、ラポールができる。

　私が出会った偉人のひとりに、ロイス・クルーガーという人がいる。彼は明るい赤毛と優しい微笑みを持つ人である。かつては私の上司だったが、友人としても長年にわたって付き合っている。数十カ国から来る人々の会合で、どんなに難しい問題が出ても、ロイスが一言を言ってしまえば、議論は終わりである。全員が彼の言うことに従う。なぜだろうか。それは全員が、ロイスは自分たちの利益と成功を心から望んでいるということを心から確信しているからである。

　もし営業マンたちが商品を売ることをやめて、お客様との関係を築くことに集中し始めれば、売上高を二倍、いや三倍にすることは至って簡単なことだろう。鍵は、顧客の成功に集中することである。モノを売る時代は終わった。これからは、顧客が問題解決になるものを買えるようにお手伝いをする時代である。

思いやりはラポールの究極のテクニックである。

相手を大事に思っていることを相手に示すために何ができるだろうか。あなたが相手の成功や幸福を優先して考えていることは、どうすれば相手に示すことができるだろうか。

私は、次のように、他人に対する私の深い思いやりを示す……

効果的な傾聴と質問技法

ラポールを築き、開かれたコミュニケーションが取れる状態を作り上げたなら、次にリーダーとして大切なことは、相手を心から深く理解することである。スティーブン・R・コヴィー博士は「影響を与えようと思えば、まず影響を受けることだ」と言っている。言い換えれば、誰かを説得したいと思えば、まずその人のニーズ・欲望・願望を理解しなければならないということなのだ。

先日私は、品質の向上と組織の変革について話し合うために集まった経営者のグループを指導していた。そこで何棟ものオフィスビルを経営している強力な女性経営者が、ひとりのマネジャーの扱い方について相談してきた。このマネジャーは、個人の営業実績も高く、優秀なサービスを顧客に提供していた。問題は、マネジャーとしてうまく機能していないということだった。

そこで、社長が私にこう言った。

「彼に成功してもらいたいのです。もし彼がマネジャーとして務まらなければ、彼の人生はぶち壊しになります」

私は答えた。

「問題は、あなたが自分の成功の定義を彼に押しつけようとしているということです。彼の夢を理解する必要があります。あなたが彼のために望んでいることではなく、彼自身が何を望んでいるのかを理解することです」

これは、経営者にとって、そして親にとってもよくある問題だ。私たちは、自分の考えている成功の定義が他人のそれと同じだと思っている。しかし、そんなことはあり得ない。他人に自分の提案を聞いてほしいと思うなら、彼らのアイデアにも耳を傾けなければならない。

自分の提案を聞いてほしいなら、相手の考えに耳を傾けることだ。

しかし、具体的にどうすればいいのだろうか。他人の状況、ニーズ、願望を深く理解するにはどうすればいいのだろうか。ここで理解を深めるためにどんな状況にでも活用できる五つの道具を紹介したい。

理解を深める五つの道具

1. 方向転換
2. 正確さのモデル
3. 意味を明確にするための質問
4. 診断するための質問
5. 感情移入

もう一度意識と選択肢の話を思い出してほしい。自分の使用できる道具の数を増やすことは、成功の秘訣である。このセクションで紹介する五つの道具を体得すれば、それはあなたの人生におけるすべての人間関係に革命をもたらすに違いない。

方向転換で相手にしゃべらせる

相手を理解するためには、相手の言い分を聞かなければならない。これは家庭でも、会社でも、恋人との関係についても言えることである。

しかし多くの場合、相手が私たちだけに話をさせたり、その場を離れて何かしらの行動を取るように仕向けたり、「聞く」機会を私たちから奪ってしまっている。

顧客は、「提案書を書いて来なさい」と言う。
恋人は、「お互いの関係についてどう思う?」と尋ねる。
上司は、あなたの意見を聞く。

そして、あなたは行き詰まってしまう。理解するチャンスもないまま、話をしなければならない。勘違いしないでほしい。自分の意見を述べることが何も悪いというわけではない。しかし、その時々の状況や相手のニーズを正確に把握しないで、相手を説得しようとしたり、問題解決を図ろうとしたりすれば、問題が起こる。

方向転換は、このような状況を打破するための強力なコミュニケーションの道具になる。簡単に言えば、方向転換は相手の質問または行動の要求に対して、自分の質問で答えることである。

方向転換は、質問に対して質問で答えることだ。

これは非常に自然なことである。なぜなら、何かを聞かれれば、それに答える前に必要となる情報があるからだ。

例えば、あなたの顧客が、「提案書を提出してください」と言ったとしよう。

ほとんどの営業マンは、即座に「やったぁ！　顧客が提案書をほしがっている」と喜ぶだろう。すぐ事務所に戻り、顧客が本当に求めているものについて、当てずっぽうを始めるというわけだ。プロジェクトの規模や範囲はどうなのかを当ててみる。締め切りについても推測をする。予算はどうか、これもまた憶測をしてみる。そして、最後にその憶測をすべて提案書にまとめて、提出する。そして、受注ができないとき、それを商品開発や製造部、あるいは経済状況のせいにする。しかし、本当の問題は、推測していることにあるのだ。

勝手な推測をやめなさい！

顧客が提案書を要求してきたとき、その顧客の本当のニーズに応えるために、何を理解しなければならないのだろうか。何を知っておく必要があるだろうか。それについて考えてみてほしい。質問はすぐに浮かんでくることだろう。

数年前、私は世界最大手のコンサルティング及びトレーニングの会社の日本支社を経営したことがある。

ある日、新人の営業マンから一本の電話がかかってきた。

「私の顧客のひとりが提案書を提出するように要求しています。私は是非あなたの経験から学びたいと思っています。この提案書に私は何を盛り込めばいいでしょうか」

私は次のように答えた。

「そんなことは分かりません。顧客に聞いてみたらどうですか」

皆が〝顧客〟を恐れ過ぎている。顧客は生の人間ではなく、新種の危険動物のように考えているのだ。

しかし、本当のところは、顧客もほかのすべての人間と同じように、自分のことを理解してもらいたいと思っているのだ。

「喜んで提案書を提出させていただきます。あなたの時間は非常に貴重なので、あなたが意思決定をする上で必要な情報を提案書に盛り込みたいと思っています。意思決定をするためにこの商品について知りたいことを教えていただけますでしょうか」

「あなたのニーズを確実に満たしたいと思っています。このプロジェクトに対する予算はすでにお決まりでしょうか」

「いつ頃までにこの件を決定したいと考えていらっしゃいますか」

「特別に提案書の中に網羅しなければならない項目はありますでしょうか」

「最終的に本件の意思決定に関与する人たちはどなたでしょうか。その方々のニーズを満たすためにこの提案書について、特別に留意すべき点はございますでしょうか」

「提案書は、簡潔なものでいいでしょうか、それとも詳細を盛り込んだものがいいのでしょうか」

「提案書の送付の仕方は、電子メールで送った方がいいですか。それとも、打ち出したものを郵送した方がいいですか」

「提案書を説明する時間をスケジューリングしましょうか」


これは恋人に対しても同じである。

「喜んで自分の気持ちも話してあげるよ。でも今は、あなたの気持ちについて心配しています。あなたには本当に愛されていると感じてほしいし、あなたのニーズが満たされているようにしてあげたいです。どうすれば、あなたはそのように感じることができるでしょうか」

ここで大切な原則を覚えておこう！「分からないときは、聞け！」

分からないときは、聞け！

奇跡の道具：「正確さのモデル」で理解を高める

理解する上で、正確なコミュニケーションが必要である。このことは言うまでもないだろう。しかし、多くの場合、私たちの話し方が不正確になり、コミュニケーションにおける数多くの問題を引き起こすことになる。

NLPの創設者である、ジョン・グリンダーとリチャード・バンドラーは、コミュニケーションの正確さを高めるために**「正確さのモデル」**という強力なツールを打ち出している。このモデルは多くのコミュニケーションの専門家たちに採用され、さらに改善が加えられて、まさに奇跡的な威力を発揮するものに発展している。そして、あなたはこのモデルをマスターすることにより、一瞬にして不正確なコミュニケーションを正確なものにし、多くの奇跡を経験することができるだろう。

著名な精神科医のスコット・ペックは、「悪の心理学」を取り上げた傑作『平気でうそをつく人たち』の中で、嘘の見抜き方を説明している。嘘は通常、話したことの中にあるのではなくて、話していないことの中にある。つまり、真実とは一貫性、一体化の中にあり、嘘は抜けている部分にあるというわけだ。

「正確さのモデル」は、私たちのコミュニケーションの中から抜けている部分を明確にし、即座にその空白を埋めてくれる。コーチングとセミナーの仕事を通して、このモデルに含まれる簡単な質問が、数分のうちに人の人生に大変革をもたらす場面を数知れず見てきた。また仕事の場面では、この簡単なモデルを使うことで、計り知れないコストと時間の節約を生み出している。

明確さは力である。真実は力である。私たちのコミュニケーションにおける最大の道具はまさに真実であるのだ。そして、「正確さのモデル」は素早くその真理に到着する手法を、私たちに与えてくれるのである。

コミュニケーションにおける最大の道具は、真実である。

最も完成された形では、「正確さのモデル」は、八つの要素から構成されている。

1. 何々過ぎる。(抜けている比較)
2. 中身のない名詞。(抜けている物)

3. 中身のない動詞。（抜けている動作）
4. べき、べからず、しなければならない、してはならない、できない。（抜けている結果）
5. いつも、すべて、皆。（抜けている例外）
6. これか、あれか。（抜けている選択肢）
7. 分かりません。（抜けている意見）
8. 途中で切れた話。（抜けている情報）

1. 何々過ぎる。（抜けている比較）

「正確さのモデル」は基本的に「抜けていることは何か」という質問から始まる。

例えば、顧客が次のように言ったとする。

「御社の製品は高過ぎますよ！」

そこで、この発言から「抜けている情報は何か」「言ってくれていないことは何か」というふうに考えることが大切だ。


質問すべきことは、「抜けている情報は何か」ということだ。

「高過ぎる」ということは、何かほかのものと比較した上での話である。ここで抜けている情報はその比較の対象は何かということだ。

そこであなたの答は、より正確なコミュニケーションを引き出すためのものになる。「何と比較して？」

私の重要な仕事のひとつは、会社の業績を向上させるために経営者を指導することである。そこである見込み客に次のように言われたことがある。

「あなたの指導料は高過ぎます」

私は早速それに答えた。

「何と比較してでしょうか。結果を出した経験がない講師が行なう教育プログラムと比較していれば、確かに私の指導料は非常に高いもののように見えると思います。しかし、通常の大手コンサルティング会社の顧問料と比べれば、私の指導は非常に安価なものになっているということがすぐお分かり頂けると思います。

私の友人のひとりが大手コンサルティング会社に勤務していますが、彼によると、十億円以下のプロジェクトは管理表に載せないと言っております。ここで肝心なのは、今年会社の業績を向上させないコストと、この教育を導入するコストを比較すると、どうなるだろうかということなのではないでしょうか」

このお客様はまさにその日に、一年間の指導契約を結んでくれたのである。

何々過ぎる＝何と比較して？

2. 中身のない名詞。（抜けている物）

名詞は物を指す言葉である。しかし、現代人の私たちは、物をまったく指さない名詞を使う悪い癖がある。私はこれらを「中身のない名詞」と呼んでいる。

例を挙げてみよう。

友人があなたのところにやって来て、次のように言ったとしよう。

「私は宗教が大嫌いだ」

あなたは、実際にこの会話に意味があると錯覚することだろう。しかし、本当の意味では、コミュニケーションがまったく行なわれていない。「宗教」という言葉は、この世の中に実在する

〝物〟を指していないからである。

そこで、あなたの質問はさらに正確さを追求するものになる。

「どの宗教団体のどういった行動について言っているのでしょうか」

そこであなたの友人は答える。

「私は、信じていることが違うという理由で殺し合っている、インドのヒンズー教徒とイスラム教徒が嫌なのです」

これでやっとコミュニケーションが正確になった。インドに住むヒンズー教徒とイスラム教徒は実在の人たちだからである。これなら、私たちは、実際の問題を理解し、それを解決するという希望を持って、話し合うことができるだろう。

中身のない名詞＝誰、どれ、何、具体的に？

3．中身のない動詞。（抜けている動作）

動詞は行動または動作を指す言葉である。しかし、まったく行動や動作を指していない「見せかけの動詞」を使い、コミュニケーションをあいまいで不正確なものにしているケースが多く見られる。行動は目に見えるものである。それは実際の世界において存在する動作を指すものであるのだ。

「当社はコミュニケーションがうまくいっていないんですよ。それで、製造工程が大きくトラブっているんです」

またここで、コミュニケーションの錯覚が起こる。「コミュニケーション」という動作もないし、「トラブる」ことも具体的な行動または動作を指している言葉ではないからである。あなたは実際に何が起こっているのかまったく分からないままである。ごまかされ、煙幕に包まれているだけだ。このごまかしのカモフラージュが、コミュニケーションと名乗って堂々と歩き回っているだけだ。

ほとんどの管理者や営業は、解決策に飛びつくだろう。

「コミュニケーションの研修を導入しましょう。皆にコミュニケーションの改善を促すためのスローガンを出してもらいましょう！」

こんなことをしていては、何もならない。

コミュニケーションを正確にすることが先決だ。

「御社の従業員がコミュニケーションをしていないとは、具体的にどういうことでしょうか。具体的に製造に関してどのような問題を経験しているのでしょうか」

「マーケティング部の人間は製造部に対して需要予測のデータを伝えていないのですよ。その結果、過去六カ月の間に在庫不足の件数が20％も増えているのです」

これで正確だ。これなら話せる。これで初めて実際の問題を解決する方法を見出す希望が持てるだろう。

中身のない動詞＝何が、どのように、具体的に？

4. べき、べからず、しなければならない、してはならない、できない。（抜けている結果）

べき、べからず、しなければならない、してはならない、できない。このような言葉が何の疑問もなく日常会話の中に使われているだろう。「木曜日には行けないよ」「あなたはそれをすべきではない」「やらなければならない！」

何が欠けているのだろうか。もし実際にやった場合、その結果はどうなるかが欠けているのである。


「仕事は辞められないよ」

「もし実際に辞めてしまったら、どうなるのですか」

「新しい仕事を探さなければならなくなるだろうな……」

「ということは……」

「うん。ということは、本当にしたい仕事を見つけるチャンスだということかな」

べき、べからず、しなければならない、してはならない、できない
＝それをしたら・しなかったら、どうなるか？

5．いつも、すべて、皆。(抜けている例外)

多くの人は、「いつも」「すべて」「皆」といった断定的な言葉を使うことを習慣にしている。

「私はいつも失敗するよ」
「政治家は皆、腐敗し切っている」
「皆そう言っていますよ」

このような言い方も不正確である。何かが欠けている？　ここで抜けているのは、例外である。正確にするには、どういう例外があるかを明確にしなければならないのである。

「いつも？」
「政治家は皆？」
「皆？」

「いつも、すべて、皆」という断定的な言い方に疑問を投げかけることで、私たちの理解をより正確なものにすることができる。

いつも、すべて、皆＝いつも？　すべて？　皆？

6．これか、あれか。（抜けている選択肢）

二分法とは、自分の選択肢を二つに限定しておいて、その中から選ぶことである。つまり、「これか、あれか」というふうに表現される問題である。

「この得意先を獲得しなければ、首になる」
「A社から買わなければ、B社から買うことになる」
「彼女を取り戻さなければ、私の人生はパーですよ」

よくある話だが、真実とは程遠い。二分法は誤った選択である。ここで欠落しているのはほかの選択肢のことである。あなたが気づいていなくても、ほかの選択肢は必ず存在しているのだ。

「ほかにどんな可能性が考えられますか」
「自社で製造してみたら、どうなるのだろうか」
「ほかに考えられる選択肢はないだろうか」

これか、あれか＝ほかの可能性・選択肢は何か。○○は考えられるだろうか。

7．分かりません。（抜けている意見）

「知らない」

「何をしたらいいのか分からない」

「ホントに分からない」


全知全能ではない私たちにとって、「分からない」ということは論理的な発言に思えるだろう。しかし、実質的にはこの発言は虚偽である。やはり大切なことが抜けているのだ。それは、あなた自身の意見、信念、思いなのである。「分からない」と言うことによって、自分の意見を隠す状況を作り上げてしまっているのだ。


「何をすればいいのか分からない」

「もし分かっていたら、何をすべきだと思いますか」

「そうですね。相手のところに行って謝るべきでしょうね」


私は経営コンサルタントの仕事を通して、顧客がこのように催促されて自分で答が分かっていなかったケースは一度たりとも見たことはない。

分からない＝分かっていたらどうだと思うか。何を想像するだろうか。何を推測するだろうか。どういう可能性があるか？うまくいった場合は？　うまくいかなかった場合は？

8．途中で切れた話。（抜けている情報）

コミュニケーションから抜けている情報を特定できない場合もある。相手はもっと言いたいことがあるようだと察知している。しかし、相手がまだそれを実際に口にしていない。簡単な言い回しで、その話の続きを聞き出すことができるだろう。

「そして……」
「例えば……」
「しかし……」
「つまり……」
「というと……」

これらの言葉は非常に役立つ。誠心誠意、理解したいという気持ちを持つだけでいいだろう。

途中で止まった話＝そして……　例えば……　しかし……　つまり……

「正確さのモデル」の威力を見てみよう！

以下に示す会話の例によって、この「正確さのモデル」の威力を感じ取ってもらえるだろう。


「私の人生はもうめちゃくちゃだよ」

「具体的には、どういうふうに……」

「恋人には振られてしまってさ。それに、数学は落第しているし……全部台無しだよ」

「全部？　うまくいってることはひとつもないの？」

「ま、サッカーはうまくいってるかな。でも、ジェーンのことをどうしたらいいのか分からないよ」

「どうしたらいいのか分かっていたら、どういうアプローチがいいと思う？」

「分からない」

「そうだね。でも、もし分かっていたら、どうする？」

「そうだな、多分、この前の夜のことを彼女に謝らなければならないかな」

「そして……」

「そうだね、もし彼女が許してくれたら最高だけど、もし駄目なら別のガールフレンドを探すしかないな。でも、ガールフレンドと別れてすぐ別の誰かと付き合い始めるなんてできないよ」

「もし、付き合い始めたら、どうなる?」

「そうだね、人に嫌われるだろうな」

「人って具体的に誰のことかな……」

「そう言われてみれば、それもそうだな。本当の友達って、何があっても僕の味方だよね」


「経済がさっぱりダメで、会社もめちゃくちゃなんですよ」

「というと……」

「そうですね。売上がめっきり減っているし、決算は初めて赤字になってしまいました。顧客の間の評判もかなり落ちています」

「評判が落ちているというと、具体的にどういうふうに……」

「昨日、新聞に批判記事が載っていました……」

「どのような批判だったのですか」

「当社の技術はもう過去のものだと書いてあったんだ」

「そうか」

「皆落ち込んでいるよ」

「皆?」

「まあ、皆じゃないけど、ほとんどの従業員はね……」

「というと……」

「離職率が高くなっているということ。状態を好転させる方法がまったく分からないんだ」

「どんな可能性が考えられる?」

「そうですね。まだまだ商品の性能を上げる余地はあるんだ。それに、コストを削減する方法もあるはずだと考えているんだけど……」

「具体的にどのように?」

「効率の悪い事務処理をアウトソーシングすることもできるし……」

「どの事務処理ですか」

「受注から納品までの流れが弱いです。だから倉庫を閉鎖して、それを外注するということを考えているんだ。コールセンターも基準を満たしていない。私たちにとって専門外だからね。たぶん、良質の業者に外注すればサービスは改善できるんじゃないかな。そのあたりの苦情は多いですよ」

「そして……」

「そして、商品開発もかなり強力な商品を手がけているんだ。本当に必要なのは、商品化のスピードを加速させて、いち早く市場に導入することかな」

「どのようにして?」

「作業を細分化して、それぞれの部分について同時に取り組むようにすれば、商品の発表を九十日以上も早めることができるはずだ。そうなれば、次の四半期には、良い結果が出せるようになると思うよ」

「意味を明確にするための質問」で誤解を防ぐ

あなたが出会う人は皆それぞれの人生経験があり、その経験というメガネを通して周りの世界を見て、それを解釈している。異なる環境や社会背景の中で育ち、異なった言葉のパターンを使う人たちに囲まれて、生活している。その結果、あなたと同じ言葉を使っているように聞こえても、それをあなたが考えているのとまるっきり違う意味で使っていることはしばしばある。辞書に記載してある言葉の定義は、現実の世界でほとんど無意味である。他人がその言葉をどう定義しているかが問題なのだ。

他人がその言葉をどう定義しているかが問題なのだ。

すべての言葉の定義を共有することは非現実的である。しかし、お互いのコミュニケーションの中で使っている最も大切な言葉（最も誤解を招きやすい言葉、または最も結果に大きな影響を与える言葉)をより明確にすることはできるだろう。そして、そうすることは多くの誤解を防ぎ、私たちのコミュニケーションに劇的な改善をもたらすことになるだろう。

数年前に、私は世界的な大手証券会社のひとつに対してコンサルティングを行なったことがある。その会社が強調していた概念のひとつは「分散投資」というものだった。しかし問題は、会社の定義と顧客の定義が必ずしも合っていないということだったのだ。

「分散投資の戦略を改善したいと思っているのだが」

「素晴らしい。私たちの専門分野です」

もちろん、その営業マンは顧客の本当に欲していることが何なのか、さっぱり分からない。意味を明確にするための質問を使うことで、この問題を簡単に、そして自然に解決できる。

「自分の分散投資戦略を改善したいと思っているのだけど……」

「是非そのお手伝いをさせて頂きたいと思います。お客様によって、『分散投資』という言葉をさまざまな意味で使われていらっしゃいますが、お客様が具体的にどういう意味で使っていらっしゃっているのかを教えて頂けますでしょうか」

「そうですね。投資の中身を多様化させようと思っています。いくつかの株式銘柄を買っていますが、どれもハイテク関係で、それは少し不安に思っています。製薬関係の成長株か、運輸関係で何かいい銘柄を探したいと思っていますが……」

どれだけ顧客の本当のニーズに応えることが簡単になったことだろう。

簡単に言ってしまえば、「意味を明確にするための質問」とは、重要な言葉や語句をどういう意味で使っているのかを相手に対して尋ねることである。

「あなたは○○という言葉をどういう意味で使っていますか」
「あなたの今の状況において、○○というのは具体的にどういう意味になるでしょうか」

「診断するための質問」でニーズを知る

私たちのコミュニケーションの多くは、問題を解決したり、または意思決定をしたりするためのものである。しかし、問題を解決するために、まず解決策を必要としている問題は何なのかを明確にしなければならない。

そこで、直面している問題を明確にするために、望んでいることは何か、そして、その実現を妨げているものは何か、という二つの質問に答える必要がある。

あなたの望むことは何か。それを妨げているものは何か。

これらの質問は当たり前のように聞こえるだろうし、本来はそのはずである。しかし、十分に定義されていない問題の解決策を打ち出すために開催される会議の多さには目を見張るものがある。これが、多くの企業にとって、最大のエネルギーの浪費になっているのだ。

あなたが本当に望んでいることは何だろうか。どんな結果にたどり着きたいと思っているのだろうか。何を達成しなければならないのだろうか。そしてなぜそう望んでいるのだろうか。

それが分かれば、次は、その実現を阻止しているものは具体的に何なのかを明確にすることである。何がその実現を妨げているのだろうか。

問題の診断がきちんとできていれば、処方は簡単である。

これらの質問を人に投げかけるだけでも、大きなインパクトを与えることができる。

例えば、あなたの会社の製品やサービスについて、苦情を言っている顧客がいるとしよう。

「もう、うんざり。御社の商品なんか最低だよ」

「是非お役に立ちたいと思います。具体的に何が問題なのでしょうか」

「動かないんだよ」

「なるほどね。問題は解決できると思います。動かないという状況をもう少し説明して頂けますでしょうか」

「もういい。金を返してくれよ」

「そのお気持ちはよく分かります。商品が動かなかったら、全額を払い戻すのは当然だと思います。しかし、私どもが返金を差し上げても、お客様の問題は未解決のままになってしまうのではないかと心配です。お客様が最終的に望んでいる状況を教えて頂けますでしょうか。お客様の問題を本当に解決するために、どういうふうにならなければならないのでしょうか」

「この製品がちゃんと動くことだ」

「分かりました。まずそれができるかどうかを見ておきましょう。今はどういう状況でしょうか」

「スイッチを入れても、何も起きませんよ」

「それでは何が障害になっているのか、確認してみましょう。私の記憶が間違っていなければ、その製品は、電池を取りつけて出荷していないものだと思います。裏にある電池パネルを開けて電池が入っているかどうかを確認して頂けますか」

「ちょっと見てみます……電池はないよ」

「おそらくそれが原因だろうと思います。今すぐ電池をお送り致しましょうか、それともお近くの店でお買い求めになられますか」
「んんん、持っていると思います」
「そうですか。ご迷惑をおかけして申し訳ありませんでした。担当部署と相談して、電池に関する方針を再検討させて頂きます。この問題をおっしゃられるのはお客様おひとりじゃないと思いますから」

「感情移入」：心に通じる道

私がこれまで教えてきた理解のためのスキルの中で、**「感情移入」**は、最も大きな影響を及ぼす、最も即効力のあるスキルなのだろう。

感情移入はもともと、強力なカウンセリング・テクニックとして開発されたもので、患者がさまざまな問題に対処できるための道具として、精神科医たちに利用されてきたものである。しかし、優れたリーダー、親、営業マンをはじめとする成功者のほとんどが実際のところ、毎日のようにこの手法を活用している。この手法はごく自然なもので、相手を理解したいという気持ちさえ持っていれば、自然にやるようになるものであるのだ。

感情移入の目的は二つある。ひとつは自分の理解のレベルを確認することであり、もうひとつは自分の理解を相手に対して示してあげることである。

もし私利を求めたり、相手を操ろうとしたりしないで、本当に相手を理解したいという気持ちを持っていれば、必然的に感情移入をするようになるだろう。

テクニックは実に単純だ。相手が伝えようとしている話の内容やそれに対する気持ちを、自分の言葉で言い換えるだけでいいのだ。

感情移入とは相手が伝えようとしている内容や感情を自分の言葉で言い換えることである。

感情移入の鍵は、ただただ相手の話を聴くことだ。「聴く」とは、ただ耳を貸すだけのことではない。**「聴」**という文字が**「耳」**と**「目」**と**「心」**から成り立っていることは興味深い事実である。その一方、「聞」という文字は「耳」だけしか使われていない。本当の意味で聴くには、耳と目と心を合わせて聴かなければならない。パスカルは次のように述べた。「耳に頼るのは、心が足りないからである」心を頼りにして、コミュニケーションを図るようにしよう！

コミュニケーションの専門家によれば、私たちのコミュニケーションの中で、言葉が占める割合はたったの7％に過ぎない。23％は声や抑揚である。そして、70％近くは身振りや顔の表情、ボディーランゲージによって伝達されるものだという。

あなたは怒っている人を見たことがあるだろう。しかし、なぜ怒っているということが分かったのだろうか。声を荒らげ、拳を握り締めて、顔を真っ赤にしていたからだ。これらがすべて、言葉よりもはるかに雄弁にその怒りを伝えるものであるのだ。

映画『わが命つきるとも』の中で、イギリスの国王が離婚して、新しい妻をめとった。そこで、法務大臣に当たるトーマス・ムーアはその結婚について、沈黙した。そもそも離婚は違法なものだと思っていたからである。しかし、その違法性を指摘し、今度の結婚に反対を述べれば、それは国王に反対しているということになり、当時の法律では、反逆罪に当たるから、死刑に処せられる。結局、ムーア卿は国王の行為に対して、反対するような発言をしなかった。しかし、賛成する発言もしないから、国王が怒り、ムーア卿は逮捕されることになった。裁判の席で検察を務めるクロムウェル卿が、トーマス・ムーアに対して、次のように言った。「あなたの沈黙はただの沈黙ではない。反対と反逆を最も雄弁に語る沈黙なのだ！」

ボディーランゲージを読み、表情の兆しを見極め、心で相手の真意を感じるために聴くことだ。そうすればまったく新しいコミュニケーションの世界が開かれるに違いない。

感情移入の秘訣は、耳と目と心で聴くことである。

このスキルは簡単であることを覚えておいてほしい。相手が言ったことと、相手が感じていることをあなた自身の言葉で言い換えるだけでいいのである。自分の判断が挟まれない。解釈もない。理解する以外の目的を持たないことだ。

これがどれだけ大切かを自分の家族になぞらえて考えてみることにしよう。


「もう分かれましょう。もうダメだわ」

「君は僕たちの関係にフレストレーションを感じているんだね」

「だって、あなたは私のことを愛していないでしょう！」

「今、僕の気持ちが伝わってこないということだね」

「まあ、愛しているだろうけど、いつも仕事ばかりしていて一緒にいる時間が全然ないし、寂しいんだもの」

「もっと一緒に時間を過ごしたい……」

「そうよ。それに、誕生日だっていなかったし、子どもの野球の試合も行ったことはないし……」

「特別な日をもっときちんとスケジューリングして、家族を大切にしてほしいんだね」

「そうしてくれる？」

「うん。約束するよ。僕も最近仕事が忙しすぎると思っていたところなんだ。君を愛しているし、子どもも愛しているから、もっと一緒にいたいね。やっぱり君たちは僕にとって宝物だから」

「話を聴いてくれて嬉しいわ。やっぱりあなたって素敵な人ね」

職場ではどうだろうか。


「この取引はやめだ。うまくいくとは思えない」

「進める価値はないと感じているんだね」

「今はこの取引をする場合じゃないってことだよ」

「今の金銭的制約がある状況を勘案して、どうせ取引が流れるのであれば、交渉にこれ以上の時間を浪費しない方がいいと思っているのですね」

「資金繰りが厳しくて、役員会からの圧力もあるしね」

「この取引をするだけの現金、預金も確保できないし、やろうとしたところで、役員会から拒否されるだろうという状況だ……」

「そう、そういう状況にあるってことだ。それでもまだチャンスはあると思う？」

「私たちのサイドで、最初から大きな資金をかけないで、この取引ができるための案をいくつか打ち出しているんだけど……」

「本当？　ぜひ君の考えを聞きたいな」


あなたは「そんな簡単なことがあるわけはない」と言うかも知れない。しかし、実際にこれくらいの転換をもたらすことが多い。私はこれとまったく同じ会話をした四時間後に、自分の会社を数百万ドルで売却した人を知っている。相手の立場を理解していることを示した自然の結果と言えるだろう。

どのスキルについても言えることだが、これら五つのテクニックは多少の練習が必要である。しかし、それらは練習をするだけの価値がある。成功するためには、正確な理解が必要だ。問題と課題を十分に理解していれば、解決はたやすい。問題を理解していなければ、解決は不可能である。

今日から練習してみてほしい。友達を呼んでロールプレーをするか、会社の定例会議のようなリスクの低い場面から練習し始めるといいだろう。今までと違うことをし、今までと違う結果を手に入れることだ。

説得という新しいレベルのコミュニケーション

結局のところ、リーダーは最終的に説得の達人にならなければならない。説得術は成功への鍵であり、より高いレベルで自分の夢を実現するために必要不可欠である。この説得術について、非常に多くのアプローチが説かれているが、そのほとんどが人を操るテクニックに過ぎず、大きな効果を発揮することはない。

説得は操作することではない。強制力でもない。説得は他人を自分の夢に参加するように促す技術なのであり、相手にとって利益になる道を進むようにお誘いすることであるのだ。

優れたリーダーが率いれば、人は喜んで従う。従うのは、そのリーダーが彼らのことを本当に大切に思っているからであり、そして、さらに重要なことに、リーダーと同じビジョンを共有しているからである。従うのは、自分のためだからだ！

説得の最も優れた形は、相手と一緒にひとつの目的を共有し、相手の心からの支持を得て、双方にとって極めて重要なプロジェクトに参加させることであるのだ。

「快楽と痛みの質問」で動機を握る

誰もが同じ動機で行動しているという原則を思い起こしてほしい。つまり、快楽を得て、痛みを避けるために行動しているのだ。相手が、どんな苦痛を避け、どんな快感を得ようとしているのかが分かれば、より高いレベルでその人を動機づけることができる。これはテクニックに勝るものであり、最も基本的なレベルでの説得術と言えるだろう。

選択肢はいくつかある。

痛みの質問は次のようなものである。

1．○○の場合は、何が起こるだろうか。

2. ○○は、あなたから何を奪っているだろうか。
3. ○○は、あなたをどういう気持ちにさせるだろうか。
4. ○○のコストは何だろうか。

快楽の質問は次のようなものである。

1. ○○は、あなたに何をもたらしてくれるだろうか。
2. ○○が起きたら、どのような気持ちがするだろうか。
3. ○○の利益は何だろうか。
4. ○○は、何を可能にしてくれるだろうか。

仮にあなたがコンサルティングの業務を行なっているとしよう。あなたの顧客はコミュニケーションの問題を抱えている。あなたの仕事は、その問題を解決するための具体的な行動を起こすように、その顧客を動機づけることだ。そのときの会話は次のようになるかも知れない。まず痛みの質問から始めてみよう。

「具体的に従業員のコミュニケーションの問題は何ですか」

「マーケティング部が、製造部に対して、売上の予測データを渡していないんですよ」
「で、マーケティング部が、製造部にそのデータを渡さないとき、どうなりますか」
「製造部は不意打ちをくらって、在庫不足を起こしてしまうのです」
「それで、在庫不足を起こすと、何が起こりますか」
「顧客は満足しなくなる」
「長い間、顧客が不満を抱き続けていると、それは会社から何を奪うことになるのでしょうか」
「売上が落ち、利益が減る」
「売上が落ち、そして利益が減ると、その最終的なコスト、最終的な代償はなんでしょうか」
「私が解雇されます」

あなたの顧客はかなりの動機づけを感じるようになっていることだろう。
さて、ここで快楽の質問を付け加えてみることにしよう。

「もし、私たちがプロジェクトを実行して、この問題を解決したら、それは御社にとって何を可能にしてくれるでしょうか」
「そうですね、在庫不足の発生を食い止めることができるだろうな」
「そして、その在庫不足の発生を防ぐことができれば、それは御社にとって何を与えることになりますか」

「利益率が高まることになるし、顧客満足も高まるはずだ」

「なるほどね。そこで、利益率が高まったら、それはあなたに何をもたらすことになるのでしょうか」

「ボーナスの額が大きくなる、これは確かだな」


結局のところ、人が行動を起こすには、非常に個人的な理由が必要である。そして、この「快楽と痛みの質問」によって素早くその理由にたどり着くことができる。アントニー・ジェイは『Management and Machiavelli（管理とマキャベリ）』の中で次のように述べている。

「物を売るのは、宗教の改宗と非常に似ている。製品を売るためには、現状に問題がある、素晴らしい機会を見逃している、または大きな災害に向かっているということを、見込み客に納得させなければならないからである。大きな心の不安を作ってからでないと、物も神も売ることはできない」

額ひとつで意味が変わる

私の趣味のひとつは美術品収集である。特に絵画が好きだ。絵画で興味深いことのひとつは、同じ絵でも違うフレーム（額）をかけると、まったく違って見えるということだ。手の込んだ金縁の額に入れると古風な感じがするし、黒塗りの額に入れると、同じ絵でもモダンな感じがする。

これはコミュニケーションについても言えることである。コミュニケーションのすべてが、そのコミュニケーションの意味や解釈に大きな影響を与える背景、コンテクスト、フレームの中で行なわれているということだ。

このフレームを変えることによって、コミュニケーションの内容は同じであっても、そこから得られるものが変わってくる。劇的に変わる場合も多々ある。

フレーミングの技術とは、コミュニケーションや状況そのものの内容を変えないで、そのコミュニケーションや状況の意味を変化させることである。

フレーミングとは、内容を変えずにコミュニケーションや状況の意味を変化させることだ。

出来事や状況の意味のコントロールを可能にしてくれる代表的なフレーミングの手法は二つある。それは、**「プリフレーム」**と**「リフレーム」**と呼ばれるものであり、どんな状況におかれても活用できるものになる。

「プリフレーミング」で先手を打つ

「プリフレーム」とは、コミュニケーションや出来事の意味を前もって決めることである。出来事を「プリフレーム」するとき、相手が何に集中するか、そのコミュニケーションや出来事から何を得るかに影響を与え、その出来事が相手にとってより有意義なものになるように導くことができる。

例えば、あなたが映画を観ようとしているとしよう。私はあなたに言う。

「この映画のメークアップは本当にすごい。メークアップ・アーティストは素晴らしい仕事をしたよ」

このように聞いたら、映画を観るとき、あなたは何に集中するだろうか。最初の場面からメークアップに注目するだろう。

あなたは今まで映画のメークアップなんて、一度も気にしたことはないかも知れない。しかし、突然にそれが気になり始める。この出来事が「プリフレーム」されているからだ。つまり、出来事の意味が前もって決められたというわけなのである。

あなたの会社の社長がスピーチを行なう仕度をしているところで、あなたが従業員に向かって次のように言ったとする。

「今日のスピーチは非常に重要だ。スピーチの最後にテストがある。そのテストの結果は、今年のボーナスの50％を決定する材料になる」

一瞬にして、この出来事の意味が劇的に変化している。コミュニケーションの内容、社長が実際にスピーチで言うことはまったく変化していないが、その意味がすっかり変わってしまっているのである。

「プリフレーム」は、誰もがいつもお互いにやっていることだ。ストランクとホワイトの『The Elements of Style（正しい文章の基本要素）』の中で、「『これは面白い話だ』と言うことで、その話が面白くなるわけではない」と言っている。しかし、この考え方は間違っているのだと思う。あなたの話にどのようなプリフレーミングをかけるかによって、相手はその話をどう受け止めるかが大きく影響されるからである。ダングフラワー（糞花）という名前のバラは決して甘い香りはしないだろう。

「リフレーミング」でプラス転換

「リフレーム」とは、相手がすでにその出来事やコミュニケーションに何かしらの解釈や意味を与えてしまった後に、その出来事またはコミュニケーションの意味を変えることである。

優れたリーダーというのは、人々が出来事をプラスの意味で解釈できるように助けるために、「リフレーミング」を行なうようにしている。ここで鍵があるとすれば、それはどんな困難な状況に対しても、夢や目的に向かって行動を起こすようなフレームを探し出すことであるのだ。

ガンジーが南アフリカに滞在していた頃、当時の知事ジャン・クリスチャン・スマッツがインド人を差別する法律を施行し、そこに住むインド人は、それに対して猛反発をしていた。彼らは地域集会を開き、「殺人を殺せ！　そうすれば、あんな法律を施行しようとは思わなくなるだろう」といった怒りの発言を繰り返していた。まさに流血寸前の苦境だった。

そこで、若き法律家のガンジーが立ち上がり、その状況をリフレームした。

「あなたたちに戦うように願いたい。相手の怒りをかき立てるのではなく、その怒りと戦ってほしい。この戦いのために、私も死ぬ覚悟がある。しかし、どんな理由のためにも私は殺す覚悟がない」

彼の「リフレーム」が歴史を変えた。

もしあなたの大切に思っている人がリストラの対象になったら、次のように言って状況をリフレームしてあげることができる。

「へえ、良かったじゃないですか。これで、長年やりたいと言っていたビジネスを始められるじゃないですか」

もしあなたの上司がいつもあなたを怒鳴っていれば、その状況に新しい意味を与えることができる。

「彼は本当に私のことを考えてくれているに違いない。彼は私のすることすべてに注目しているのだから」

もし強力な競争相手があなたの業界に参入してくれれば、次のように「リフレーム」できる。

「彼らは私たちを次のレベルまで押し上げてくれる。これは成長するとても良い機会になる」

ウィンストン・チャーチルがロンドンの大空襲を「英国最良の時」とラジオ演説で述べたとき、彼はイギリス国民のために強力な「リフレーム」を行なっていたのである。そして、その一言が戦争の行方を変えることになったのだ。

もちろんそれぞれの状況においてあなたが実際に行なう「リフレーム」、実際に口にする言葉というのは、その状況や関わっている人たちの感情によって決まることになるだろう。優雅に、洗練されたやり方で行なうことができるだろう。

そこで大切なことは、出来事の中にプラスの意味や解釈を見出すことであるのだ。

一貫性：本当は何を言いたいのか

コミュニケーションにおいて使用できる最も強力な道具は、**「一貫性」**である。コミュニケーションにおける「一貫性」とは、言葉、声、抑揚、身振り、態度、行動がすべて同じメッセージを伝えているということである。

ここでまた、声やボディーランゲージが極めて大切な意味を持つのだ。

優れたリーダーを考えてみてほしい。一貫性のある人を思い浮かべるに違いない。

一貫性は、私たちが人を信頼するかどうかを判断するために活用する最も重要な要素である。

一貫性がなければ、誰も信頼してくれないのである。

一貫性は、信頼に値する人かどうかを判断する上で使う重要な要素である。

従業員に仕事を頼んで、「君はこの仕事ができるかね……」と聞いたところ、その従業員は下を向いて、言いよどんでから、「は、は、はい……」と弱々しい声で返答したとする。その仕事は実際に成し遂げられると思うだろうか。まず思わないだろう。一貫性がないからだ。その従業員は一貫性のある返事ができるまで、聞き直したり、自信がないところについて相談したりする必要があるのだ。

誰かを納得させたければ、完全な一貫性が必要だ。あなたがあなたのメッセージを全細胞で信じているのなら、他人もあなたを信じてくれるだろう。人は一瞬にしてあなたがあなた自身を信じているかどうかを見分ける。これが肝心なのだ。これがリーダーシップの基本なのだ。

1840年代から、ニューヨーク近辺の建物にエレベーターがその姿を現し始めた。しかし問題がひとつだけあった。安全性は確保できないということだった。カゴを支えているケーブルが切れると、そのまま落下してしまうのである。

1854年に、実業家のエリシヤ・オーチスがエレベーターのための安全装置を開発した。しかし、どのようにその安全性を人に説得すればいいのだろうか。オーチスが当時開催されていたニューヨークのクリスタル・パレス博覧会に実演のための装置を建てた。

自らがそのエレベーターに乗り、建物の三階の高さまで上昇してから、いきなり斧《おの》を取り出し、エレベーターのケーブルを切ってしまった。まさに自分の体を張って安全装置の効果を実演して見せた。それが一貫性なのだ！　そして、その結果、現代の高層ビルが誕生することになったのである。

説得の秘訣——相手に集中しよう！

ここまで説明してきたテクニックと手法は非常に強力なものであるが、私が**「説得の偉大な秘訣」**と呼んでいるものの足元にも及ばない。この偉大な秘訣とは、何千年にもわたり、周知の事実となっているし、歴史上のすべての偉大なリーダーたちやセールスマンも、その恩恵を受けている。

秘訣はこうだ。もし人に行動を取ってほしいと望むのであれば、その行動を相手のニーズとウォンツに置き換えて説明しなければならない。

これは企業の提供するサービスとも深い関係を持つ概念である。

私が初めて、リッツ・カールトン・ホテルの創立者ホルスト・シュルツィに出会ったとき、彼は私に次のように話してくれた。

「この街にはほかにもホテルがある。そこには部屋がある。食べ物がある。飲料がある。しかし、私たちは、そういうビジネスをやっているのではない。私たちは、サービスビジネスをやっている。それだけ簡単で明快なことだ」

サービスとは何だろうか。それは自分の都合ではなく、相手の都合で動くことである。そして、それができる企業は栄え、顧客のことを忘れてしまう企業はやがて社会からその姿を消してしまうはめになるのだ。

十数年前、私が上野駅にあった売店に入り、アイスクリーム・コーンを買おうとしたときのことである（無限健康を発見する前の出来事だ）。猛暑が続く八月の午後だった。そして、私はお腹も空いていた。そこに色とりどりのアイスクリームを見ているうちに、決めかねて、ダブルを注文することにした。

「チョコレートとレインボー・シャーベットをダブルのコーンでお願いします」

「当店ではダブルを扱っておりませんので、それができません」

私は店を出て、二度と戻ることはなかった。リーダーシップを必要としている会社なのだと思う。

説得の秘訣はこうだ。相手のニーズとウォンツに合わせて説得しなければならない。

誰もが自分のほしいものがほしい。ほしいものを手に入れる最も簡単な方法は、あなたを助けることだということを相手に見せることだ。それができれば、その相手に行動してもらうことは簡単だろう。もし、相手のほしい結果を手に入れる方法が、たまたまあなたのほしい結果に結びついているのであれば、なおいいのである。もし、あなたが相手の成功、相手の欲している結果を手に入れることを心から望んでいるのであれば、あなたはリーダーである。そして、あなたが相手と一緒にひとつの目的、ひとつの夢を共有しているのであれば、好業績を上げる強力な組織の土台が出来上がっていると言えよう。

リーダーは相手の成功を望む人である。相手の成功を望むのであれば、相手も私たちの成功を支えてくれる。簡単なことだが、この簡単な概念があなたの人生を変えるに違いない。

デール・カーネギーはこう述べている。

「どの聴衆も、自分のこと、また自分の抱えている問題をどう解決するかについて強烈な関心を持っている。それがその人たちの唯一の関心事だと言っても過言ではないだろう。だから、彼らに、もっと幸せになる方法、もっとお金を稼ぐ方法、心配事から解放される方法、ほしいものを手に入れる方法を示してあげれば、喜んで私たちの話を聞いてくれるだろう。どんな声だろうと、どんな息遣い、立ち居振舞い、外見、身振りだろうとまったく関係がない」

リーダーシップは夢を共有することである。それくらい単純で分かりやすいことであるのだ。多くのリーダーは、特に財界や政界におけるリーダーは、それを忘れている。しかし、いつかそのしっぺ返しを必ず受けることになるだろう。

仮にあなたが銀行からの融資を受けたいと思っているとしよう。ほとんどの人はどうするだろうか。まず銀行に出向いて、その旨を銀行の窓口の人に説明するだろう。必要としているのは何なのかを銀行に話すことだろう。多くの人は、何かを望んでいる、あるいは必要としているというだけで、それを受ける権利があると思い込んでいるのだ。

しかし、融資の担当者はあなたの要望やあなたのニーズにさほどの関心を持っているというわけではない。あるいは、彼女は、あなたを助けたいと思っているかも知れないが、もっと大切な優先事項がある。彼女は銀行に対する義務がある。つまり、彼女には、銀行のニーズを確実に満たす大切な職務責任があるというわけだ。

「説得の偉大な秘訣」を体得していれば、あなたのアプローチはまったく違うものになるだろう。あなたは自問する。

「銀行が本当にほしいものは何だろうか。必要としているものは何だろうか。どうすれば私のニーズを彼らのニーズに結びつけることができるだろうか。双方が満足するには、どうすればいいのだろうか」

頭脳は、どんな質問に対しても答を出してくれるということを思い起こしてほしい。

「さあ、考えてみよう。銀行の第一のニーズは、元金を守ることだ。彼らは、私に貸したお金が必ず返済されるという確証がほしい。それは当然だ。結局のところ、それが私の約束しているところだからだ。彼らが知りたいのは、私がその約束をきちんと守れるかということだ。つまるところ、守らない人が多くて、銀行はこれまで嫌な経験をたくさんしてきたのだろう。

銀行の第二のニーズは利息だ。この融資によって、彼らは安定した収入の流れを確保しようと思っている。銀行はそういうビジネスをやっているからだ。

第三のニーズは、かなりニーズとしてレベルは低くなるだろうが、元金が保証され、利息がちゃんと獲得できるのであれば、地域社会への貢献度が高いものに融資したいという気持ちはあるだろう」

このように準備をしておけば、交渉ができる立場になる。しなければならないことは、銀行がほしがっているものを銀行に与えるだけだ。少し逆説的に聞こえるかも知れないが、結局のところ自分の夢を実現するためには、相手の夢を実現させてあげなければならないのだ。長期において、Win—Lose(私が勝って、あなたが負ける)はあり得ない。勝ちがあるとすれば、それは全員が勝つしかない。それ以外の勝利は錯覚に過ぎない。錯覚の勝利は手に入れられるかも知れないが、持続することは絶対にないのである。

あなたは銀行に行く。そこではあなたのほしいことについては話さず、銀行がほしがっていることについて話す。

「この融資は当然返済されなければならないものです。私が用意した書類をご覧になって頂ければ、融資を保護するに十分な担保があるということは確認できると思います。また、連帯保証人になっている方の資産や収入は、担保の価値が下落するような状況になったとしても、元金を保証するのに、十分なものになっているということがお分かり頂けると思います。

私たちは、きちんとしたビジネス・プランも用意しております。マーケット・リサーチは堅調な需要を示しており、テスト・マーケティングの結果も素晴らしいものになっています。私たちは強いマネジメント・チームも確保しており、この市場における経験も豊富です。これらの要素を勘案して、利息を容易に支払うことができ、その上十分な利益も確保できるということが分かります。たとえ経済状況が悪化したとしても、このプロジェクトは利息金額を支払うには、十分な収入を作り出すものになっています。

このビジネスはまた、この地域にとってかなりの雇用確保になるということもご注目ください。そして、その多くの人がお宅の銀行と取引することになることも想定されます。当然ながら、弊社もこの融資を受けて、お宅の銀行との取引をより一層深めて行きたいと考えております」

私は今まで会社の社長として、このアプローチで一度たりとも銀行からの融資を拒否されたことはない。

メッセージは単純だ。自分がほしいことについて話すのをやめることだ。相手がほしいことについて話す。それが双方が望むものを最も素早く手に入れる方法である。両方とも勝つか、両方とも負けるか、どちらかしかないということを悟ってほしい。その中間は存在しないのだ。

両方が勝っていなければ、両方が負けている。

宗教ほどこの原則の真実性を見せつけてくれるものはないだろう。自分の宗派の優越性を証明する目的で、同胞の血を流し、結局のところは自分たちにもはや道徳性や神の導きなどないということを暴露するだけの宗教戦争が何と多いことだろう。双方が負けているのである。

ナポレオン・ボナパルトが１８０４年のフランス国内の財政記録に書き記した言葉に従った方がよほどいいのだろう。

「宗教は再び社会的な影響力を盛り返しているが、それは人道的な行為の中にのみ現れているものである。同じ神をあがめる異なった宗派の牧師たちは、賢明な寛容の方策に従い、お互いを尊重することによって自分たちに敬意を表すようにしている。そして彼らの競争心を、美徳の競争だけに限定しているのである」

Ｗｉｎ―Ｗｉｎしかないのだ。

寛容や道徳心は、暴政や暴力よりも持続的な影響力を生み出すことは、世のつねである。

ここで、行動を取らせるために誰かを説得しなければならない状況について、少し考えてみることにしよう。その人のニーズという観点から、あなたのニーズをどのように位置づけることができるだろうか。あなたのニーズに応えることは、どうして相手のニーズを満たすことになるのだろうか。

私が説得しなければならない人は……

その人のニーズは……

その人のニーズを踏まえて、私はこの状況を以下のように説明する……

あなたは今、リーダーとしてコミュニケーションを極めるために必要な道具をすべて手に入れている。思いやりを示し、経験を共有することで、ラポールを築き上げることができる。理解のための五つの道具を使って、コミュニケーションをより正確なものにすることができる。そして、相手が望むものを手に入れる方法を示し、自分の一貫性を通して効果的な説得力を築くことができるのだ。

以上が**「成功の9ステップ」**なのである。さあ、実行しよう!

この章で学んだこと

この章で学んだ重要ポイントは何か。

どんな決断を下したか。

今すぐ、どんな行動を取るか。

第五部

実行に移す

A Call to Action

さあ、行動しよう！

ピーター・ドラッカーは次のように述べている。「すべての偉大な戦略は、最終的にドンくさい作業によって実現される」ひとたび学習を終えて計画を立てれば、次は実際に行動を起こすときである。夢を現実の世界に現すときである。あなたの人生を望み通りのものにするときであるのだ。さあ、今すぐ始めよう！

ここまで読破できて、おめでとう！　多くのことを学んできたことだろう。ここで、ちょっとだけ振り返ってみることにしよう。

健康について学び、時間管理についても話し合ってきた。効果的なコミュニケーションやリーダーシップも学んでいるし、優れた意思決定や、加速学習の戦略も学んできている。また感情をコントロールする新しい可能性を発見し、自分のビジョンを打ち出し、明確な目標も設定している。

今や、実際に行動をするときだ。重い腰を上げて、目標に向かって突き進むときだ。アプローチを変えてみる。今までと違うことをやってみる。不可能だと思っていたことにあえて挑戦する。飛び込んで、自分の夢を実現し始めるのだ。それを考えると、あなたはかなり興奮してきているに違いない。

そこで、あなたは**「一体どこから始めればいいのか」**と思い悩んでいるかも知れない。やるべきことがあり過ぎる。『成功の9ステップ』に含まれる情報の多さにどのように対処すればいいのだろうか。この章は、そのような葛藤を感じているあなたのために書かれてあるのだ。

この「成功の9ステップ」を今すぐ自分の生活で実践し始めるための簡単なアイデアをいくつか紹介しよう。これらは、今すぐ実践して、あなたの生活の質を劇的に改善し、「成功の9ステップ」を**習慣化**していくための大きな手がかりになるだろう。

人生の中で、小さいことは大きいことである。小さいことから始めれば、大きいこともすぐできるようになる。

マザー・テレサがインドでの仕事を始めたとき、多くの人から批判された。「問題が大き過ぎる」「あなたの力ではどうにもならない」「政府の仕事だ」「ひとりのホームレスを助けても、結局次のホームレスが出てくるだけだ！」

彼女はノーベル賞を受賞したとき、自分の人生を振り返り、「カルカッタであの最初のひとりを拾い上げていなかったら、今まで拾い上げた五万人を救うことはなかっただろう」と語っている。

できることから始めよう！　これは偉大な仕事を成し遂げるコツなのだ。

ステップ1：決断

まず、お勧めしたいことは、決断する習慣を身につけることである。今すぐ、この場で、自分の人生を変える決断をひとつでも下してみてほしい。先送りしてきた大切な決断がひとつあるとすれば、それは何だろうか。今この場で心を決めてもらいたい。どんなことがあっても必ず乗り越えて、この夢、この目標を実現することを固く決意することだ。完全に確信している状態で、必ず成功すると信じながら、決断をすることだ。

決断は、結果をもたらす原因であり、行動力の始まりである。それは、その後のすべてに影響を与える究極の力と言えるものである。そして、あなたはいつでも自分の生活を改善するために、その力を行使することができる。

ステップ2：学習

学習を加速させるためにモデリングする人をひとり選んでほしい。自分の得ている結果を改善するためにモデリングできる人または組織は誰だろうか。あなたが歩もうとしている道を先に歩んで来られた人は誰だろうか。

これは満たされた結婚生活を送っている人を見つけて、どのようにそれをしているのかを見ておくというような簡単なことでもいい。あるいは、同業他社で好業績を上げている企業の手法をベンチマーキングするようなことなのかも知れない。

単純なことから始めてほしい。もっと難しいことは後でも遅くはないだろう。今すぐ、モデルになってくれる人を選んでほしい。その人はどのような思いや信念を持っているだろうか。その人の行動パターンはどのようなものだろうか。その人は自分の焦点をどういうことに集中させているのだろうか。その人は結果を出すために、どのような身体の使い方をしているだろうか。その人の言葉使いは、どのようなものになっているだろうか。

ステップ3：健康

健康については、三十日間のチャレンジを引き受けてほしい。これがあなたの人生を変えることになる。

1. ただちに禁煙すること！
2. アルコールを飲まないようにすること。
3. コーヒー、お茶、紅茶を飲まないこと。飲み物を水とフレッシュジュースにする。
4. 肉、魚、乳製品を食べないこと。
5. 加工食品やジャンクフードを食べないこと。
6. 一日三回深呼吸をする。
7. 食べ合わせを守り、水分含有量の多いものを食事の70％にする。
8. 一週間に三回、三十分以上、有酸素の運動をする。

9. 食べ過ぎないように！
10. リラックスして人生を楽しむ！

夢の実現に役立つエネルギーと活力の新しいレベルを経験するときである。あなたにはそれだけの価値がある。あなたの身体にはそれだけの価値がある。あなたの人生にはそれだけの価値がある。あなたの夢にはそれだけの価値があるはずだ！

ステップ４：感情

自分の感情をマスターするために二つのことを実験してみよう！

ひとつ目は、今日から三十日間、マイナスの言葉を一切口にしないことである。他人を批判するかわりに、状況を改善するための行動を起こす。世界がどんなに悲惨な状況になっているかを嘆くかわりに、良いもの、プラスのものを探してみる。自分の直面している状況の素晴らしい部分は何かを考えてみてほしい。

「そんなことをしたら、事故を起こすよ」のかわりに、「安全に運転しようね！」と言うことである。

出会う人すべてに対して、プラスの言葉を言うようにしよう！　最初は皆が怪しい目であなたを見るだろう。次は、あなたの得ている結果の素晴らしさに驚くだろう。そして、最後にあなたにパワーがあるということを確信するだろう！

二つ目のことは、自分がどんな人間になりたいかを表すインカンテーションをひとつ作成して、毎日最低五分間感情を込めてそれを口に出して、繰り返し言うようにすることである。大きな声で唱えるようにしてほしい。力強く言うのだ。周りでネズミのような生き方をしている人を何人驚かせてもかまわない。これから三十日間、毎日最低五分間、自分の新しいインカンテーションを唱え、自分の無意識のプログラミングを行なう習慣を身につけることである。

ステップ５：目的

明確な目標と目的を持ち続けるためには、これから一カ月、毎日、自分の目標を読み返す機会を見つけてほしい。それだけだ。簡単だが、パワフルな習慣である。

ステップ６：計画

時間管理の能力を向上させるためには、これからの一カ月間、「一週間計画のプロセス」を活用してみてほしい。感情のサラダバーを明らかにし、それを達成するための方法を探す。実行項目のリストをすべて実行しなくてもいいし、望んでいる結果をすべてすぐに実現できなくてもいい。ただ、自分の毎日の生活において素晴らしい感情が得られるようにすることである。

信頼してほしい。あなたが毎日力強く、やる気に満ちて、幸福で、活気があり、愛情に満たされて、感謝の気持ちを持って生活していれば、結果は必ずついてくるに違いない。

ステップ7：行動

思い切った行動を取る習慣を身につけるために、ひとつの目標を選択し、その達成に向けて、過去の自分だったら決してしなかったようなことを少なくとも三つ実行に移してみてもらいたい。

思い切った行動をすることで、何もしない古い行動パターンを完全に破壊して頂きたい。と同時にアラジンの効果を活かし、ほしいものを求めるようにしよう！

ステップ8：改善

自分のアプローチを改善する領域では、一緒に生活している人、一緒に働いている人、または自分の大切な伴侶を含めた少なくとも三人の方からフィードバックを得るようにしよう。

その人たちに、あなたの長所と短所を尋ねてみる。あなたのどういう行動パターンが効果的だろうか。うまくいっていない行動パターンは何だろうか。このフィードバックの結果について思い悩んではならない。ひとつの情報として受け止め、改善すべきことを改善する。変更するのが簡単なものから始める。自分自身に対して成長する許可を与えてほしい。

ステップ9：リーダーシップ

自分のリーダーシップ能力を高めるために、簡単にできることは二つある。

ひとつは、予期せぬプレゼントを予期せぬときに予期せぬ方法でほかの人に与えることである。家族のためにしてみる。従業員、同僚、顧客のためにしてみる。突拍子もないことをする。一回でもいいから、人生の中で思い切ることだ。一生涯続く思い出を作ることになるだろう。

もうひとつお勧めしたいことは、「正確さのモデル」と「感情移入」のスキルを完全にマスターするように練習することである。これはコミュニケーション・スキルを体得する最高の出発点になるだろう。ほかのスキルに取り組むのは、その後でも遅くない。この二つのスキルを説明しているページ（P．454とP．475）を読み返し、一緒に練習できるパートナーを探し、そこにある演習を何度も試してみることにしよう。

簡単に言えば、「感情移入」とは、他人があなたに伝えている話の内容とそれに対する気持ちを自分の言葉で言い換えることである。

「正確さのモデル」は次の八つの要素から成っている。

1．「何々過ぎる」＝何と比較して？

2．中身のない名詞＝誰、どれ、何、具体的に？

3. 中身のない動詞＝何が、どのように、具体的に？
4. 「べき」「べからず」「しなければならない」「してはならない」「できない」＝それをしたら・しなかったら、どうなるか？
5. 「いつも」「すべて」「皆」＝いつも？　すべて？　皆？
6. 「これか、あれか」＝ほかの可能性は何か？　○○と考えられるか。
7. 「分からない」＝分かっていたらどうだと思うか。何を想像するだろうか。どう考えるだろうか。どんな可能性があるだろうか。うまくいった場合、うまくいかなかった場合？
8. 途中で切れた話＝そして……？　例えば……？　しかし……？　つまり……？

より深く勉強しよう！

最後にお勧めしたいことは、より深く学習する機会を自分自身に与えることである。成功は旅である。卒業はない。**「継続は力なり！」**とはよく言ったものだ。

私の公式ホームページ（www.jamesskinner.com）を訪れてみてほしい。成功を支える数多くの資源をそこで提供している。

学習を加速させるためにCDなどの教材を入手する。あるいは、最も高いレベルで人生を生きて、成功技術と哲学を身につけたい人なら、私のライブ・セミナーに参加し、「成功の9ステップ」を自分の身体で覚えると同時に、直接私と知り合う機会を是非持ってもらいたい。

私のセミナーでなくてもかまわない。各分野で最も優れた先生を探し出し、より深く勉強してほしい。素晴らしい機会はたくさんある。とにかく、深い学習経験を自分に与えて頂きたい。あなたのできる最高の投資は、あなた自身に対する投資なのである。

今すぐ、あなたの人生を変えるためには……

1. 決断を下す。
2. モデリングする人を選ぶ。
3. 三十日間の健康のチャレンジを引き受ける。
4. プラスの言葉を使う。
5. 新しいインカンテーションを毎日五分間唱える。
6. 自分の目標とミッション・ステートメントを一カ月間、毎日読み返す。
7. 一カ月の間、一週間の計画表を記入する。
8. ひとつの目標を選んで、それを実現するための思い切った行動を三つ以上実践してみる。
9. 一緒に住んでいる人や、一緒に働いている人最低三人からフィードバックを受ける。
10. 「感情移入」のスキルと「正確さのモデル」をマスターする。
11. より深い学習の機会を自分自身に与える。
12. 毎日を楽しいものにしよう！

終わりに

自然界のすべてがサイクルである。私たちもひとつのサイクルを完結している。最後に到着したので、始めるときである。自分の夢を実現し始めるときである。自分の知っていることを実行に移し始めるときである。成功し始めるときである。

人間のできることは驚異的である。問題はあなたが実際にそれをするかどうかだ。あなたは必ずするだろう。あなたはそういう人だから。あなたはそのためにここにいるのだから。

他界して天国に行った人の話がある。

天国の門をくぐり、神様の胸に引き寄せられ、自分の一生の出来事を振り返る機会が与えられた。そこで人生の出来事のひとつひとつが、浜辺の砂における足跡として記録されていた。人生を振り返り始めると、その人は浜辺にある足跡が二人分あるのを見て、驚いた。神様の顔を仰ぎ見ると、神様はにっこりと愛情に満ちた笑顔を返した。その瞬間、その人は悟った。神様は、人生の一歩一歩すべてに、側についていてくれたのだった。

しかし、人生の最も困難な場面に直面したとき、浜辺には、ひとり分の足跡しかなかった。苦悩した顔で神様を仰ぎながら言った。

「人生が最も困難だったとき、最も辛かったとき、あなたはどうして私を見捨てたのですか」

神様が答えて言われた。

「あなたを見捨てたのではない。そのとき、私はあなたを運んでいたのです」

人生は貴重な贈り物である。あなたの人生の一部でも、共に歩ませて頂いたことは、心からの光栄に思う。あなたの成功にわずかながらも貢献できる機会が持てたことは私にとって何よりもの幸せなのである。

本書を終えるにあたって、成功に関する私の信念をお伝えしたい。

成功とはお金のことではない。

お金を持つことで、幸せにはなれない。お金はあなたではないのだから。

物を獲得することで、幸せにはなれない。物はあなたではないのだから。

地位や名誉によって、幸せになれるのでもない。名誉はあなたではないのだから。

あなたを幸せにできるのは、あなた自身だけである。

アブラハム・リンカーンは、こう言っている。

「人は心の中に決めた分だけ、幸せになっている」

幸せは心の中から来るものでなければならない。自分の価値観に沿って生きることから来るものである。正しいことをすることから来るものである。世界に自分の最高の贈り物を差し上げることから来るものであり、心に満ち溢れる愛を持つことから来るものであり、ほかの方法で入手できないものであるのだ。

愛を豊かに持とう。寛容な精神を持とう。明るい性格を持とう。運が向いていないときに、勇気を出そう。運が向いているときに、謙虚でいよう。自分自身を超えて、ほかの人の幸福に貢献できる道を探そう。そうすれば、自分自身の幸せは必ずついてくるに違いない。

本書をお読み頂いて、心から感謝を捧げたい。あなたが読んでくれたおかげで、書いた甲斐があった。

そして、人生の中でどんなことが起きても、あなたは決してひとりぼっちではないということを覚えておいてほしい。

あなたの夢が実現することを祈りつつ。

ジェームス・スキナー

『成功の9ステップ』ライブセミナー

みなさん、こんにちは！　ここでは、ジェームス事務所の広報部より、各種のご案内をさせていただきます。まずは、私たちが運営している『成功の9ステップ』ライブセミナーです。

『成功の9ステップ』をさらに勉強したい人にとって、ライブセミナーは最高の機会になります。もし、あなたが、アイデアや目標のために行動を起こし、実際に人生を変え、夢を実現することに少しでも迷いや、抵抗を感じ、難しいと感じているなら、『成功の9ステップ』ライブセミナーに参加して、直接、ジェームス・スキナーの指導を受けてみてください。

このセミナーは、あなたの意識を潜在意識のレベルから変化させ、あなたの行動を変え、結果を変え、そして、人生を劇的に変化させる、4日間の体験型ワークショップです。

『成功の9ステップ』ライブセミナーでは、全くのゼロから夢や目標を実現するために必要な、次の内容を学び、身につけていただきます。

●成功者の決断
●疲れ知らずのエネルギーを手に入れる「無限健康」
●恐怖を情熱に変える「感情のコントロール」
●脳科学に基づいた、成功を飛躍的に加速する「加速学習」
●100%実現するための目標設定のステップ

●成功者が実践する行動の原則
●多くの目標と夢を実現し、幸せを手に入れる「時間管理」
●閉塞状態から抜け出すための改善のスキル
●多くの人の協力を得る「コミュニケーション」と「リーダーシップ」

成功の基礎、成功のプロセス、リーダーシップ能力を9つのカテゴリーに分けて学び、ビジネスと私生活の双方における豊かな応用を考え、知識から実践への転換を体験します。ジェームスが今まで創り上げた成功技術やビジネススキルの集大成を大いに学ぶことができる4日間です。

ビジネスや人生において結果を出している成功者の持つ「違いをもたらす違い」を学ぶことにより、あなたの人生における得たい結果を得られるサポートをしています。すでに1万人の参加者を超える『成功の9ステップ』ライブセミナーは老若男女を問わず、誰でも気軽に参加できるものになっており、経営者から、サラリーマン、起業家、主婦、学生に至るまで、幅広いゲストの方々から好評を得ています。

実際に参加した人々のコメント

『成功の9ステップ』ライブセミナーに参加した方は1万人にのぼります。その中から、体験後の感想を2件、紹介しましょう。

健康については無限健康を知り、そのとおり1年間実施した。体重は8キロも減った。目からうろこの健康法だった。今でも8割は実践している。感情のコントロールやVAKを使ったコミュニケーション術を学び仕事に活用できた。こんなにも楽しいセミナーがあるのかと感じた。世の中は広く深い。たくさんの心の友ができた。いまでもそのときの参加者の顔が目に浮かぶ。これからの人生を前向きに生きる道しるべができた。

セミナーが進むにつれて、自分が変わること、自分の殻を破ること、周りの参加者が変わるのを体験し、「変わることを決意したとき、人は変わることができる」ことを再認識できました。目標の決め方と焦点の合わせ方は、目標設定の用紙にＴｏＤｏリストを書き出して、優先順位を決める事で、仕事の効率が劇的に変わったと思います。

リーダーシップについては、感情のコントロールを少しですが体得し、自信がつきました。

無料体験セミナー

まずは、そのエッセンスを体験できる無料の体験セミナーにご参加ください。詳細とスケジュールはＷＥＢサイト（www.jamesskinner.com/taiken/）でご確認いただけます。もしくは、ジェームス事務所（0120-85-2637 / info@jamesskinner.com）に直接、お問い合わせください。

読者特典！　全2回にわたる電話コーチング

本書をお読みいただいた方を対象に、毎月9名限定で、ジェームス事務所・オフィシャルコーチによる無料の電話コーチングをご提供いたします。（1コース＝40分前後×2回）

こんな方にお勧めです。

・『成功の9ステップ』の理解度を確認したい方、より深く理解したい方
・人生の成功に向けてのアクションについて、もっと明確にしたい方
・夢の実現に一歩を踏み出したい方

ご希望の方はWEBサイト（c.9step.jp）にてお申し込みください。お一人様1コースのみとなります。月の限定数に達した場合には受付を終了いたします。

読者限定！　特典映像を無料プレゼント

『成功の9ステップ』文庫本を読んでいるあなたのために特別なプレゼントを用意しました。

『成功の9ステップ』ライブセミナーの映像の中から選りすぐりの映像を無料で差し上げます。

まずはこちらにアクセスしてください。　p.9step.jp

人間は五感をできるだけ多く使いながら学習することで、より早く、より深く学びを定着させることができます。「読む」だけではなく、「聴く」「観る」ことで学習は飛躍的に加速します。

1. ジェームス・スキナー
2. 運命を変える決断の力
3. お金とエクスタシー
4. 同級生の20倍稼ぐシンプルな方法
5. 目標達成して幸せになる人、ならない人
6. 人類の進化と時代遅れの学習方法
7. スタートライン

参考文献

「成功の９ステップ」を打ち出し、本書を執筆する上で、数多くの文献、映画、セミナーなどの情報を参考にしている。その主なものを参考文献として（英語のアルファベット順に）ここに記載している。本文中に引用していないものもあるが、それらは「成功の９ステップ」の思考プロセスに影響を与えたものとして、読者の参考材料にしておきたい。また本文中に参照している引用文のいくつかは、関連するインターネットのホームページに記載されていたものもあり、あるいは著者の相手との直接的な接触や、相手の実施しているセミナーや講演会に参加して、そこでメモしたものもある。

"Accelerated Learning" Colin Rose; Accelerated Learning Systems Limited, 1985
"Account of the Internal Situation in France" Napoleon Bonaparte (translator unknown), 1804
"A Message to Garcia" Elbert Hubbard, 1899
"A Man for All Seasons" Columbia Tristar, 1966 (Based on play by Robert Bolt)
"As a Man Thinketh" James Allen; Bookcraft
"Atlas Shrugged" Ayn Rand; Signet, 1957
"Awaken the Giant Within" Anthony Robbins; Simon & Schuster, 1991
"Beyond Time Management" Robert J. Wright; Butterworth-Heinemann, 1997
"Birth of the Chaordic Age" Dee Hock; Berrett-Koehler, 1999
"Built to Last" James C. Collins and Jerry I. Porras; Harper Business, 1994
"Coffee and Cardiovascular Disease" Siegfried Heyden, 1993
"Complexity" M. Mitchell Waldrop; Simon & Schuster, 1992
"Confessions of a Medical Heretic" Robert S. Mendelsohn, M.D.; Contemporary Books, 1979
"Definitive Guide to Cancer" W. John Diamond, M.D. and W. Lee Cowden, M.D.; Future Medicine Publishing, 1997
"Diet for a New America" John Robbins; H.J. Kramer, 1987
"Discovering the Quality of Success" Paul H. Dunn; Deseret Book, 1973
"Dying to Live" Tolly Burkan; Reunion Press, 1984
"E=MC2" David Bodanis; Pan Books, 2001
"Escape from Freedom" Erich Fromm; Avon, 1941
"Enter the Dragon" Warner Bros., 1973
"Extreme Spirituality" Tolly Burkan; Beyond Words Publishing, 2001
"Fabled Service" Betsy Sanders; Pfeiffer & Company, 1995
"Fast Food Nation" Eric Schlosser; Penguin Books, 2002
"Fasting Can Save Your Life" Herbert M. Shelton; ANHS, 1978
"Firewalk" Jonathan Sternfield; Berkshire House, 1992

"Frogs into Princes" Richard Bandler and John Grinder; Real People Press, 1979
"Gandhi" Columbia TriStar, 1982
"Getting Together" Roger Fisher and Scott Brown; Penguin, 1988
"Hamlet" William Shakespeare
"Hope is Not a Method" Gordon R. Sullivan & Michael V. Harper; Times Business, 1996
"How One Idea Increased My Income and Happiness" Frank Bettger; Dale Carnegie & Associates, Inc., 1946
"How to Drive Your Competition Crazy" Guy Kawasaki; Hyperion, 1995
"How to Make Our Listeners Like Us" Dale Carnegie; Dale Carnegie & Associates, Inc., 1959
"How to Stop Worrying and Start Living" Dale Carnegie; Pocket Books, 1985
"How to Think Like Leonardo da Vinci" Michael J. Gelb; Dell Books, 2000
"If It's Going To Be, It's Up To Me" Robert H. Schuller; Harper Paperbacks, 1997
"Influence" Robert B. Cialdini; Allyn and Bacon, 2001
"Innovation and Entrepreneurship" Peter F. Drucker; Harper & Row, 1985
"Jonathan Livingston Seagull" Richard Bach; Avon Books, 1970
"Kotoba no Kiryoku ga Hito wo Ugokasu (The Energy of Words Moves People)" Koichi Tohei; Kodansha, 2001
"Let's Get Real or Let's Not Play" Mahan Khalsa; White Water Press, 1999
"Live Your Dreams" Les Brown; Avon Books, 1996
"Living Health" Anthony Robbins; Robbins Research International, 1990
"Man of La Mancha" Music by Mitch Leigh and Iyrice by Joe Darion, book by Dale Wasserman
"Management and Machiavelli" Antony Jay; Holt, Rinehart and Winston, 1967
"Man's Search for Meaning" Viktor E. Frankl; Washington Square Pr, 1997
"Maximum Achievement" Brian Tracy; Simon & Schuster, 1993
"McDonald's Behind the Arches" John F. Love; Bantam Books, 1995
"Meaningful Living" Paul H. Dunn; Bookcraft, Inc., 1968
"Meditations" Marcus Aurelius (Adapted from various translations)
"NLP The New Technology of Achievement" NLP Comprehensive; William Morrow & Co. 1994
"One Answer to Cancer" William D. Kelley; Mokelumne Hill Pr, 1994
"One Up on Wall Street" Peter Lynch; Simon & Schuster, 2000
"Patton" Twentieth Century Fox Film Corporation, 1969
"People of the Lie" M. Scott Peck; Simon & Schuster, 1983
"Power Factor Training" Peter Sisco and John Little; Contemporary Books, 1997
"Practical NLP for Managers" Ian McDermott and Joseph O'Connor; Gower, 1996
"Reframing" Richard Bandler and John Grinder; Real People Press, 1982
"Relativity: The Special and the General Theory" Albert Einstein; Crown, 1995
"Slow Burn: Burn Fat Faster by Exercising Slower" Stu Mittleman: Harper Resource, 2001

"Smart Exercise" Covert Bailey; Houghton Mifflin Company, 1994
"Space" James A. Michener; Fawcett Books, 1988
"Spin Selling" Neil Rackham; Gower,1995
"Static Contraction Training" Peter Sisco and John Little; Contemporary Books, 1999
"Star Wars Episode V, The Empire Strikes Back" Lucasfilm Ltd., 1980
"Strategic Selling" Robert B. Miller and Stephen E. Heiman; Kogan Page, 1988
"Stewardship" Peter Block; Berrett-Koehler Publishers, 1993
"Success Is Never Ending Failure Is Never Final" Robert H. Schuller; Bantam Books, 1988
"The 10 Natural Laws of Successful Time and Life Management" Hyrum W. Smith; Warner Books, 1994
"The Age of Spiritual Machines" Ray Kurzweil; Penguin 1999
"The Aladdin Factor" Jack Canfield and Mark Victor Hansen; Berkley, 1995
"The Arabian Nights : Tales from a Thousand and One Nights"
"The Art of War" Sun Tzu (Translated by Thomas Cleary); Shambhala, 1988
"The Artist's Way" Julia Cameron; Tarcher Putnam, 1992
"The Autobiography of Benjamin Franklin" Benjamin Franklin
"The Brand You 50" Tom Peters; Knopf, 1999
"The Circle of Innovation" Tom Peters; Coronet, 1997
"The Deming Management Method" Mary Walton; Perigee, 1986
"The Effective Executive" Peter F. Drucker; Harper & Row, 1966
"The Elements of Style" Strunk & White; Allyn & Bacon, 2000
"The Employee Handbook of New Work Habits for a Radically Changing World" Price Pritchett; Pritchett & Associates, Inc.
"The Fourth Turning" William Strauss and Neil Howe; Broadway, 1997
"The Gandhi Reader" Homer A. Jack (Editor); Grove Press, 1995
"The Greatest Salesman in the World" Og Mandino; Bantam Books, 1968
"The Hero With a Thousand Faces" Joseph Campbell; Princeton University Press, 1972
"The Holy Bible King James Version and other various translations"
"The Juiceman's Power of Juicing" Jay Kordich; Warner Books, 1993
"The Loyalty Effect" Frederick F. Reichheld; Harvard Business School Press, 1996
"The Millionaire Next Door" Thomas J. Stanley and William D. Danko; Longstreet Press, 1996
"The Myth of Medicine" Herbert M. Shelton; Cool Hand Communications, 1995
"The New Economics" W. Edwards Deming; MIT, 1994
"The Open Mind" J. Robert Oppenheimer; Simon and Schuster, 1955
"The Patriot" Columbia Pictures, 2000
"The Power of Positive Thinking" Norman Vincent Peale; Fawcett Crest, 1952
"The Replacements" Warner Bros. And Bel Air Pictures LLC., 2000
"The Richest Man in Babylon" George S. Clason; Signet, 1926
"The Road Not Taken" Robert Frost, 1920

"The Roaring 2000s" Harry S. Dent, Jr.; Touchstone 1998
"The Search for a New Beginning" Mikhail Gorbachev; Harper San Francisco, 1995
"The Secret to Permanent Prosperity" Mike Hernacki; Berkley, 1994
"The Seven Habits of Highly Effective People" Stephen R. Covey; Simon & Schuster 1989
"The Spirit to Serve Marriott's Way" J. W., Jr. Marriott et. al.; Harper Collins, 2001
"The Story of My Life" Helen Keller; Signet Classic, 1988
"The Structure of Magic" Richard Bandler and John Grinder; Science and Behavior Books, 1975
"The Structure of Scientific Revolutions" Thomas S. Kuhn; 1962
"The Tom Peters Seminar" Tom Peters; Vintage Books, 1994
"The Wealth of Nations" Adam Smith
"Think and Grow Rich" Napoleon Hill; Fawcett Crest, 1960
"Time Tactics of Very Successful People" B. Eugene Griessman; McGraw Hill, 1994
"Trance Formations" John Grinder and Richard Bandler; Real People Press, 1981
"Uncommon Therapy" Jay Haley; Norton, 1986
"Unlimited Power" Anthony Robbins; Fawcett Columbine, 1986
"You and Me" Marcus Garvey, 1927

以下のセミナーも今までの私の思考のプロセスに大切な影響を与えてくれた。

Business NLP Master Trainer; Mckenna Breen
Date with Destiny; Anthony Robbins
Helping Clients to Succeed; Mahan Khalsa, Franklin Covey Co.
Life and Enterprise Management; Anthony Robbins
Life Mastery; Anthony Robbins
Leadership Academy; Anthony Robbins
New Work Habits; Price Pritchett
The Seven Habits of Highly Effective People; Franklin Covey Co.
Time Quest; ; Franklin Covey Co.
Your Voice is the Messenger of the Soul; Edwin Coppard
Unleash the Power Within; Anthony Robbins
Empowerment Weekend; Tolly Burkan
Firewalk Instructor Training; Firewalking Institute of Research and Education
経営コンサルタント養成講座（年間コース）；社会経済日本生産性本部
It's not what Happens to You, but what you Do About It; W. Mitchell
Professional Selling in Retail; Mark Hanna
The Eighth Habit; Roice Krueger
経営者育成塾（ゲスト講師の数々）；Team James
Private Coaching, Stu Mittleman
その他多数

DTP　美創
本文イラスト　小野寺美恵
資料写真　Corbis、Team James
目次写真の一部　南浦護、遠藤智範
筋トレモデル　ターザン麻生

この作品は二〇〇四年二月小社より刊行されたものです。

あなたの夢《ゆめ》を現実《げんじつ》化《か》させる

成功《せいこう》の9ステップ

ジェームス・スキナー

平成24年4月15日　初版発行
令和4年2月25日　5版発行

発行人――石原正康
編集人――永島賞二
発行所――株式会社幻冬舎
〒151-0051東京都渋谷区千駄ヶ谷4-9-7
電話　03(5411)6222(営業)
　　　03(5411)6211(編集)
　　振替00120-8-767643
印刷・製本―中央精版印刷株式会社
装丁者――高橋雅之

幻冬舎文庫

ISBN978-4-344-41847-9　C0195　す-10-1

幻冬舎ホームページアドレス　https://www.gentosha.co.jp/
この本に関するご意見・ご感想をメールでお寄せいただく場合は、
comment@gentosha.co.jpまで。